Fenómenos

Fenómenos

De la polinización al origen de los cometas
en 124 láminas ilustradas

Camille Juzeau
Morgane Rébulard y Colin Caradec

BLUME

Prólogo

El veredicto es inapelable: aunque soy científico, tengo que admitir que las páginas del libro que se dispone a devorar me han permitido descubrir conceptos que desconocía, al menos en parte. Esta agradable sorpresa ha suscitado en lo más profundo de mi ser dos sentimientos que rara vez coexisten: entusiasmo, porque me encantan las oportunidades de aprender y, sobre todo, de comprender; y un sentimiento de humildad, porque me doy cuenta de lo mucho que me queda por descubrir.

¿Cómo han conseguido semejante proeza los autores de *Fenómenos*? Gracias a un trabajo que se antoja enorme. Y también porque tuvieron la genial idea de combinar imágenes claras con textos pulidos, hábilmente ordenados y con una notable maquetación, que consiguen abarcar una enorme diversidad de temas, desde los más concretos a los más abstractos. La eficacia didáctica resulta tan espectacular que parece demostrar hasta qué punto nuestra comprensión de las cosas no se verbaliza *de entrada*: para pensar correctamente, necesitamos ilustraciones, diagramas y dibujos tanto como frases; los primeros iluminan a las segundas, y viceversa.

Mire y después lea. O lea y después mire. En ambos casos, el placer intelectual está garantizado.

Étienne Klein,
físico y filósofo de la ciencia

Introducción

Los rizomas no tienen centro. Son tallos subterráneos polimorfos, sin principio ni fin, que crecen en todas direcciones, sin jerarquía. *Fenómenos* responde a ese principio en un libro que se maravilla tanto del caparazón de un caracol como de la formación de una estrella.

Este libro se basa en la investigación científica contemporánea para ayudarnos a comprender el futuro. A través de su combinación de temas y forma, ofrece un enfoque poético y visual del conocimiento y el aprendizaje. Cada página abre una ventana a un mundo que se escapa a los ojos porque es demasiado pequeño, demasiado grande o demasiado complejo.

Nuestro objetivo consiste en desvelar algunos de estos misterios a través de imágenes. Compuesto a seis manos (y algunas más), *Fenómenos* recupera todo el sentido de la palabra *grafismo,* cuya raíz griega (*graphô*) contiene el doble significado de «escribir» y «dibujar».

Como el magma, las nubes o las mareas, los contornos de estos fenómenos componen y dibujan un viaje en la tierra, en el cielo, entre plancton, bits y también átomos.

Camille, Morgane y Colin

Huellas de animales

HUELLAS DE MAMÍFEROS

manos			
	Erizo	Castor	Ardilla
	Campañol	Conejo	

almohadillas			
	Nutria	Gato montés	Zorro
	Oso	Gineta	Visón

pezuñas			
	Ciervo	Muflón	Gamuza
	Jabalí	Vaca	Caballo

HUELLAS DE AVES

palmeadas			
	Cormorán	Pato	Flamenco
	Pingüino	Frailecillo	Charrán (semipalmeadas)

lobuladas		
	Somormujo	Focha

no palmeadas			
	Paloma	Halcón	Mirlo
	Cigüeña	Urogallo	Garza
	Cuco	Zancuda	Vencejo

ANDARES DE LOS MAMÍFEROS

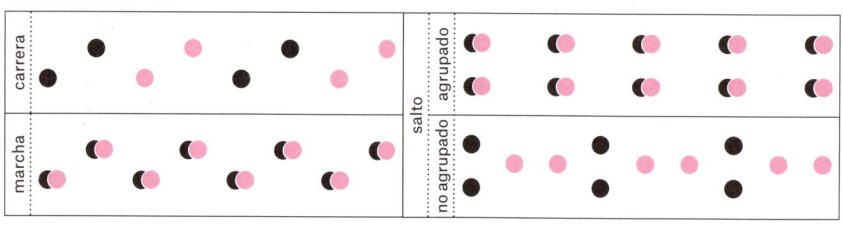

- carrera
- marcha
- salto: agrupado / no agrupado

● Patas delanteras
● Patas traseras o patas indistintas

LA MAYORÍA DE LOS ANIMALES SALVAJES se esconden de los humanos, viven de noche y frecuentan entornos de difícil acceso. Ante esa dificultad para verlos, los rastreadores utilizan una serie de indicios para determinar sus movimientos, como la temperatura de la materia fecal (→ lámina n.º 74), arañazos en los árboles, musgo dañado, restos de alimentos o **huellas** en la tierra suelta. Para identificar a quién pertenecen, primero determinan si se trata de un ave o un mamífero, y después su especie a través de la forma, el tamaño y el número de dedos. Los rastreadores también pueden evaluar la edad, el sexo e incluso el estado de salud de un animal iden-

tificando sus **andares**. En *Pister les créatures fabuleuses*, el filósofo Baptiste Morizot relata: «Inspeccionamos el bosque nevado en busca de pistas, explorando los pasos y las pendientes que podrían interesar a los lobos que patrullan, y acabamos encontrando una huella en la nieve: son patas de cánido. La huella que observamos es tan grande que resulta imposible que pertenezca a un zorro. La pata de un perro es muy redonda y sus "dedos" se extienden hacia fuera. La pata de un lobo no es redonda, se parece más a un diamante, y los "dedos" apuntan hacia delante. El rastreo es la forma original de la investigación policial». ●

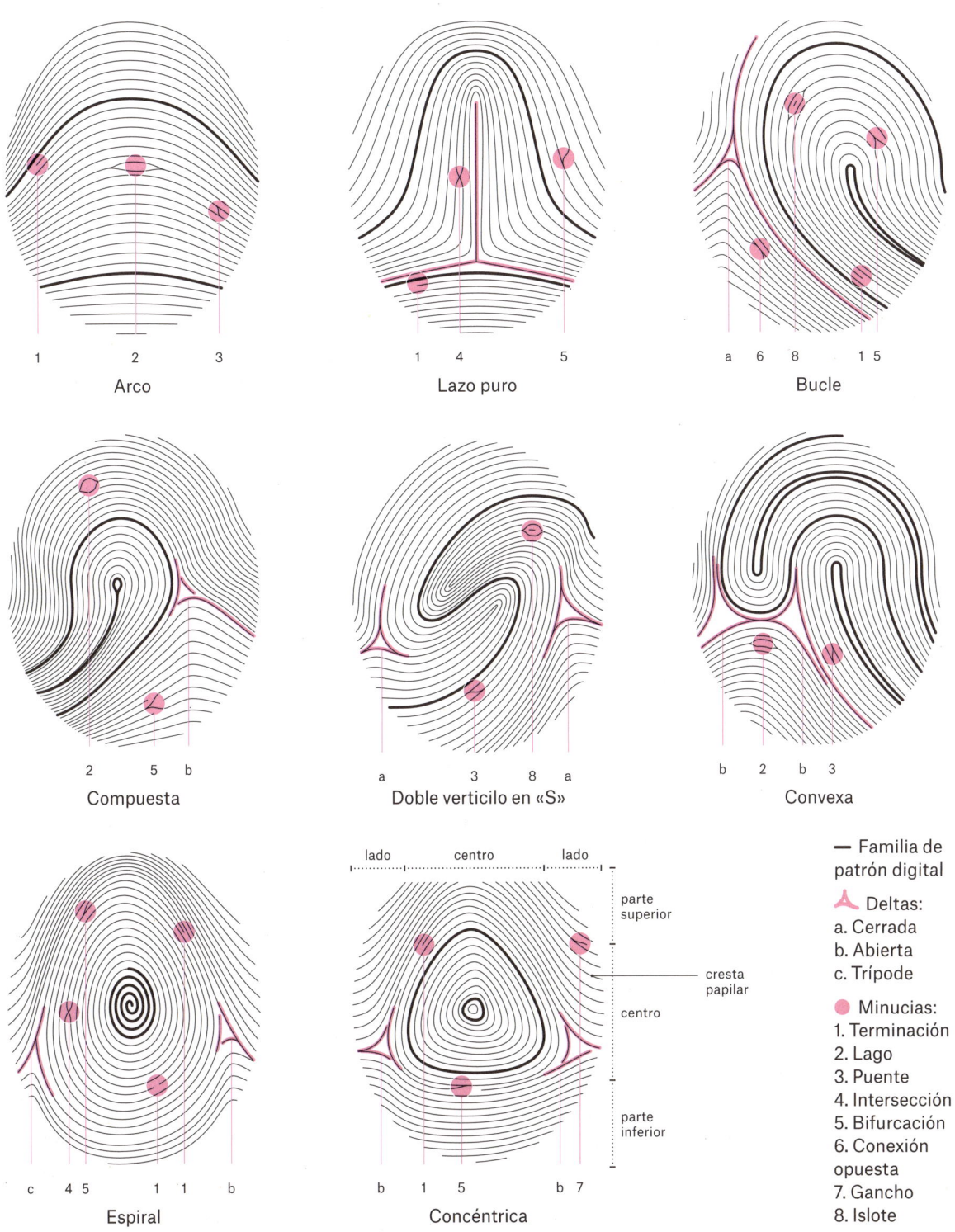

Arco
1   2   3

Lazo puro
1   4   5

Bucle
a 6 8   1 5

Compuesta
2   5   b

Doble verticilo en «S»
a   3   8   a

Convexa
b   2   b   3

Espiral
c   4 5   1   1   b

Concéntrica
b   1   5   b 7

lado   centro   lado

parte superior

cresta papilar

centro

parte inferior

— Familia de patrón digital

⅄ **Deltas:**
a. Cerrada
b. Abierta
c. Trípode

● **Minucias:**
1. Terminación
2. Lago
3. Puente
4. Intersección
5. Bifurcación
6. Conexión opuesta
7. Gancho
8. Islote

LOS PATRONES DIGITALES se fijan por plegamientos de la epidermis a las 24 semanas de desarrollo del feto. Son características únicas de cada individuo y permiten identificarlo durante toda su vida. A pesar de cortes, heridas y quemaduras, las **crestas papilares** se reconstituyen siempre de forma idéntica. Así, la naturaleza casi única de las huellas dactilares las convierte en una poderosa herramienta para la identificación de individuos mediante la biometría y justifica su uso en medicina forense y criminología. Además de las huellas dactilares, también es posible estudiar los patrones de las crestas papilares de las palmas de las manos o de los pies.

En una huella dactilar se distinguen cuatro zonas: la **parte inferior**, la **parte superior**, los **lados** y el **centro**. La zona central permite asignar la huella a una familia de patrones dactilares: **arco, lazo puro, bucle, compuesto, verticilo, espiral, concéntrico** o **convexo**. La primera lectura consiste en observar la presencia o ausencia de **deltas** entre estas zonas; pueden tener forma de trípode o bien estar abiertas o cerradas. El análisis más detallado es el de las **minucias**. Las más comunes son las **terminaciones**, los **islotes**, las **intersecciones**, las **bifurcaciones**, las **conexiones opuestas**, los **lagos**, los **ganchos** y los **puentes**. ●

Origen de los meteoritos

1. Disco protoplanetario

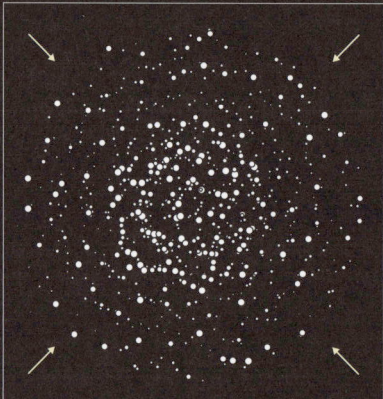

2. Formación de asteroides por amalgama

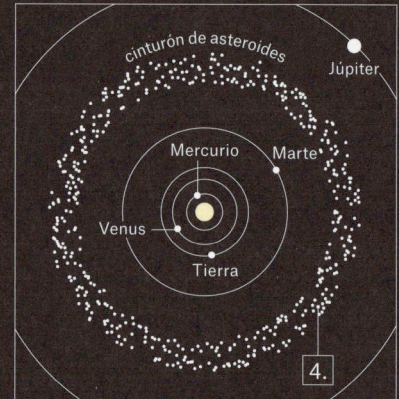

3. Cinturón de asteroides

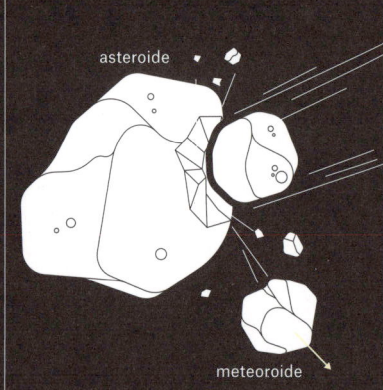

4. Formación de un meteoroide por colisión con otro cuerpo

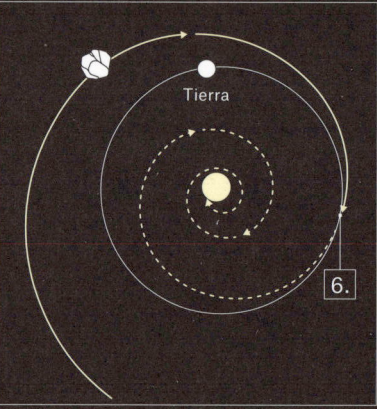

5. Errancia alrededor del Sol

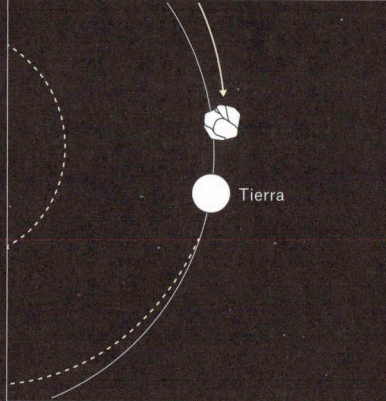

6. Encuentro con la Tierra

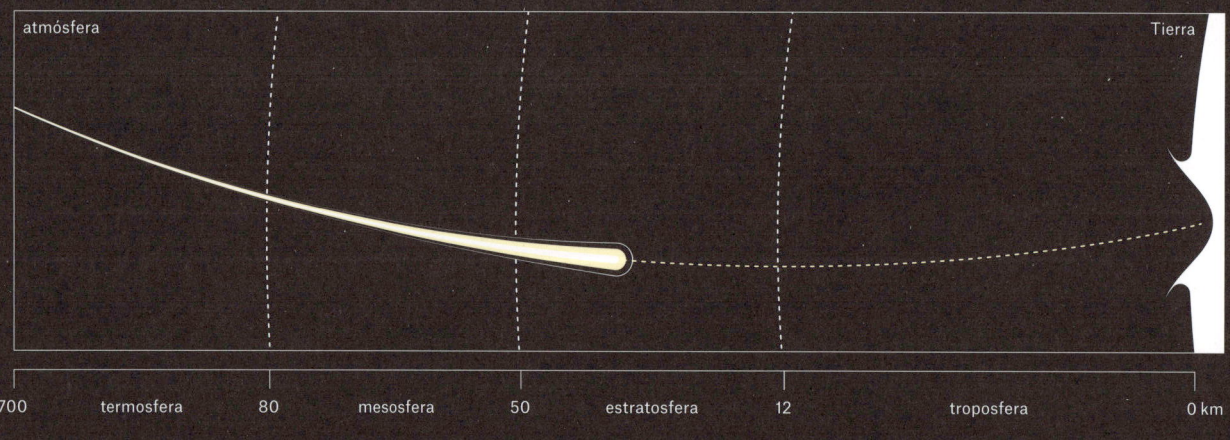

7. Entrada en la atmósfera terrestre

LAS ROCAS PROCEDENTES DEL ESPACIO se convierten en meteoritos en la superficie de la Tierra. **1.** El **disco protoplanetario**, formado por gas y polvo, orbita alrededor de la protoestrella, antepasado del Sol y demás cuerpos del Sistema Solar. **2.** Los cóndrulos que se forman en el disco (bolas submilimétricas) se amalgaman para formar **asteroides**. **3.** Los asteroides se agrupan en el **cinturón de asteroides**, situado entre Marte y Júpiter. Probablemente contiene varios millones, de tamaños que van desde granos de polvo hasta planetoides. **4.** Una colisión desprende un **meteoroide** del asteroide. **5.** Deambula alrededor del **Sol** durante varias decenas de millones de años. **6.** Si la **Tierra** se encuentra en su trayectoria, entra en su atmósfera. **7.** El fenómeno luminoso (radiación del aire caliente e ionizado) asociado a la caída se denomina «meteoro». Si el meteoroide es pequeño (menos de 1 cm), se llama «estrella fugaz». Aquellos de tamaño medio son frenados por la **atmósfera** y se extinguen a una altura aproximada de 20 km. Los restos caen en caída libre. Solo los meteoroides de mayor tamaño (varias decenas de metros), que no sufren una gran ralentización, pueden formar grandes cráteres en la superficie terrestre. Las rocas que se encuentran en el suelo se denominan «meteoritos». •

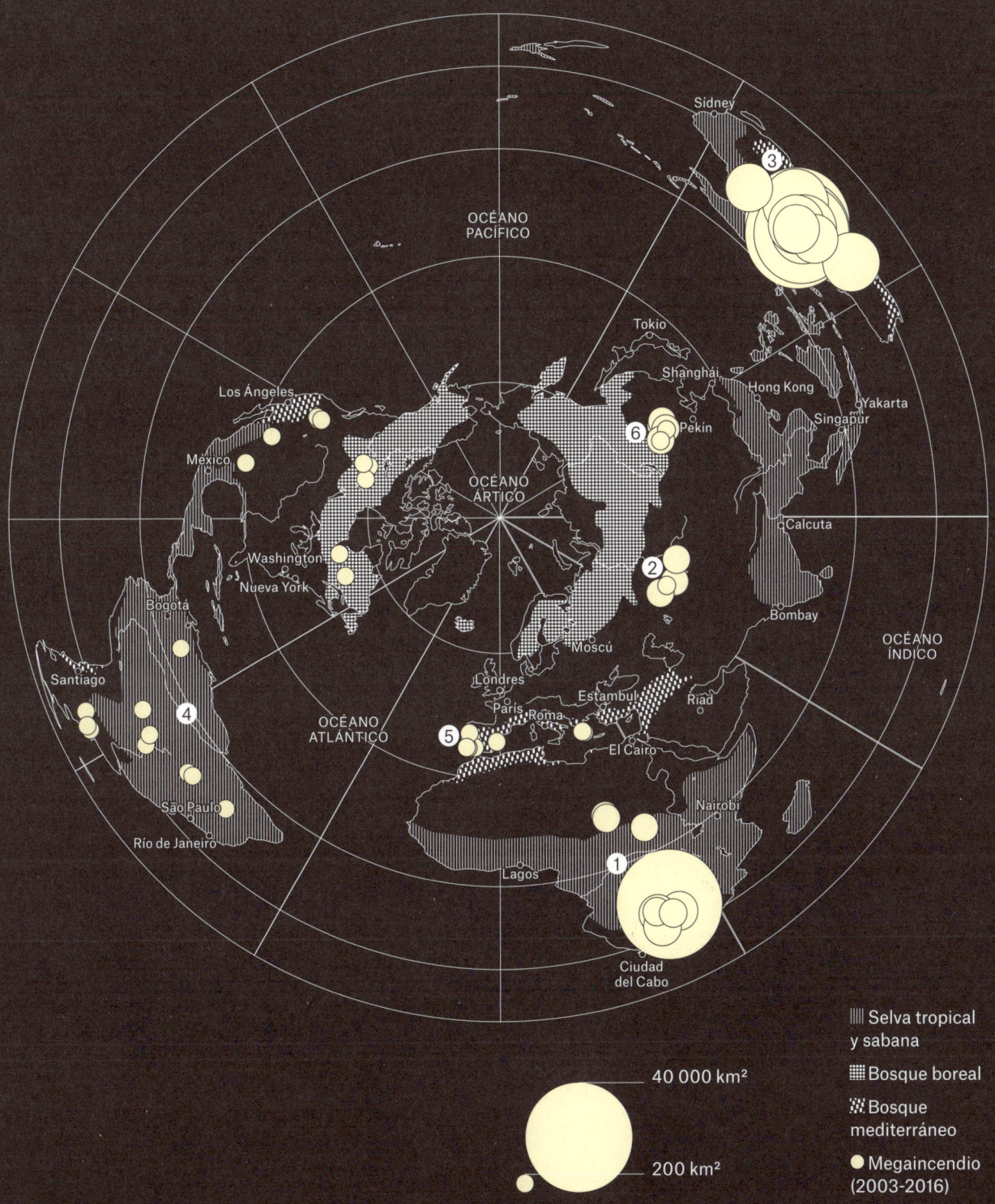

OCÉANO
PACÍFICO

OCÉANO
ÁRTICO

OCÉANO
ATLÁNTICO

OCÉANO
ÍNDICO

||||| Selva tropical
y sabana

▦ Bosque boreal

▨ Bosque
mediterráneo

● Megaincendio
(2003-2016)

40 000 km²

200 km²

LOS INCENDIOS EN LA TIERRA siempre han existido: las conflagraciones naturales se propagan y regeneran la vegetación en el sotobosque; desde la prehistoria, el hombre recurre a la agricultura de tala y quema, un método de cultivo que aún se emplea, aunque ya de manera marginal. Sin embargo, con el cambio climático, la era moderna ha visto aparecer nuevos incendios, excepcionales por su comportamiento e intensidad, conocidos como «megaincendios». Pueden ser gigantescos o pequeños, y tienen repercusiones económicas y humanas sin precedentes. Hay quien ya da al período actual el nombre de «piroceno», la era del fuego.

1. África (cada año), superficie quemada: 4,23 millones de km²; emisiones de CO_2: 1440 Mt; causa: agricultura de tala y quema. **2. Siberia** (2020), superficie quemada: 92 600 km²; emisiones de CO_2: 59 Mt; causa: temperaturas extremas. **3. Australia** (2019), superficie quemada: 186 000 km²; emisiones de CO_2: 715 Mt; causas: sequía, rayos. **4. Amazonia** (2019), superficie quemada: 9060 km²; emisiones de CO_2: 400 Mt; causas: deforestación. **5. Portugal** (2003), superficie quemada: 4 249 km²; emisiones de CO_2: 7,39 Mt; causas: éxodo rural. **6. China** (1987), superficie quemada: 13 000 km²; emisiones de CO_2: 521 Mt; causas: monocultivo y deforestación. ●

Caparazón del caracol

MORFOLOGÍA DE LA CONCHA

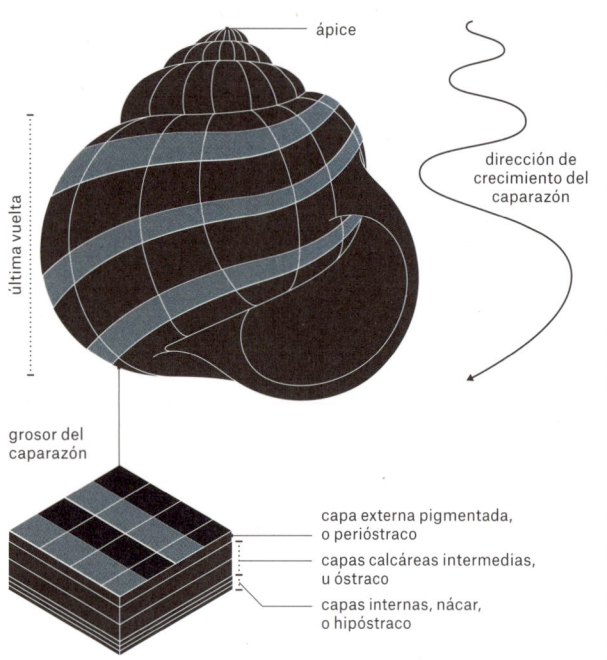

ápice

última vuelta

dirección de crecimiento del caparazón

grosor del caparazón

capa externa pigmentada, o perióstraco

capas calcáreas intermedias, u óstraco

capas internas, nácar, o hipóstraco

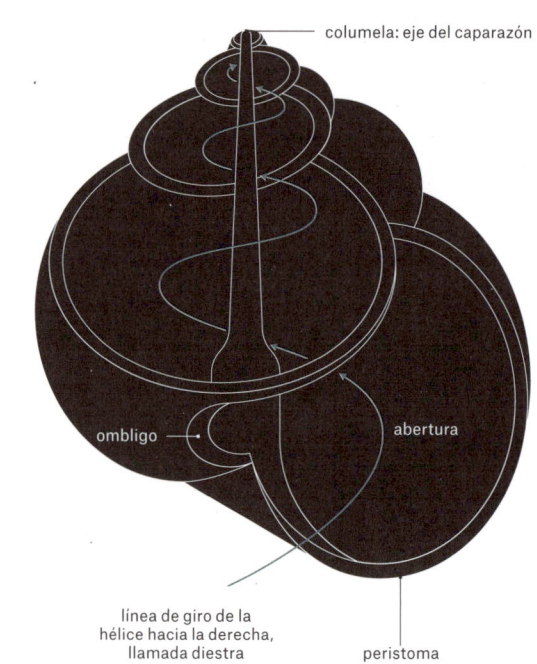

columela: eje del caparazón

ombligo

abertura

línea de giro de la hélice hacia la derecha, llamada diestra

peristoma

ANATOMÍA DE UN CARACOL PULMONADO

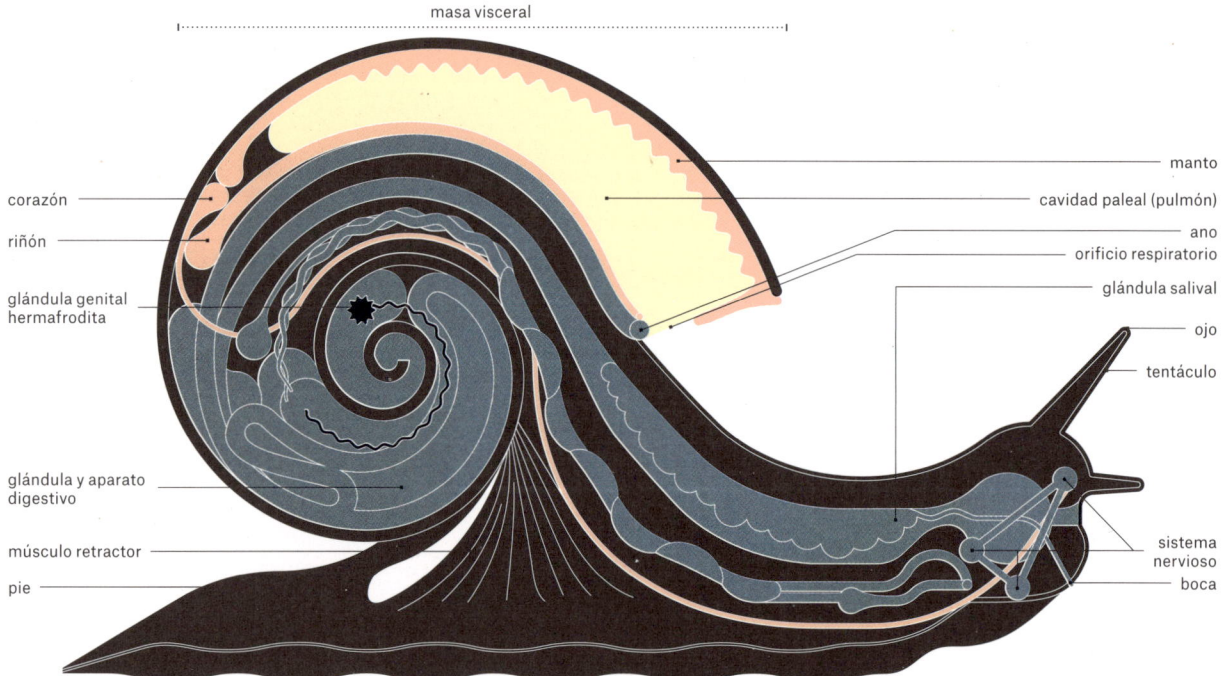

masa visceral

corazón

riñón

glándula genital hermafrodita

glándula y aparato digestivo

músculo retractor

pie

manto

cavidad paleal (pulmón)

ano

orificio respiratorio

glándula salival

ojo

tentáculo

sistema nervioso

boca

«EL HUMILDE MOLUSCO enrolla su caparazón según las leyes de una curva conocida como espiral logarítmica. ¿Cómo llegó el caracol a utilizarla como guía para su estructura helicoidal? Por sí mismo, bien aislado, muy tranquilamente y sin pensar en nada», aseguró el naturalista Jean-Henri Fabre en sus *Recuerdos entomológicos*. Como él, numerosos científicos han quedado fascinados por esta arquitectura.

El **caparazón** representa el 30 por ciento de la masa del caracol. El crecimiento tiene lugar en el borde exterior del caparazón, que es delgado y frágil al principio, y rígido en la edad adulta. Además, ese crecimiento se produce de manera dis-

continua (se detiene en invierno o durante los períodos de sequía). El caracol puede regenerar su caparazón si el **ápice** no está afectado: el carbonato cálcico producido por el **manto** ayuda a sellar fisuras y grietas. La mayoría de los gasterópodos tienen un caparazón **dextrógiro** (arrollamiento hacia la derecha). Un reducido número de especies presenta una torsión levógira (hacia la izquierda). El caracol Jeremy, nacido en 2015, se hizo famoso tras un llamamiento mundial para encontrar a otro caracol levógiro capaz de aparearse con él, ya que su especie es mayoritariamente dextrógira. El arrollamiento hace que los órganos se retuerzan y el animal acaba siendo asimétrico. ●

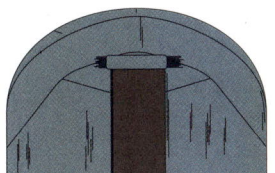

1. *Haru Oms*
Sudáfrica, prehistoria

2. *Tchelos*
Tierra del Fuego, prehistoria

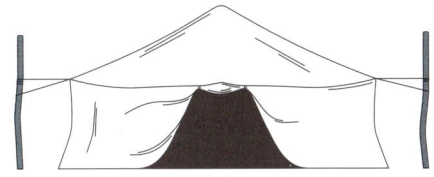

3. Jaima
Sáhara, 7000 a.C.

4. Casa flotante
Vietnam, 5000 a.C.

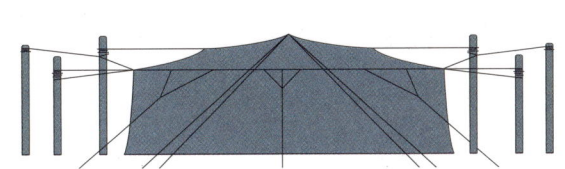

5. Tienda nómada
Tíbet, 3300 a.C.

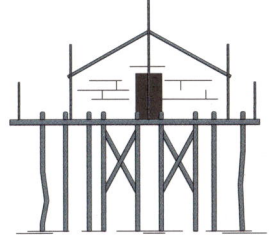

6. *Bajau*
Indonesia, siglo XII a.C.

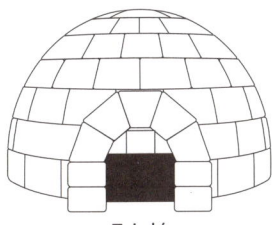

7. Iglú
Canadá / Groenlandia, 1000 a.C.

8. Carromato
Irlanda, Edad Media

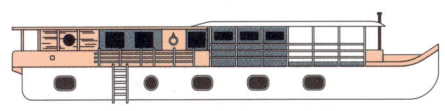

9. Barcazas del lago Unión
Estados Unidos, finales del siglo XIX

10. *Bourlinguette*
Francia, 1903

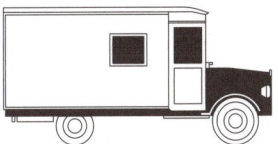

11. Casa nómada
(autocaravana)
Estados Unidos, 1923

12. Autocaravana
Volkswagen Westfalia
Alemania, 1950

13. Minicasa
Estados Unidos / Europa, 1999

AUNQUE LA HUMANIDAD SE SEDENTARIZÓ a partir del Neolítico, la vivienda móvil perdura en numerosos puntos del planeta. Este tipo de vivienda sigue siendo utilizado por las poblaciones sedentarizadas en el transcurso de sus desplazamientos (por ejemplo, durante las vacaciones).

Las primeras viviendas móviles conocidas son las **cabañas (1, 2)**. Se construían rápidamente con ramas, tierra, paja o huesos. Las **tiendas (3, 5)**, fabricadas antiguamente con pieles de animales, representan una versión desmontable que todavía utilizan los nómadas tibetanos y saharianos. Las **casas flotantes (4, 6, 9)** son ancestrales en Asia. El **iglú (7)**, utilizado por los cazadores en las expediciones polares, es un refugio que destaca por su poder aislante. Para los viajeros, el caballo de silla o de carruaje tiene una gran importancia simbólica más allá de su función de tracción del **carromato (8)**. La **casa rodante (10, 11, 12)**, o autocaravana, apareció en Francia en 1903. Junto con Alemania e Italia, son los tres países donde gozan de mayor popularidad. Las **minicasas (13)** sobre ruedas, popularizadas por Jay Shafer y Gregory Johnson, se utilizaron para realojar a las víctimas del huracán Katrina en 2005 y ganaron popularidad durante la crisis económica de 2007-2008. ●

El primer árbol

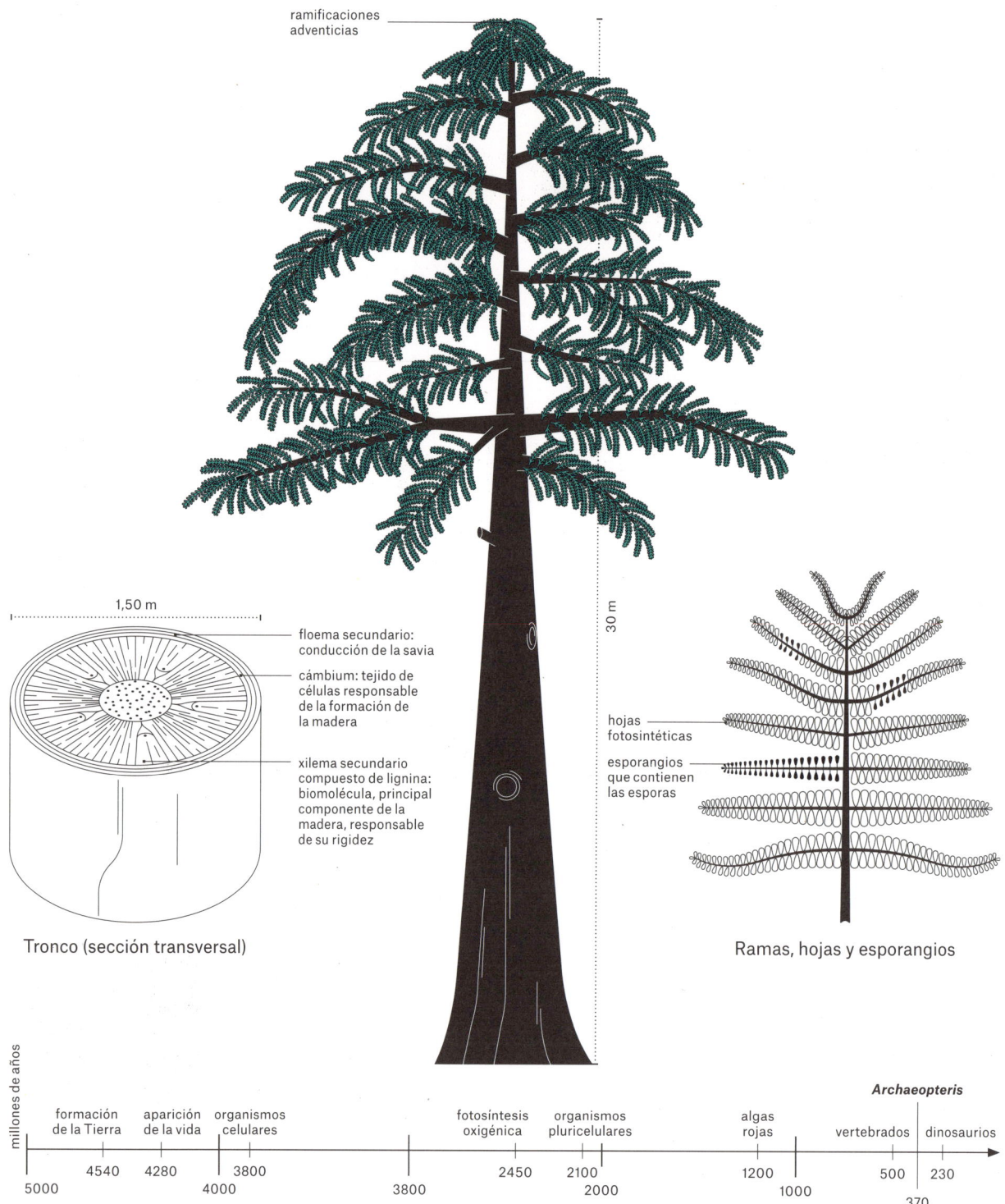

ramificaciones
adventicias

1,50 m

floema secundario:
conducción de la savia

cámbium: tejido de
células responsable
de la formación de
la madera

xilema secundario
compuesto de lignina:
biomolécula, principal
componente de la
madera, responsable
de su rigidez

30 m

hojas
fotosintéticas

esporangios
que contienen
las esporas

Tronco (sección transversal)

Ramas, hojas y esporangios

millones de años

Archaeopteris

| formación de la Tierra | aparición de la vida | organismos celulares | | fotosíntesis oxigénica | organismos pluricelulares | | algas rojas | | vertebrados | dinosaurios |

| 4540 | 4280 | 3800 | | 2450 | 2100 | | 1200 | | 500 | 230 |

5000   4000   3800   2000   1000

370

ARCHAEOPTERIS ES UNA ESPECIE DE ÁRBOL que la ciencia solo conoce a través de los fósiles (→ lámina n.º 100). Se describió por primera vez en el siglo XIX, y algunos de sus ejemplares (tocones o troncos de gran tamaño) plantean dudas sobre su clasificación. Se considera el primer árbol moderno, ya que presenta numerosas similitudes morfoanatómicas con los árboles actuales. *Archaeopteris* se distingue por sus notables innovaciones evolutivas: **esporas** de dos tamaños distintos, **hojas** verdaderas y un **cámbium** bifacial que produce dos tipos de tejido para la conducción de la savia y la formación de la madera. Presenta un crecimiento tri-

dimensional, lo que optimiza así la exposición de sus hojas a la luz y la actividad fotosintética. Este árbol de gran tamaño (hasta 40 m de altura), fascinante por sus hojas y sus esporas parecidas a las de los helechos, y por su tronco similar al de una conífera, se convirtió rápidamente en una especie cosmopolita y dominante en los grandes bosques de su época (el Devónico, hace algo menos de 400 millones de años). Sin embargo, durante el mismo período, otros dos grupos de plantas produjeron formas arborescentes: las licofitas, con hojas lineales y una sola nervadura, y *Cladoxylopsida*, emparentadas con los helechos. ●

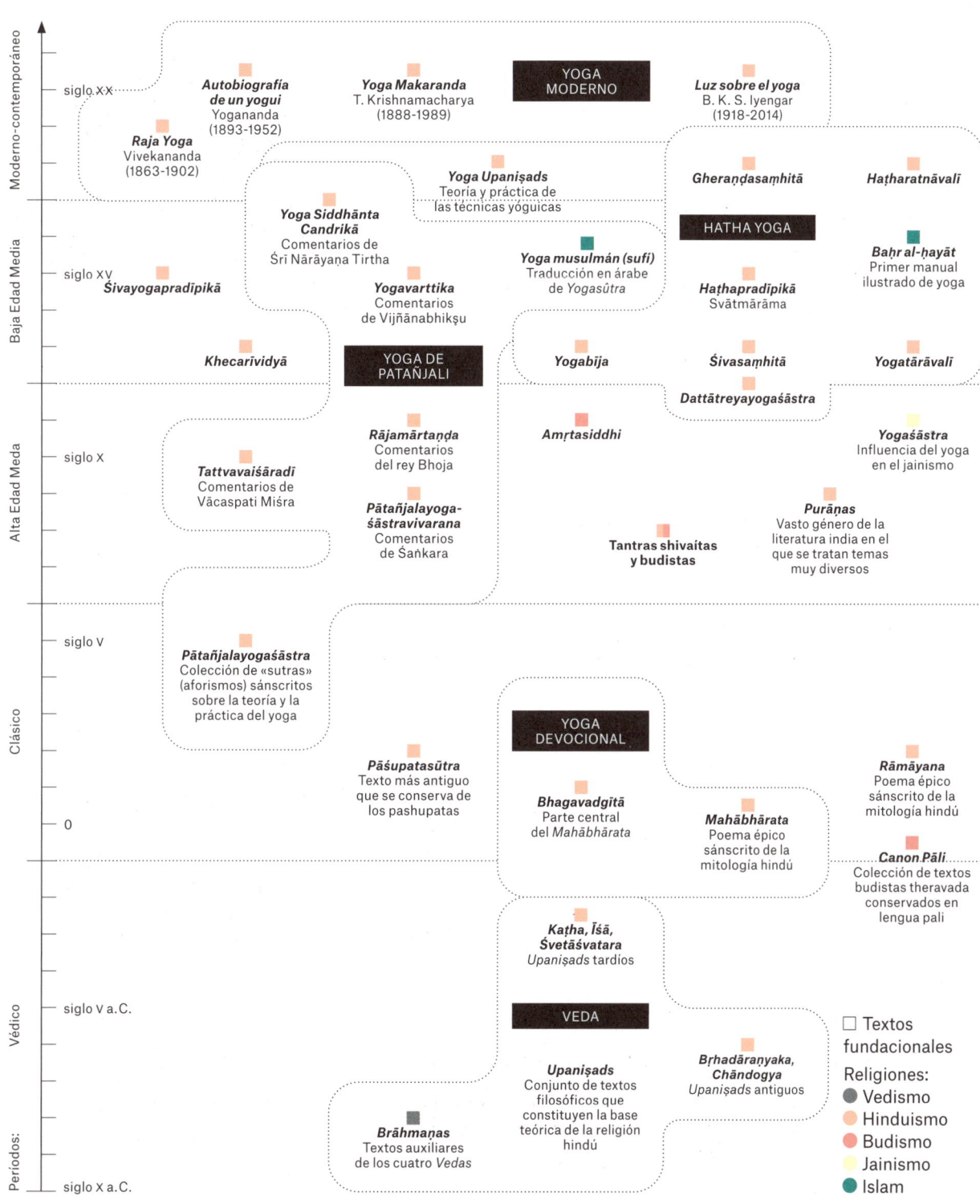

Moderno-contemporáneo

siglo XX

Autobiografía de un yogui
Yogananda
(1893-1952)

Raja Yoga
Vivekananda
(1863-1902)

Yoga Makaranda
T. Krishnamacharya
(1888-1989)

YOGA MODERNO

Luz sobre el yoga
B. K. S. Iyengar
(1918-2014)

Gheraṇḍasaṃhitā

Haṭharatnāvalī

Baja Edad Media

Yoga Upaniṣads
Teoría y práctica de las técnicas yóguicas

Yoga Siddhānta Candrikā
Comentarios de Śrī Nārāyaṇa Tirtha

HATHA YOGA

siglo XV

Śivayogapradīpikā

Yogavarttika
Comentarios de Vijñānabhikṣu

Yoga musulmán (sufí)
Traducción en árabe de *Yogasūtra*

Haṭhapradīpikā
Svātmārāma

Baḥr al-ḥayāt
Primer manual ilustrado de yoga

Khecarīvidyā

YOGA DE PATAÑJALI

Yogabīja

Śivasaṃhitā

Dattātreyayogaśāstra

Yogatārāvalī

Alta Edad Meda

siglo X

Tattvavaiśāradī
Comentarios de Vācaspati Miśra

Rājamārtaṇḍa
Comentarios del rey Bhoja

Pātañjalayoga-śāstravivarana
Comentarios de Śaṅkara

Amṛtasiddhi

Yogaśāstra
Influencia del yoga en el jainismo

Tantras shivaítas y budistas

Purāṇas
Vasto género de la literatura india en el que se tratan temas muy diversos

siglo V

Pātañjalayogaśāstra
Colección de «sutras» (aforismos) sánscritos sobre la teoría y la práctica del yoga

Clásico

YOGA DEVOCIONAL

Pāśupatasūtra
Texto más antiguo que se conserva de los pashupatas

Rāmāyana
Poema épico sánscrito de la mitología hindú

0

Bhagavadgītā
Parte central del *Mahābhārata*

Mahābhārata
Poema épico sánscrito de la mitología hindú

Canon Pāli
Colección de textos budistas theravada conservados en lengua pali

Kaṭha, Īśā, Śvetāśvatara
Upaniṣads tardíos

Védico

siglo V a.C.

VEDA

☐ Textos fundacionales

Religiones:
● Vedismo
● Hinduismo
● Budismo
● Jainismo
● Islam

Upaniṣads
Conjunto de textos filosóficos que constituyen la base teórica de la religión hindú

Bṛhadāraṇyaka, Chāndogya
Upaniṣads antiguos

Periodos:

Brāhmaṇas
Textos auxiliares de los cuatro *Vedas*

siglo X a.C.

DESDE EXTREMO ORIENTE HASTA EUROPA, pasando por Oriente Próximo, África y América, el yoga goza de éxito en todo el mundo. Aunque el término «yoga» es antiguo, sus significados y usos son diversos. La palabra apareció en torno al siglo V a.C. en los *Upaniṣads* **védicos** para designar un estado espiritual particular, así como el camino o método que conduce a él. Más tarde, el *Bhagavadgītā*, uno de los textos religiosos más venerados por los hindúes en la actualidad, describe un yoga **devocional** (bhakti-yoga) a través de la unión con el Señor. El **yoga de Patañjali**, descrito en aforismos (sutras), propone «detener las fluctuaciones de la mente» a través de un camino que consta de ocho etapas y dio lugar a numerosos comentarios. En la época medieval, el **haṭha-yoga** (resultado del encuentro de tradiciones ascéticas de diversos orígenes) proponía alcanzar un estado de meditación mediante técnicas energéticas específicas que incluían posturas y control de la respiración. Del encuentro entre este haṭha-yoga y la gimnasia higiénica nació, en el siglo XIX, el que se conoce como yoga **«moderno»**, transmitido principalmente en lenguas occidentales y más presente que nunca en nuestras sociedades modernas y sus formas de pensamiento consumistas. ●

Venenos naturales

1. Curare

2. Taipán del desierto

3. Cicuta

4. Ricino

5. Cornezuelo del centeno

6. Arsénico

7. Cianuro

8. Botulina

9. Polonio

DE ORIGEN VEGETAL, MINERAL O ANIMAL, los venenos se hallan presentes en la naturaleza. **1.** Extraído de lianas amazónicas, el **curare** se mezcla en ocasiones con veneno de hormigas, ranas o serpientes. **2.** El veneno de un solo **taipán del desierto** (Australia) puede matar a 125 personas. **3.** La **cicuta** se parece a la zanahoria silvestre, el apio o el perejil, pero su olor (similar al de la orina de ratón) constituye una advertencia: en la Antigüedad griega se utilizaba con los condenados a muerte. **4.** Tres semillas de **ricino** pueden ser mortales para un niño, y de seis a ocho, para un adulto. **5.** En la Edad Media, los cereales contaminados por el **cornezuelo**, un hongo microscópico, provocaban ergotismo (delirio, fiebres, ennegrecimiento de las extremidades y, en ocasiones, la muerte). **6.** El **arsénico**, extraído de ciertos minerales, es un veneno incoloro e inodoro, utilizado en los venenos durante el reinado de Luis XIV. **7.** El **cianuro** es un componente del Zyklon B, el gas empleado por los nazis. Se encuentra en estado natural en los huesos de cereza y albaricoque y en las semillas de manzana. **8.** La **botulina** es una toxina bacteriana que se desarrolla en los alimentos mal conservados. **9.** En 2006, el exagente ruso Aleksandr Litvinenko fue envenenado con **polonio**, un elemento radiactivo extraído del uranio. ●

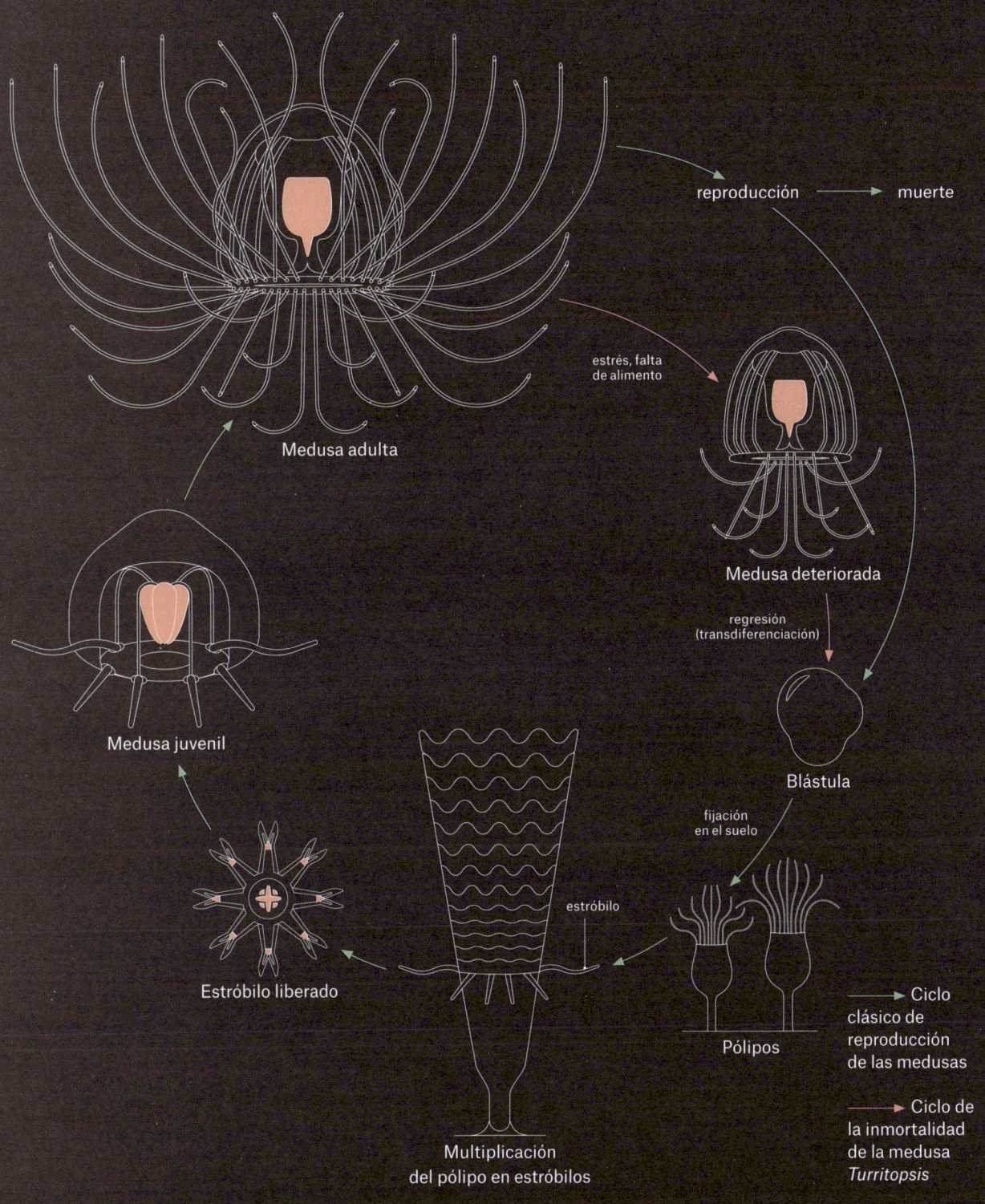

reproducción → muerte

estrés, falta
de alimento

Medusa adulta

Medusa deteriorada

regresión
(transdiferenciación)

Medusa juvenil

Blástula

fijación
en el suelo

estróbilo

Estróbilo liberado

Pólipos

→ Ciclo
clásico de
reproducción
de las medusas

→ Ciclo de
la inmortalidad
de la medusa
Turritopsis

Multiplicación
del pólipo en estróbilos

TURRITOPSIS NUTRICULA, una medusa originaria del mar Caribe descubierta en 1857, tiene la asombrosa capacidad de rejuvenecer. La única población en cautiverio de estas medusas se encuentra en Japón. Desde hace quince años, Shin Kubota, investigador de biología marina de la Universidad de Kioto, trabaja solo, sin financiación ni equipo, en su despacho de Shirahama, donde cría un centenar de ejemplares en placas de Petri guardadas en un pequeño frigorífico. Alimenta a las diminutas medusas (de 4 a 5 mm) con huevos secos de camarón en salmuera que corta con una aguja, ayudándose de un microscopio, para que puedan ser ingeridos.

A continuación, realiza varios cortes en las medusas con un cuchillo para comprobar su capacidad de regeneración. Al cabo de dos días, las **medusas deterioradas** repliegan sus tentáculos sobre sí mismas. Al cuarto día, al final de un proceso denominado **transdiferenciación**, sus organismos (ahora en forma de **blástulas**) se asemejan a «albóndigas». Siete días después, enganchados al fondo de la placa de Petri, los tentáculos empiezan a crecer de nuevo: las medusas vuelven a ser **juveniles**. Con estos experimentos, el investigador espera desvelar el secreto de la inmortalidad de esta medusa, con vistas a aplicarlo a los humanos algún día. ●

Formación del petróleo

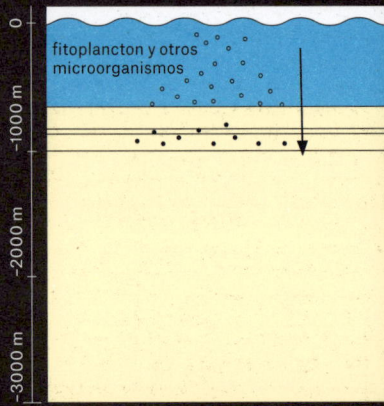

1. Acumulación e incorporación de materia orgánica en el lecho marino

fitoplancton y otros microorganismos

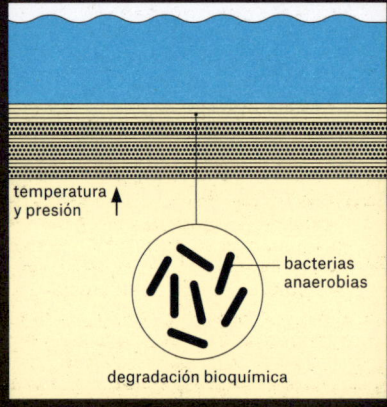

2. Formación del querógeno

temperatura y presión

bacterias anaerobias

degradación bioquímica

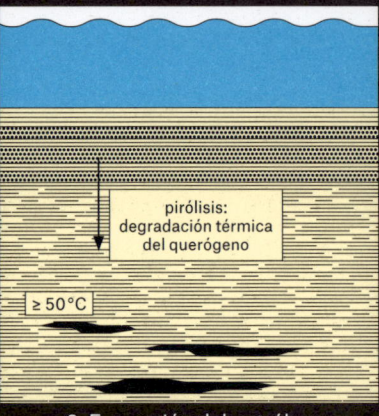

3. Formación del petróleo

pirólisis: degradación térmica del querógeno

≥ 50 °C

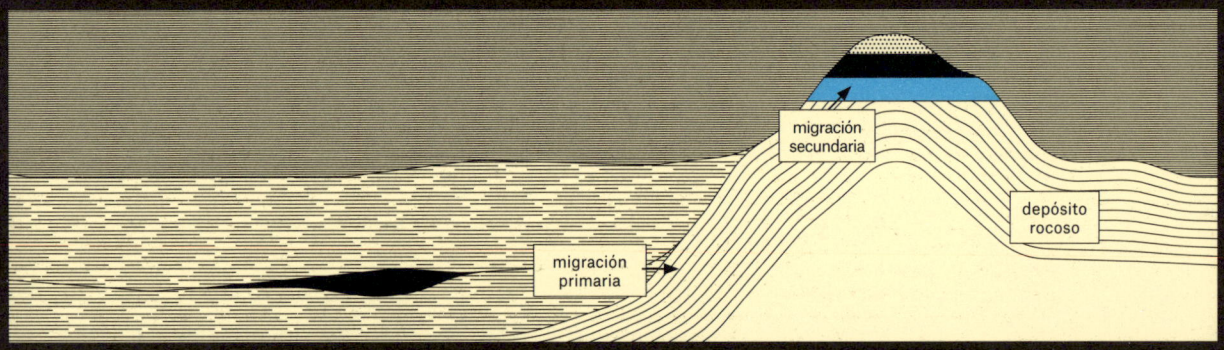

4. Tectónica de placas y migración del petróleo hacia la superficie

migración secundaria

migración primaria

depósito rocoso

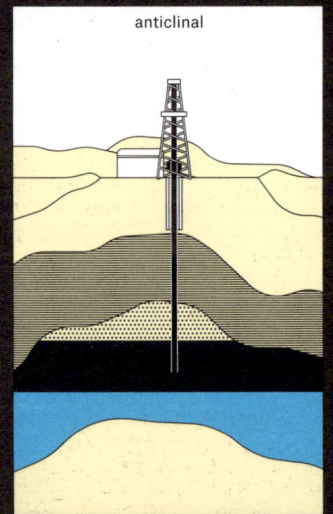

anticlinal

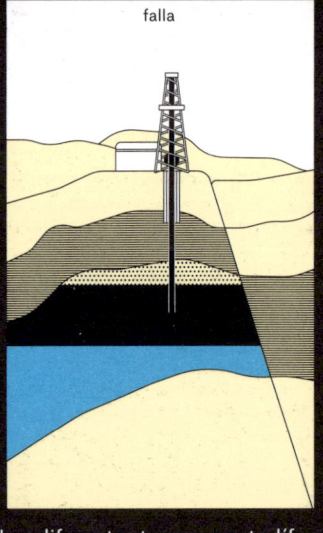

falla

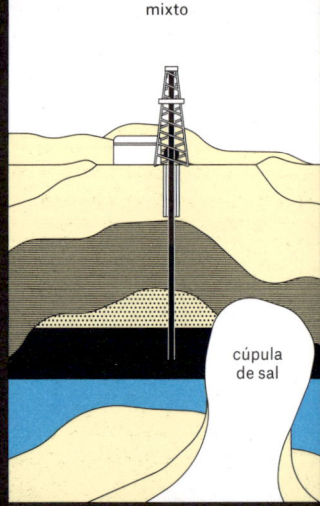

mixto

cúpula de sal

● Agua
◉ Gas
✿ Querógeno
○ Petróleo
◓ Roca de cobertura (impermeable)
⊜ Roca madre

5. Las diferentes trampas petrolíferas

DESDE HACE CIENTOS DE MILLONES DE AÑOS, la **materia orgánica** (básicamente restos de fitoplancton) se deposita en el fondo del océano y se hunde en el lecho marino (**1**). Las capas de materia orgánica se acumulan y se transforman en **querógeno** (**2**), que por pirólisis forma **petróleo** y, posteriormente, **gas** (**3**). Bajo el efecto de la tectónica de placas, el petróleo emerge de la **roca madre** donde se ha formado (**migración primaria**) y, más tarde, asciende a la superficie (**migración secundaria**) (**4**). A su paso, puede quedar atrapado en una **trampa** de roca de cobertura porosa y permeable: es ahí donde tienen lugar las perforaciones (**5**). Ocurre lo mismo con el gas. La mayoría de las trampas, denominadas «**anticlinales**», tienen una estructura de pliegues rocosos convexos. No obstante, también se puede tratar de **fallas** o de trampas mixtas, como las atravesadas por una **cúpula de sal** o un arrecife de coral fosilizado.

Aunque la formación del petróleo es un proceso muy lento (decenas de millones de años), las técnicas de extracción son cada vez más eficaces. Dado que el petróleo protagoniza el mayor comercio internacional de una materia prima, las reservas se agotan: los descubrimientos de nuevos yacimientos se hallan en su nivel más bajo desde su máximo, ocurrido en 1980. ●

RESIDUOS EN SUPERFICIE

Ryugu (asteroide)	Churyumov-Gerassimenko (cometa)	Titán (satélite)	Eros (asteroide)	Marte	Venus	Luna
15 kg	100 kg	350 kg	487 kg	9302 kg	22 628 kg	170 996 kg

OBJETOS EN ÓRBITA ALREDEDOR DE LA TIERRA

órbita geoestacionaria [36 000 km-5000 toneladas]

órbita terrestre media [22 000 km-200 toneladas]

órbitas terrestres bajas [200-2000 km-4000 toneladas]

órbita de transferencia [200 km]

ISS y CSS [400 km]

Tierra

Punto Nemo

Basura espacial
Satélite inactivo
Satélite activo
Masa de los residuos

UNAS 9000 TONELADAS DE OBJETOS ARTIFICIALES orbitan la Tierra; de ellas, de 1 a 2 toneladas vuelven a la atmósfera cada 3 días. En la superficie de otros astros, o flotando en el espacio, otros desechos (instrumentos perdidos por los astronautas durante las reparaciones, motores, etapas superiores de cohetes, satélites inactivos) conforman lo que hoy se conoce como «basura espacial». En 1978, el investigador de la NASA Donald J. Kessler previó un escenario en el que el aumento de esos residuos espaciales, más allá de un determinado umbral, haría que la exploración espacial y el envío de satélites resultasen demasiado peligrosos debido al riesgo de colisiones. Aunque la mayor parte de los desechos que caen se vaporizan al atravesar la atmósfera, subsiste el 20 por ciento de su masa. Durante los programas de desactivación, los residuos más voluminosos se envían a la zona del océano más alejada de cualquier superficie terrestre: el **punto Nemo**, en el Pacífico. En 2019, este cementerio albergaba ya en torno a 300 naves espaciales, entre ellas la estación espacial soviética Mir (120 toneladas). En otros planetas, el abandono de rovers o sondas plantea la cuestión de la contaminación terrestre de los lugares donde buscamos rastros de vida extraterrestre. ●

Ciudades sumergidas

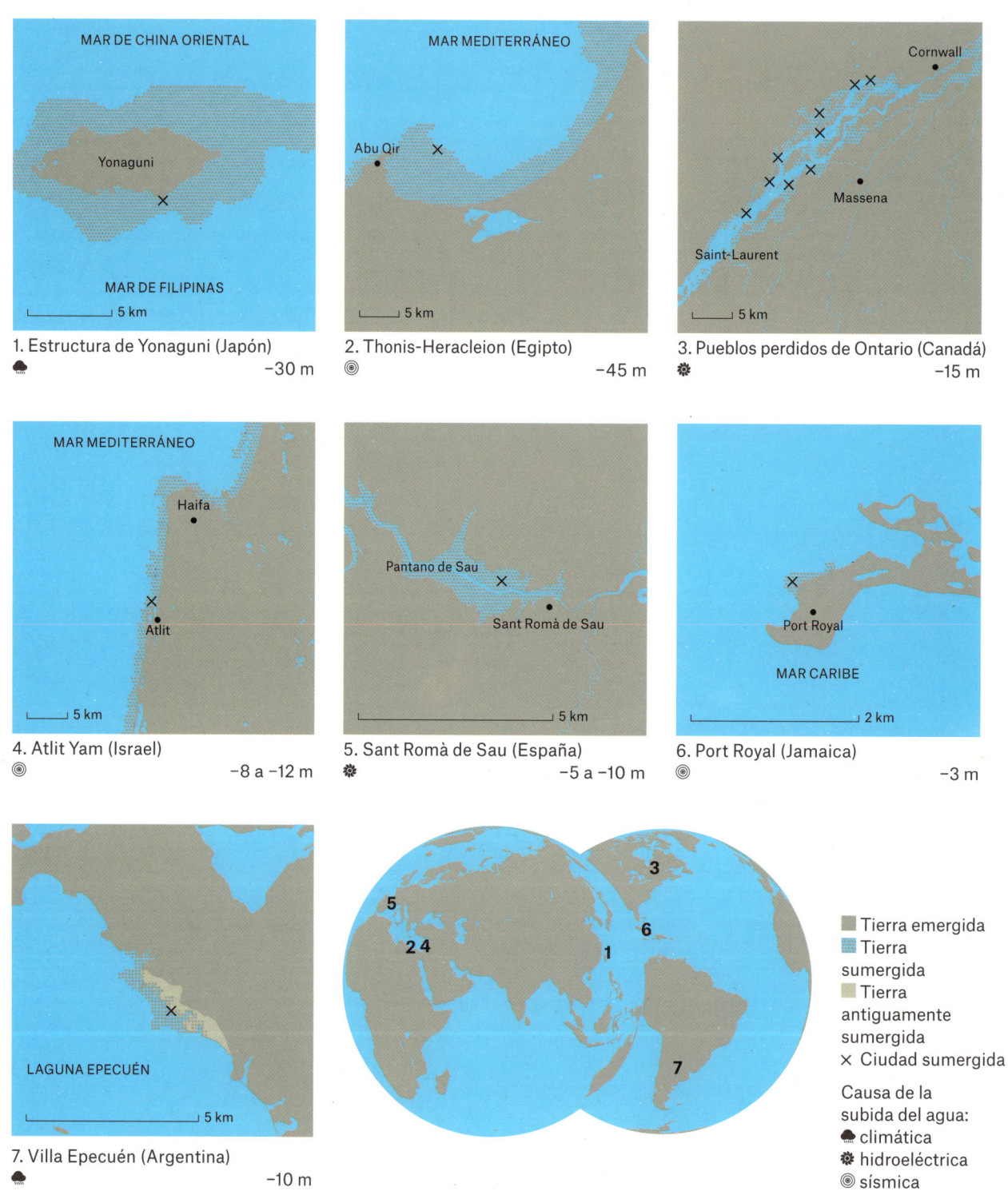

MAR DE CHINA ORIENTAL

Yonaguni

MAR DE FILIPINAS

5 km

1. Estructura de Yonaguni (Japón)
−30 m

MAR MEDITERRÁNEO

Abu Qir

5 km

2. Thonis-Heracleion (Egipto)
−45 m

Cornwall

Massena

Saint-Laurent

5 km

3. Pueblos perdidos de Ontario (Canadá)
−15 m

MAR MEDITERRÁNEO

Haifa

Atlit

5 km

4. Atlit Yam (Israel)
−8 a −12 m

Pantano de Sau

Sant Romà de Sau

5 km

5. Sant Romà de Sau (España)
−5 a −10 m

Port Royal

MAR CARIBE

2 km

6. Port Royal (Jamaica)
−3 m

LAGUNA EPECUÉN

5 km

7. Villa Epecuén (Argentina)
−10 m

■ Tierra emergida
■ Tierra sumergida
■ Tierra antiguamente sumergida
✕ Ciudad sumergida

Causa de la subida del agua:
🌧 climática
✲ hidroeléctrica
◎ sísmica

MÍTICA ISLA SUMERGIDA, la Atlántida fue descrita por Platón como una ciudad ideal que cayó víctima de la cólera de Zeus. Los arqueólogos han identificado ciudades sumergidas reales. **1.** La estructura sumergida de **Yonaguni** podría ser un templo o una tumba de más de dos mil años de antigüedad. **2.** Las 552 anclas, los 64 restos de naufragios y las estatuas colosales de Hapi, dios del Nilo, atestiguan la influencia del puerto comercial de **Thonis-Heracleion** antes de que fuera destruido por terremotos y erupciones, y posteriormente sumergido por completo a finales del siglo VIII. **3.** En 1958, los 10 **pueblos perdidos de Ontario** quedaron sumergidos (6500 habitantes fueron desplazados) para crear la vía marítima de Saint-Laurent, que une el Atlántico con los Grandes Lagos. **4. Atlit Yam** es un poblado neolítico con pozos, restos humanos y un calendario solar. **5.** Solo el campanario de la iglesia de **Sant Romà** asoma a la superficie del lago de Sau, creado en 1962. **6.** En el siglo XVII, **Port Royal** era el puerto de comercio y acogida de los piratas del Caribe. Quedó sumergido por un terremoto en 1692. **7.** Creado en 1920, el balneario de **Villa Epecuén** atrajo a aristócratas y veraneantes hasta que una riada lo sumergió en 1985. El agua se ha retirado, dejando un paisaje de ruinas petrificadas por la sal. ●

DÍA DE LA MUERTE   RITUALES EN TORNO A LA MUERTE   FINAL DEL DUELO

1. Comportamiento de las madres chimpancé tras la muerte de Jimato y Veve en la selva guineana.
Observado por el equipo de Dora Biro, Universidad de Oxford, 2003.

2. Comportamiento de córvidos en Estados Unidos a raíz de una muerte.
Observado por el equipo de John Marzluff, Universidad de Washington, 2015.

3. Muerte de un elefante en la Reserva Nacional de Samburu, en Kenia.
Observada por Shifra Goldenberg, Instituto Smithsoniano / Instituto de San Diego, 2019.

LOS CUATRO COMPONENTES de la conciencia de la muerte son la irreversibilidad, la inevitabilidad, la no funcionalidad (un muerto ya no se comunica ni actúa) y la causalidad. Esta conciencia la adquirimos los humanos en torno a los 4 años, pero ¿y los animales? Los etólogos intentan responder a esta pregunta observando el comportamiento de grupos de diferentes especies a raíz de una muerte.

1. Las madres **chimpancé** llevan los cuerpos sin vida de sus bebés (y los limpian) en todos sus desplazamientos durante varios días. No hay agresividad ni aversión por parte de otros miembros del grupo a pesar del olor de los cuerpos en descomposición. Al cabo de veinte días, las hembras se alejan de los cadáveres. **2.** Un **cuervo** se sitúa cerca del cadáver de otro ejemplar de la misma especie, lo observa y emite unos gritos fuertes y desagradables. Esos gritos atraen a otros cuervos, que se reúnen alrededor del cadáver y participan en el griterío. A continuación, el cadáver es abandonado y esa zona será evitada por las aves. **3.** Los **elefantes** permanecen cerca del cadáver y lo tocan; algunos intentan levantarlo. Vuelven al lugar donde hay cadáveres viejos. Algunos muestran interés por los huesos de sus congéneres, mientras que ignoran los de otras especies. ●

Principio de la proxémica

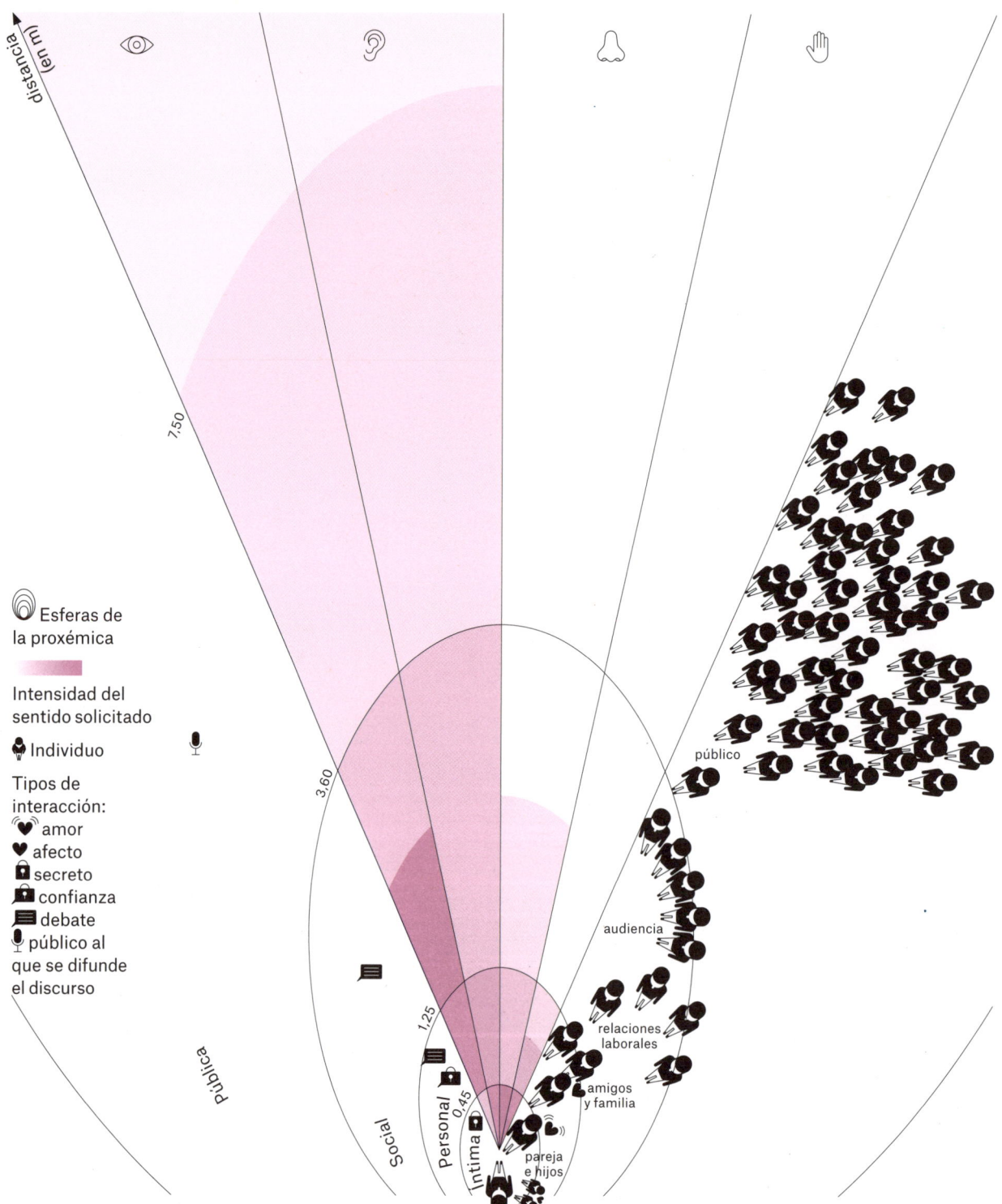

LA RELACIÓN DE LOS INDIVIDUOS con el espacio (distancia física real o percibida, representación de lo que está cerca o lejos) constituye lo que el antropólogo estadounidense Edward T. Hall denominó «proxémica» en el año 1963. Sus experimentos revelaron la existencia de cuatro **distancias** (o **esferas**) en los seres humanos: de la más cercana a la más lejana, se trata de la **íntima**, la **personal**, la **social** y la **pública**. Cada una de estas distancias implica modificaciones sensoriales; por ejemplo, el sentido del tacto pertenece a las esferas íntima y personal, y, en cambio, desaparece en las situaciones sociales o públicas. Además de la cuestión de las distancias, los marcadores de comunicación como la dirección de la respiración, los movimientos de las manos y las interacciones visuales también forman parte del estudio de la proxémica. Edward T. Hall centró su investigación en individuos de clase media que vivían en la costa noreste de Estados Unidos, pero las distancias varían según los individuos y las culturas, lo que permite prever estudios antropológicos comparativos de la proxémica. Para Hall, el hombre utiliza el espacio de forma inconsciente: se trata de una «dimensión oculta», pero fundamental, para comprender las necesidades humanas. ●

Vías neuronales de la empatía

CEREBRO EMOCIONAL

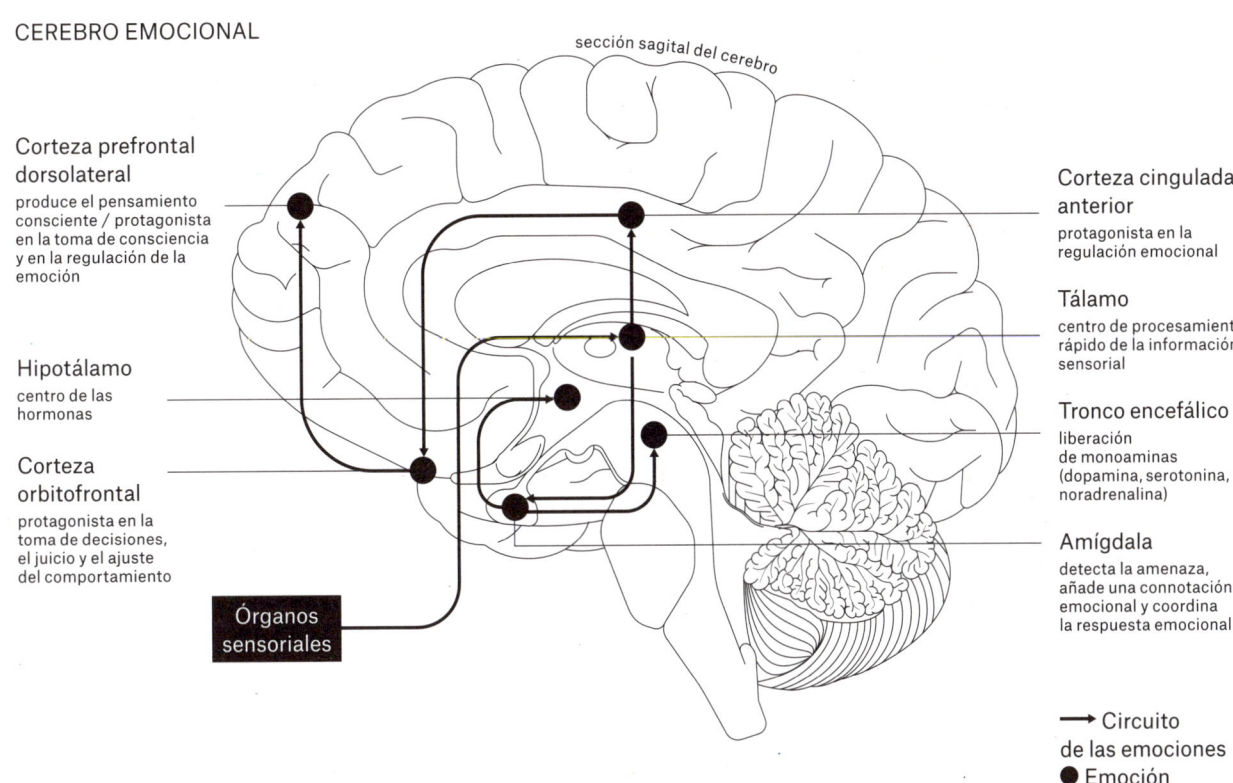

sección sagital del cerebro

Corteza prefrontal dorsolateral
produce el pensamiento consciente / protagonista en la toma de consciencia y en la regulación de la emoción

Hipotálamo
centro de las hormonas

Corteza orbitofrontal
protagonista en la toma de decisiones, el juicio y el ajuste del comportamiento

Órganos sensoriales

Corteza cingulada anterior
protagonista en la regulación emocional

Tálamo
centro de procesamiento rápido de la información sensorial

Tronco encefálico
liberación de monoaminas (dopamina, serotonina, noradrenalina)

Amígdala
detecta la amenaza, añade una connotación emocional y coordina la respuesta emocional

→ Circuito de las emociones
● Emoción

ZONAS DE LA EMPATÍA

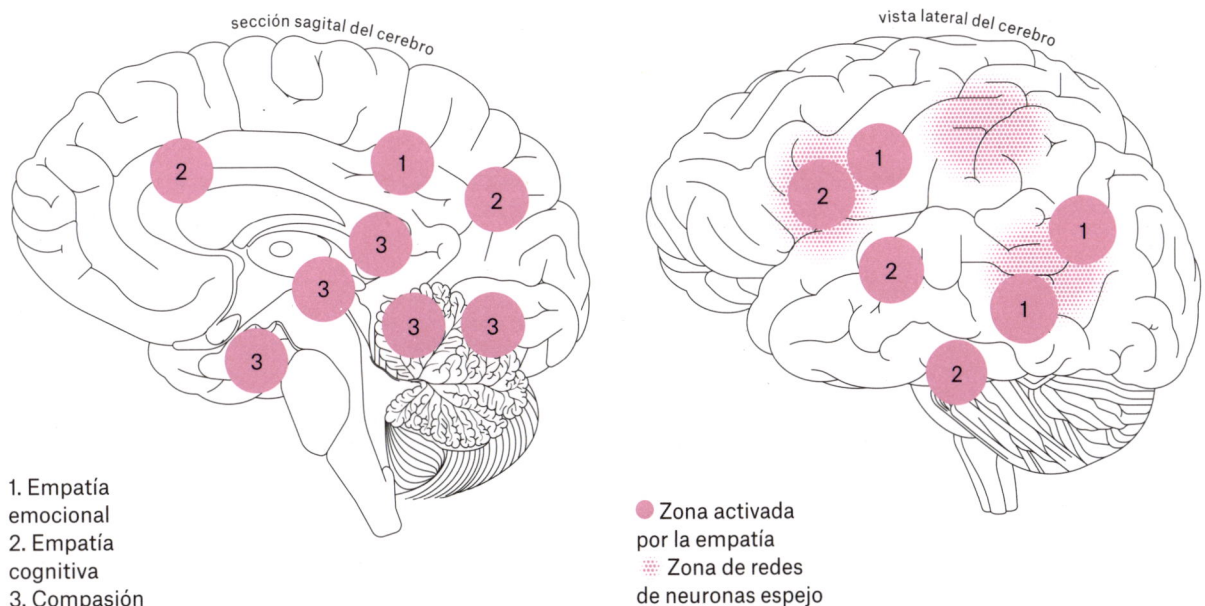

sección sagital del cerebro

vista lateral del cerebro

1. Empatía emocional
2. Empatía cognitiva
3. Compasión

● Zona activada por la empatía
▒ Zona de redes de neuronas espejo

ENTENDER Y SENTIR las emociones de los demás es lo que llamamos «empatía». La investigación en neurofisiología ha demostrado que las áreas cerebrales asociadas a la empatía son compartidas con las del cerebro cognitivo y las del cerebro emocional (que modula la agresividad, el dolor, el miedo, el placer y la memoria), lo que lleva a la hipótesis de que la empatía sigue las mismas vías neuronales. Por tanto, cabría definirla como una emoción específica. Los investigadores describen cuatro **formas de empatía**. El contagio emocional se basa en un análisis rápido y automático de la situación y se traduce en una sincronización motora (la otra persona bosteza, yo bostezo a continuación). La **empatía emocional** es la capacidad de sentir el sufrimiento, la alegría o la emoción de los demás (**1**). La **empatía cognitiva** es la capacidad de imaginar todos los estados mentales de la otra persona, sus motivaciones y las razones de sus actos (**2**). La **compasión** nos permite ayudar a otros en momentos difíciles (**3**).

Las neuronas espejo desempeñan un papel importante en la imitación motora: las mismas neuronas se activan cuando realizamos una acción y cuando observamos a otro individuo que lleva a cabo la misma acción. ●

Lenguas silbadas

DISTANCIAS CORTAS Y MEDIAS

Bilabial
🛈 Wayãpi
(Brasil, Guayana Francesa)

Lengua retrofleja
🛈 Pueblo de Kusköy (Turquía),
pueblo de Antia (isla de Eubea, Grecia),
isla de El Hierro (islas Canarias)

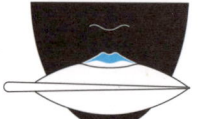

Con una hoja
🛈 Akha (Tailandia),
H'mong (Birmania), Yao (Laos),
Lisu (Vietnam), Yi (China)

LARGA DISTANCIA

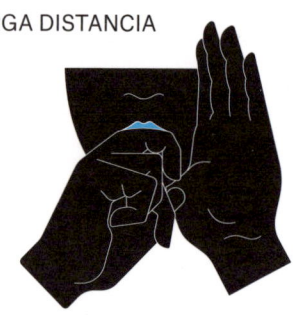

Dedo curvado introducido en la boca
🛈 Isla de La Gomera
(islas Canarias)

Resonancia en las manos cóncavas
🛈 Gavião de Rondônia
(Amazonia)

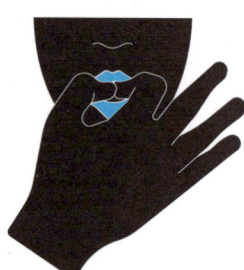

Con dos dedos en V
🛈 Región de Kusköy (Turquía),
Wayãpi (Amazonia)

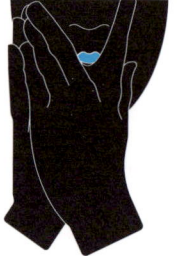

Entre los dedos corazón e índice
🛈 Ari (Etiopía), Banen (Camerún),
Gavião (Amazonia)

**Lengua retrofleja y un
dedo colocado sobre la lengua**
🛈 Tamazight (Atlas marroquí), región de Kusköy
(Turquía), Gran Canaria (islas Canarias)

Labio inferior hacia fuera
🛈 Latinoamérica

LÍMITES DE INTELIGIBILIDAD DE LA VOZ

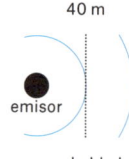
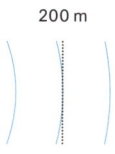

40 m   200 m   1000 m y más

emisor

🛈 Pueblo o
zona geográfica
a modo de
ejemplo

voz hablada   voz gritada   silbidos

«HABLAN COMO MURCIÉLAGOS», escribió Heródoto en su *Historia* acerca de los pueblos etíopes cavernícolas que se comunicaban mediante silbidos. Todavía practicada por poblaciones que viven sobre todo en zonas montañosas o selvas densas, la lengua silbada representa una respuesta sonora eficaz para mantener un breve diálogo a distancia: el nivel sonoro de un silbido es superior al de la voz y puede alcanzar los 120 decibelios. Es el sonido más potente que puede emitir un ser humano con su cuerpo. La banda de frecuencias utilizada, más estrecha, se degrada menos con la distancia. El intercambio de silbidos se realiza en la lengua local, y la gama de sonidos posibles es suficientemente rica, compleja y variada como para preservar el vocabulario, la gramática y la sintaxis. En un estudio de campo realizado entre 2003 y 2015, el lingüista y bioacústico francés Julien Meyer identificó varias técnicas: redondear los labios (para silbar suavemente), utilizar los dedos en la boca (para silbar más fuerte) o servirse de una hoja o una flauta. La mayoría de las veces, un mismo grupo utiliza varias técnicas en función de la distancia a recorrer y de la comodidad del gesto. ●

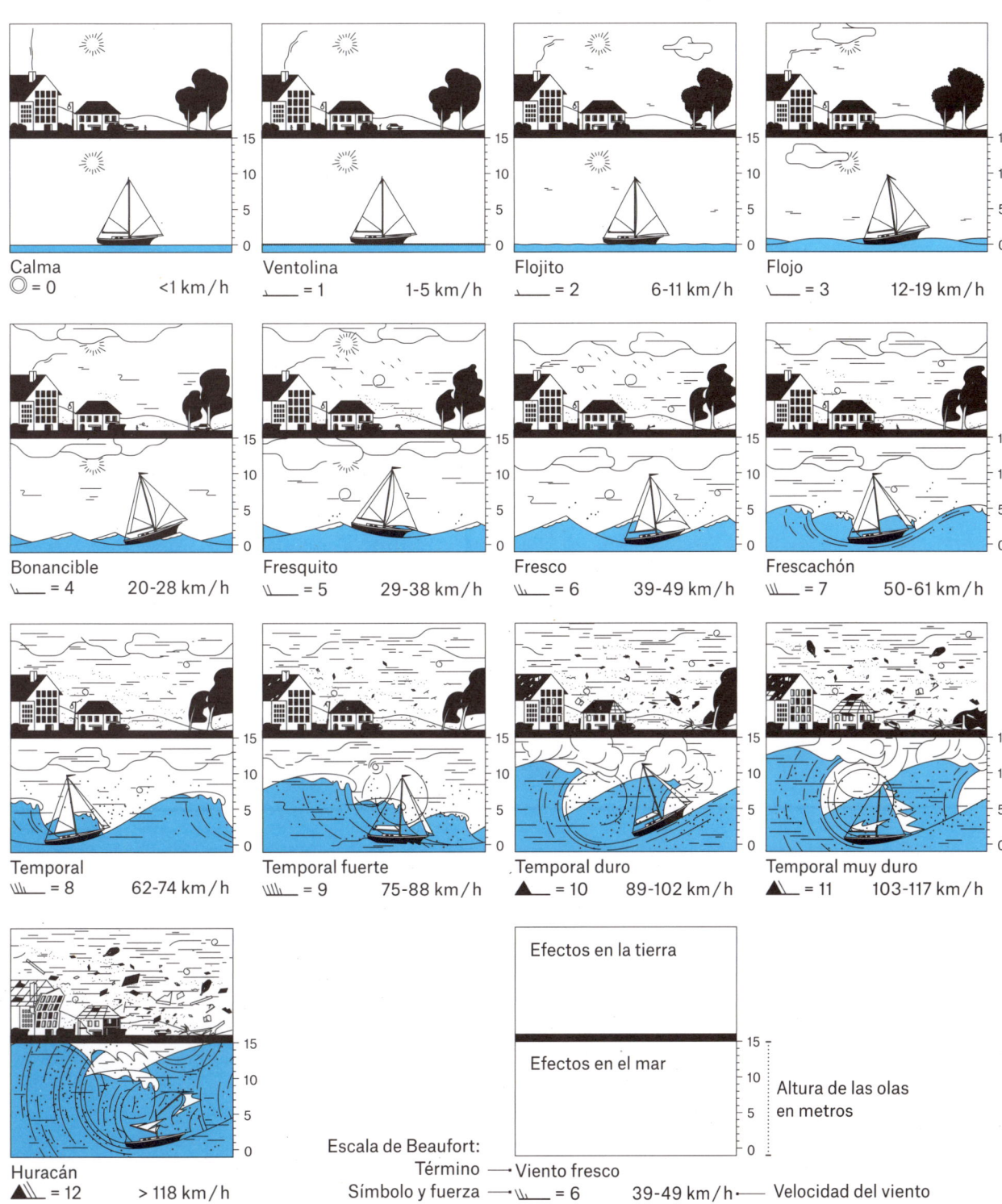

Calma
◎ = 0   <1 km/h

Ventolina
⌐ = 1   1-5 km/h

Flojito
⌐ = 2   6-11 km/h

Flojo
⌐ = 3   12-19 km/h

Bonancible
⌐ = 4   20-28 km/h

Fresquito
⌐ = 5   29-38 km/h

Fresco
⌐ = 6   39-49 km/h

Frescachón
⌐ = 7   50-61 km/h

Temporal
⌐ = 8   62-74 km/h

Temporal fuerte
⌐ = 9   75-88 km/h

Temporal duro
▲ = 10   89-102 km/h

Temporal muy duro
▲ = 11   103-117 km/h

Huracán
▲ = 12   > 118 km/h

Efectos en la tierra

Efectos en el mar

Altura de las olas
en metros

Escala de Beaufort:

Término → Viento fresco

Símbolo y fuerza → ⌐ = 6   39-49 km/h ← Velocidad del viento

«DEBÍAN TENER al corriente el "libro del faro", y anotar en él toda clase de incidentes: el paso de barcos de vela y de vapor [...]; la altura de las mareas, la dirección del viento, la duración de las lluvias, la frecuencia de las borrascas, las altas y bajas del barómetro, el estado de la temperatura y otros fenómenos [...]». En *El faro del fin del mundo*, de Julio Verne, los fareros llevan registros actualizados de la navegación a imagen del almirante británico Francis Beaufort que, en 1805, ideó una escala empírica de dificultad de la navegación. Esta escala se basa en la observación de los rompimientos asociados a las olas: la presencia de «ovejas», estelas de rocío, espu-

ma o láminas en la superficie del agua. Estas propiedades de las olas se pueden asociar al viento que las genera localmente (→ lámina n.º 96). Por tanto, la **escala de Beaufort** vincula las condiciones de navegación con las olas y el viento. En la actualidad se sigue utilizando para describir la **fuerza** del viento en los partes meteorológicos, aunque los barcos suelen estar equipados con anemómetros (que permiten medir el viento). En las cabinas de los barcos de determinados países, las radios VHF emiten el boletín meteorológico especial del centro regional de vigilancia operativa y salvamento a partir de la fuerza 7. ●

Redes tróficas

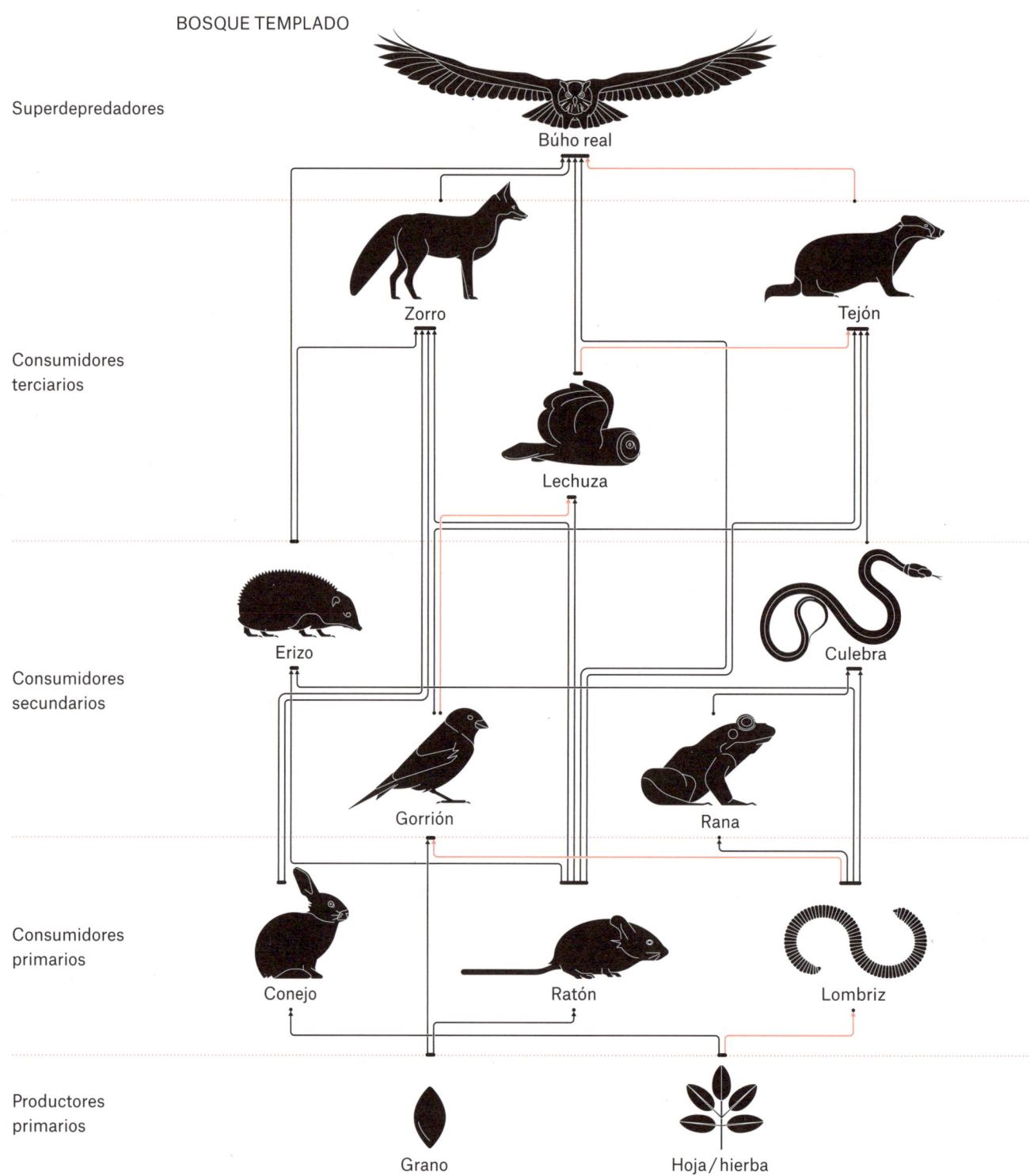

BOSQUE TEMPLADO

Superdepredadores
Búho real

Consumidores
terciarios
Zorro
Tejón
Lechuza

Consumidores
secundarios
Erizo
Culebra
Gorrión
Rana

Consumidores
primarios
Conejo
Ratón
Lombriz

Productores
primarios
Grano
Hoja / hierba

COMER O SER COMIDO... El conjunto de las relaciones alimentarias entre presas y depredadores forma las redes tróficas. Las interacciones entre las especies de una misma red trófica se basan en un equilibrio inestable mantenido por la disponibilidad de luz y nutrientes, junto con la regulación de los recursos por parte de los depredadores. Un cambio en una red (ya sea natural o provocado por el hombre) puede tener repercusiones en otros **niveles** de la escala. En un medio acuático, un exceso de nutrientes al principio de la cadena puede provocar anoxia (agotamiento del oxígeno), o incluso una zona muerta (→ lámina n.º 42). Los vínculos entre las especies en el seno de una red trófica suelen estar relacionados con la alimentación. Una **cadena alimentaria** es una secuencia en la que cada individuo se come al anterior y es comido por el que le sigue. El eslabón más bajo, el **productor primario**, es siempre un organismo autótrofo (una planta o una bacteria que sintetiza su propia materia orgánica a partir de minerales del suelo o del agua, utilizando energía solar o química natural). El eslabón superior es el **superdepredador**, que se caracteriza por su gran tamaño, una baja densidad de población y su vasto territorio. ●

MEDIO OCEÁNICO

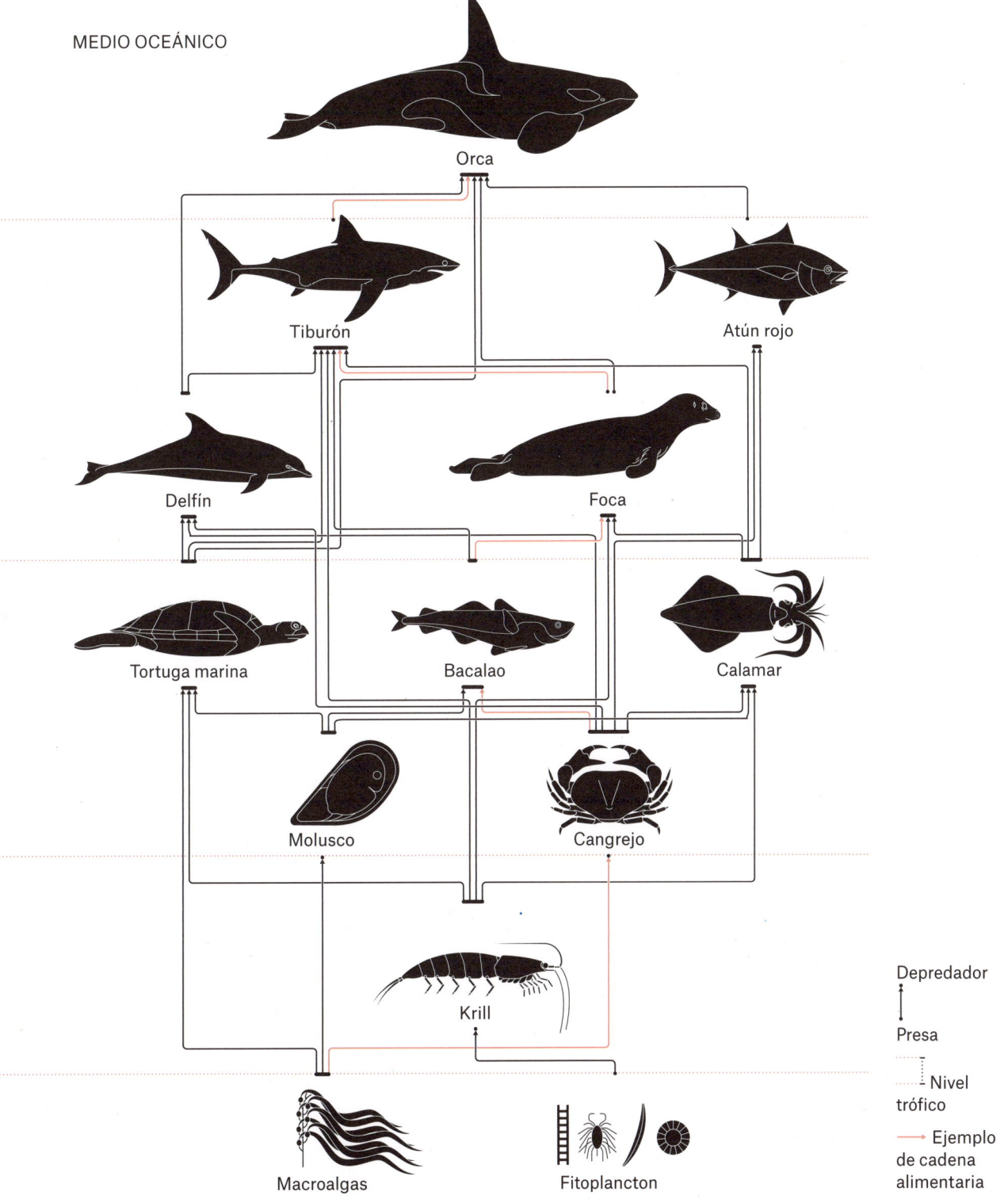

Orca

Tiburón

Atún rojo

Delfín

Foca

Tortuga marina

Bacalao

Calamar

Molusco

Cangrejo

Krill

Macroalgas

Fitoplancton

Depredador

Presa

Nivel trófico

Ejemplo de cadena alimentaria

«Ahora bien, los animales están en guerra unos con otros cuando ocupan los mismos lugares y cuando sus medios de subsistencia proceden del mismo sitio. En efecto, si la comida es escasa, incluso los animales de la misma especie combaten entre sí. [...] Por otro lado, todos los animales sin excepción pelean con los carnívoros y estos con todos los demás, pues se alimentan de animales. [...] El águila y la serpiente son enemigas, ya que las águilas se alimentan de serpientes».

Aristóteles, *Historia de los animales* (h. 343 a.C.), VI, 2. ●

El hombre contra la máquina en el juego de go

PRINCIPIO DEL JUEGO

goban

piedras negras: primer jugador (siempre juega primero)

piedras blancas: segundo jugador

19 × 19 líneas = 361 intersecciones

libertades

Cadenas de piedras

La captura

1

2

principio

medio juego

Cálculo de la puntuación del ganador (●): número de intersecciones en su territorio (●) + número total de piedras capturadas (◎)

fin

Desarrollo de una partida

ENCUENTRO: LEE SEDOL (HUMANO) CONTRA ALPHAGO (IA)

Partida 1
Lee Sedol ●
AlphaGo ○ (ganador)
➞ jugada 102

Invasión muy severa del territorio negro (●), que parece demasiado profundo: el riesgo radica en que las negras podrían capturar esta piedra y conservar su territorio. Sin embargo, las blancas se benefician del apoyo de las piedras adyacentes (◎) y, por tanto, pueden considerar esa jugada. Las blancas destruirán, al menos parcialmente, el territorio negro.

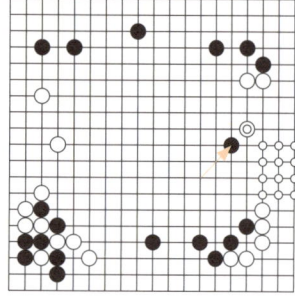

Partida 2
AlphaGo ● (ganador)
Lee Sedol ○
➞ jugada 37

Este «golpe en el hombro» (golpe en diagonal hacia el centro) es una maniobra para contener una piedra del oponente (◎) hacia el borde y desarrollar el centro. Antes de AlphaGo, no era recomendable realizar un movimiento así en ese punto porque ofrece demasiado territorio en el borde (○). Sin embargo, AlphaGo considera que el centro es más importante a pesar de la dificultad de construir territorio ahí.

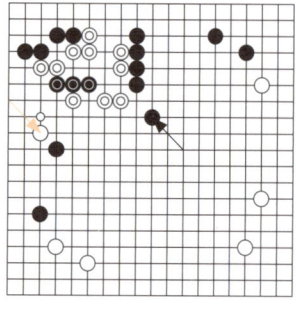

Partida 3
Lee Sedol ●
AlphaGo ○ (ganador)
➞ jugada 32

Las negras lanzan un violento combate para atacar al grupo (◎). Con su último golpe (➞), deja a su propio grupo (●) vulnerable. AlphaGo contraataca con 32, algo poco académico (jugar en (○) sería una «forma» más estándar desde el punto de vista humano). Lee Sedol se encuentra en una posición defensiva a pesar de que era él quien atacaba inicialmente.

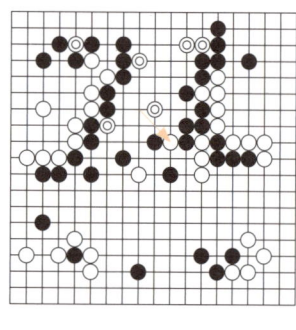

Partida 4
AlphaGo ●
Lee Sedol ○ (ganador)
➞ jugada 78

Las blancas están en una mala posición; tienen menos territorio seguro que las negras. Su única posibilidad es explotar la posición de las «piedras muertas» (◎) para reducir el territorio de las negras. Lee Sedol explota la situación con la jugada 78, que AlphaGo puede contrarrestar con facilidad. Sin embargo, la IA comete un error, y su juego se deteriora hasta resultar casi ridículo.

EL GO, UNO DE LOS JUEGOS de tablero de estrategia más antiguos que se conocen, se remonta a la dinastía Zhou de China (771-453 a. C.). En el juego se enfrentan dos oponentes que, por turnos, colocan **piedras blancas** y **negras** en las **intersecciones** de un tablero llamado **«goban»**. Las **cadenas** de piedras opuestas pueden ser **capturadas** rodeándolas por completo, y el objetivo del juego consiste en construir un territorio mayor que el del oponente. En marzo de 2016, se celebró en Seúl el primer enfrentamiento entre un humano, el surcoreano (y mejor jugador de la década de 2000) **Lee Sedol**, y la inteligencia artificial (IA) **AlphaGo**, desarrollada por Google DeepMind. Las cinco **partidas**, de unas 4 horas cada una, fueron vistas por 300 millones de personas, 280 millones en China. La aplastante victoria de AlphaGo (4 a 1) marca los avances de la IA en el aprendizaje automático, y resulta comparable en impacto a la partida de ajedrez de 1997 entre el superordenador Deep Blue y Garri Kaspárov. Esta partida cambió incluso la forma de jugar. Los movimientos innovadores o «poco elegantes» de AlphaGo, como priorizar el centro en lugar de los bordes del tablero, han sido aprovechados desde entonces por los jugadores profesionales, que ahora entrenan contra las IA. ●

PRINCIPIO

Contexto		
Lógico	Falso	Verdadero
	No	Sí
Numérico	0	1

↓ un bit   ↓ un bit

Número de bits	Combinaciones / valores
2 bits	0 0 0 1 1 0 1 1 2^2 (4) valores posibles
3 bits	0 0 0 0 0 1 0 1 0 0 1 1 1 0 0 1 0 1 1 1 0 1 1 1 2^3 (8) valores posibles
4 bits	2^4 (16) valores posibles
5 bits	2^5 (32) valores posibles
6 bits	2^6 (64) valores posibles
7 bits	2^7 (128) valores posibles
8 bits	2^8 (256) valores posibles

↓

un octeto

APLICACIONES INFORMÁTICAS

b	=	0	1	1	0	0	0	1	0
i	=	0	1	1	0	1	0	0	1
n	=	0	1	1	0	1	1	1	0
a	=	0	1	1	0	0	0	0	1
r	=	0	1	1	1	0	0	1	0
i	=	0	1	1	0	1	0	0	1
o	=	0	1	0	0	1	1	1	1

Palabra   1 carácter = 8 bits = 2^8 (256) valores

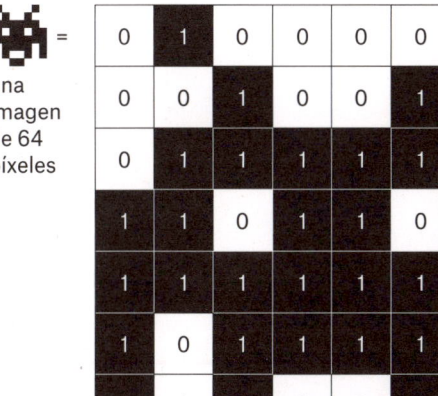

una imagen de 64 píxeles

0	1	0	0	0	0	1	0
0	0	1	0	0	1	0	0
0	1	1	1	1	1	1	0
1	1	0	1	1	0	1	1
1	0	1	1	1	1	0	1
1	0	1	0	0	1	0	1
0	0	0	1	1	0	0	0

Imagen en blanco y negro   1 píxel = 1 bit = 2^1 (2) valores

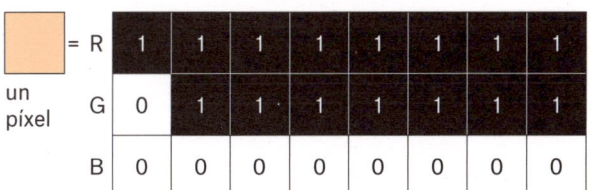

un píxel

= R	1	1	1	1	1	1	1	1
G	0	1	1	1	1	1	1	1
B	0	0	0	0	0	0	0	0

Imagen en color   1 píxel = 24 bits
(RGB: Red = Rojo, Green = Verde, Blue = Azul)   = 2^{24} (16,8 millones) valores

---

EL SISTEMA BINARIO, UN SISTEMA de numeración de base 2, se basa en un bloque elemental de construcción, denominado «elemento binario» o «**bit**», que solo puede tomar dos valores: **0** o **1** (**verdadero** o **falso**, **sí** o **no**).

En un documento inacabado titulado *De Progressione Dyadica*, fechado en 1679, el filósofo y matemático alemán Gottfried Wilhelm Leibniz (1646-1716) describió una máquina de calcular binaria. Unos años más tarde, dejó de lado los principios de la máquina calculadora, pero presentó la notación binaria y las cuatro operaciones con esos números a la Real Academia de Ciencias de París. Su proyecto fue el pre-

decesor de los principios utilizados más tarde para la «máquina» imaginada por Alan Turing en 1936, un modelo abstracto que permitía calcular hasta el infinito utilizando, entre otras cosas, una base binaria de 0 y 1, precursora del ordenador. En este sentido, cabría considerar a Leibniz como uno de los padres de la programación y la informática modernas.

En la actualidad, el sistema binario permite codificar los **caracteres latinos**, **imágenes en blanco y negro** o en **color** y sus derivados animados más complejos. Para números muy grandes se utiliza el sistema hexadecimal (paquetes de 4 bits) o, más raramente, el sistema octal (base 8). •

Arquitectura de los termiteros catedrales

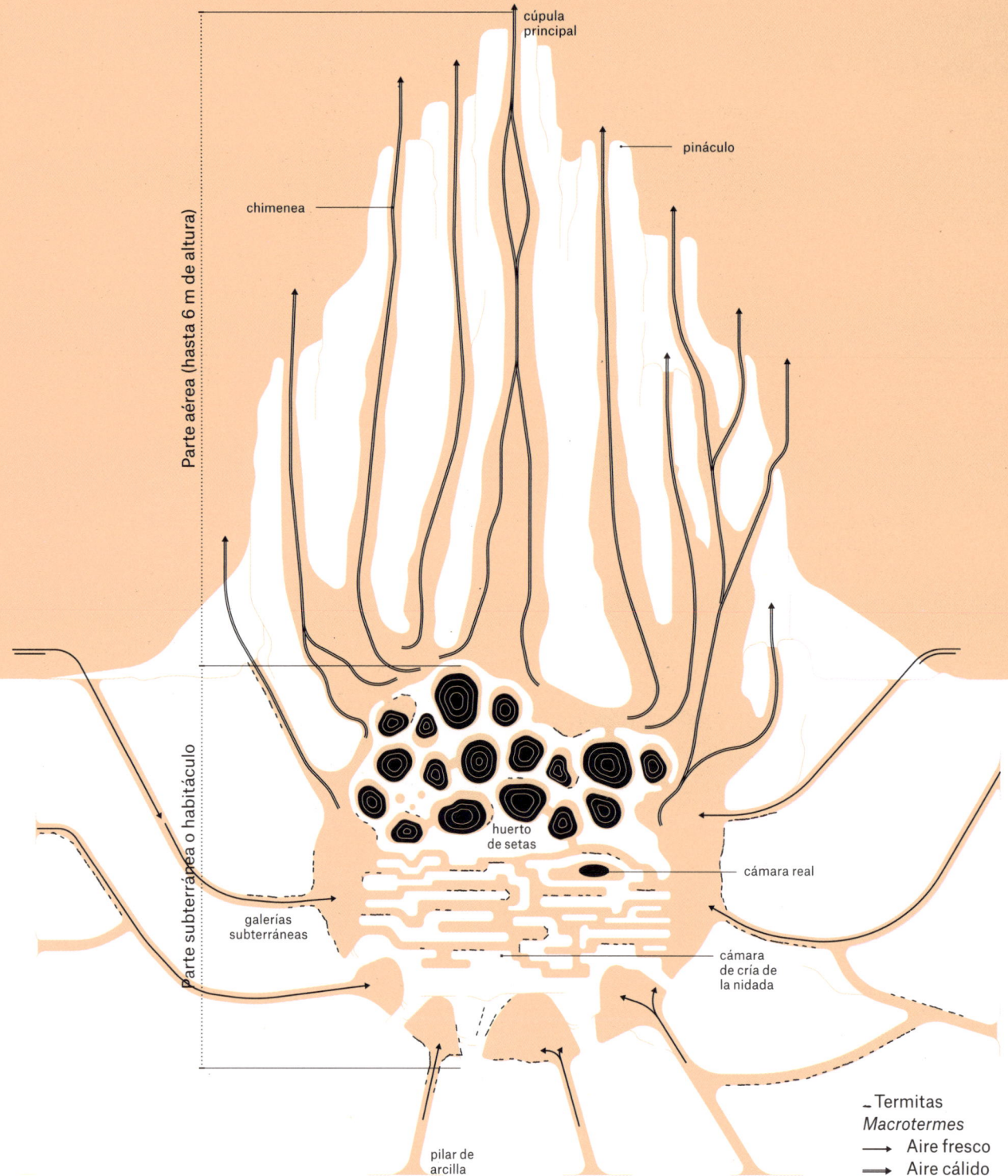

Parte aérea (hasta 6 m de altura)

cúpula principal

pináculo

chimenea

Parte subterránea o habitáculo

huerto de setas

cámara real

galerías subterráneas

cámara de cría de la nidada

pilar de arcilla

Termitas *Macrotermes*
→ Aire fresco
→ Aire cálido

TAMBIÉN DENOMINADAS «HORMIGAS BLANCAS», las macrotermitas (*Macrotermes*) viven en colonias en grandes nidos: los termiteros catedrales. Subterráneos y aéreos, se construyen únicamente en las regiones desérticas del Sáhara. La **cámara real** alberga al macho y a la hembra fundadores. Los huevos, las larvas y las ninfas son vigilados por incubadoras en las **cámaras de cría**. La sociedad de las termitas se estructura en individuos «obreros», que realizan las tareas necesarias para la supervivencia de la colonia, e individuos «soldados», que la defienden. Para alimentarse, las termitas cultivan **huertos de setas** en los que las fibras vegetales son parcial-

mente digeridas por el micelio. Las obreras, acompañadas por soldados, salen a buscar los materiales que necesitan para cultivar setas en las **galerías subterráneas**. La temperatura y la humedad permanecen constantes en el termitero. El trabajo de las obreras regula los **flujos de aire**, que entran por galerías a nivel del suelo y salen por **chimeneas** abiertas al exterior. El agua es suministrada a través de las capas freáticas (a profundidades de hasta 20 m). Estas técnicas inspiran una arquitectura de edificación con sistemas de climatización ecológicos. ●

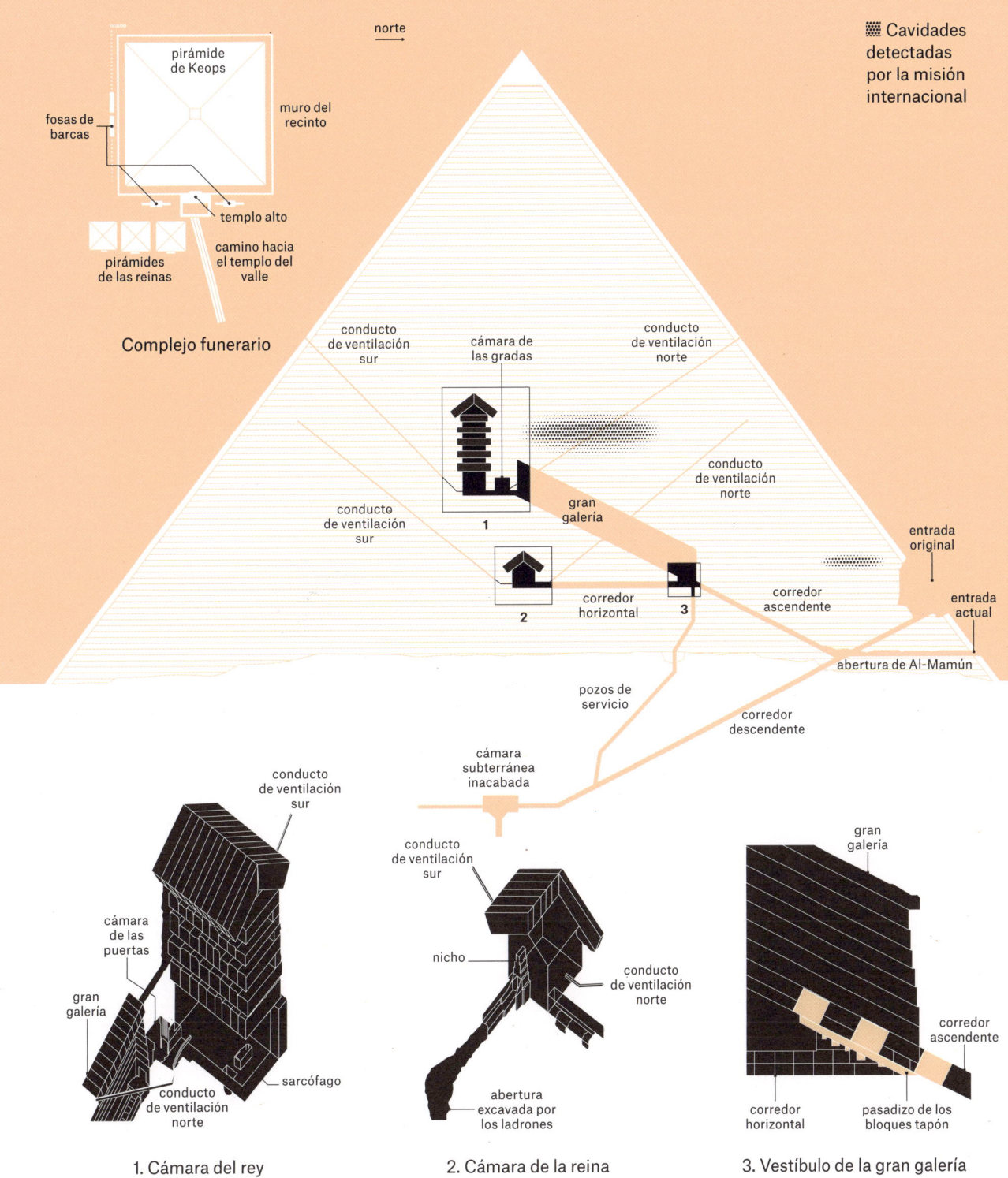

norte

pirámide
de Keops

muro del
recinto

fosas de
barcas

templo alto

camino hacia
el templo del
valle

pirámides
de las reinas

Complejo funerario

▦ Cavidades
detectadas
por la misión
internacional

conducto
de ventilación
sur

cámara de
las gradas

conducto
de ventilación
norte

conducto
de ventilación
norte

conducto
de ventilación
sur

gran
galería

1

entrada
original

entrada
actual

corredor
horizontal

2

3

corredor
ascendente

abertura de Al-Mamún

pozos de
servicio

corredor
descendente

cámara
subterránea
inacabada

conducto
de ventilación
sur

conducto
de ventilación
sur

gran
galería

cámara
de las
puertas

nicho

conducto
de ventilación
norte

corredor
ascendente

gran
galería

conducto
de ventilación
norte

sarcófago

abertura
excavada por
los ladrones

corredor
horizontal

pasadizo de los
bloques tapón

1. Cámara del rey

2. Cámara de la reina

3. Vestíbulo de la gran galería

DE KEOPS APENAS QUEDA NADA. A diferencia de lo que ha ocurrido con otros faraones, nunca se han encontrado sus restos momificados (→ lámina n.º 116). Lo único que dejó el faraón de su paso por la tierra fue una tumba: la mítica pirámide de Keops, un edificio monumental con una altura original de 146 m construido en el corazón de un complejo funerario que cuenta con otras dos pirámides de reyes (Kefrén y Micerinos), templos y cementerios. Cortada en su parte superior por canteros en la Edad Media, la pirámide continúa encerrando numerosos misterios. Por ejemplo, la presencia de tres cámaras para un solo difunto resulta intrigante. Aun-

que algunos egiptólogos creen que esas construcciones no se deben a la casualidad, otros consideran que el proyecto se modificó en el momento de la construcción. La **cámara subterránea** y la **cámara de la reina** podrían haber sido diseñadas para albergar la momia de Keops antes de que los constructores cambiasen de idea y crearan una tercera cámara (la **cámara del rey**). Se utilizaron tres tipos de roca: granito rosa muy sólido para las cámaras (cantera de Asuán, a más de 800 km de distancia); piedra caliza para el núcleo (cantera cercana a la pirámide) y una capa de piedra caliza blanca de gran calidad para los exteriores lisos (cantera de Tura). •

Tráfico de opiáceos

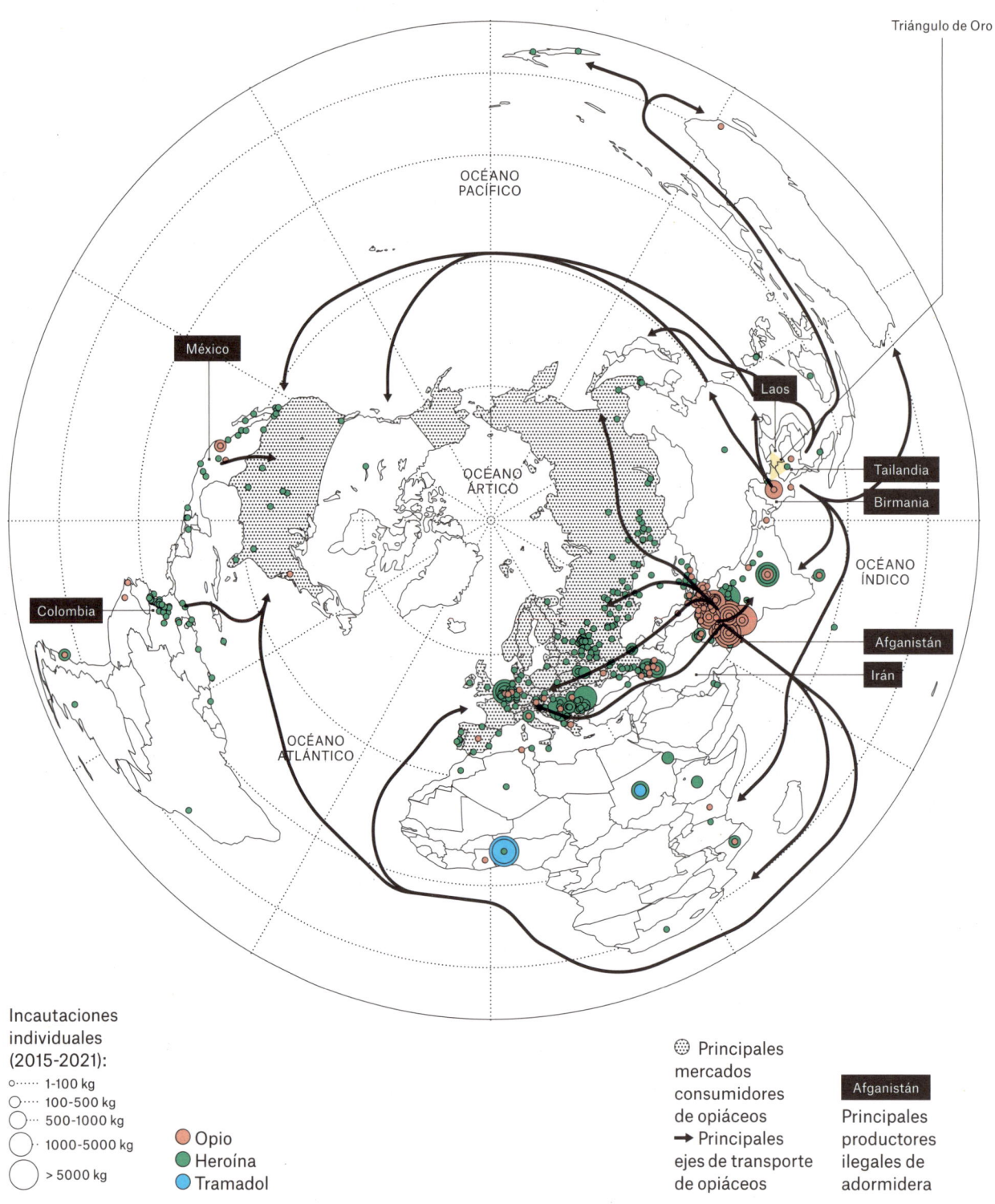

Triángulo de Oro

OCÉANO PACÍFICO

OCÉANO ÁRTICO

OCÉANO ÍNDICO

OCÉANO ATLÁNTICO

México

Colombia

Laos

Tailandia

Birmania

Afganistán

Irán

Incautaciones individuales (2015-2021):

- 1-100 kg
- 100-500 kg
- 500-1000 kg
- 1000-5000 kg
- > 5000 kg

- Opio
- Heroína
- Tramadol

⊙ Principales mercados consumidores de opiáceos

➡ Principales ejes de transporte de opiáceos

Afganistán

Principales productores ilegales de adormidera

TRAS LA CAÍDA DE LOS PÉTALOS, las incisiones en las cápsulas de la **adormidera** exudan **opio** en forma de un látex blanco lechoso que posteriormente se seca hasta convertirse en una resina marrón. De ahí se extrae la morfina, base de la **heroína**. El término «opiáceos» engloba el conjunto de alcaloides analgésicos del opio natural. Los productos sintéticos como la heroína, el **tramadol**, la metadona y el fentanilo se conocen como «opioides». En el siglo XIX, el opio se convirtió en objeto de tráfico internacional. En 1839 y 1856 se produjeron dos conflictos entre el Imperio chino, que quería prohibir el comercio en su territorio, y el británico, que pretendía imponer el comercio del recurso procedente de la India. China perdió ambas guerras y el tráfico de drogas se desplazó. La heroína se extendió en la década de 1970 bajo el control de la French Connection y la Mafia siciliana a partir de las importaciones del **Triángulo de oro**. **Afganistán** es el principal productor de adormidera desde la década de 1990. También desde esa década, el número de sobredosis en los países consumidores, sobre todo en Estados Unidos (donde la prescripción de fármacos ha provocado altos niveles de adicción, en particular al fentanilo), ha alcanzado niveles calificados como epidémicos. ●

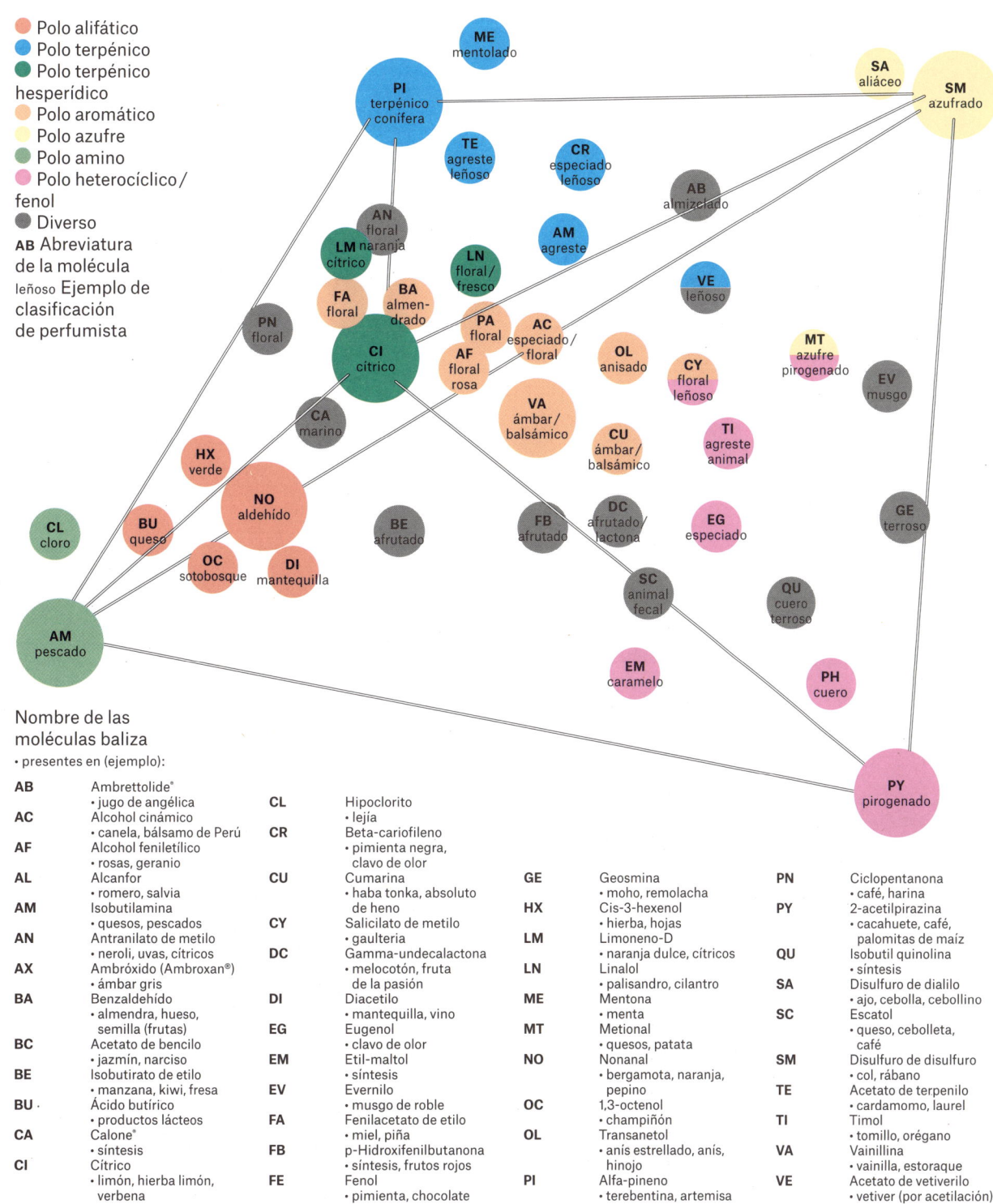

Leyenda del diagrama:

- Polo alifático
- Polo terpénico
- Polo terpénico hesperídico
- Polo aromático
- Polo azufre
- Polo amino
- Polo heterocíclico/fenol
- Diverso

AB Abreviatura de la molécula
leñoso Ejemplo de clasificación de perfumista

Etiquetas del campo:

ME mentolado · PI terpénico conífera · SA aliáceo · SM azufrado · TE agreste leñoso · CR especiado leñoso · AB almizclado · AN floral naranja · LM floral naranja cítrico · LN floral/fresco · AM agreste · VE leñoso · FA floral · BA almendrado · PN floral · CI cítrico · PA floral · AC especiado/floral · OL anisado · CY floral leñoso · MT azufre pirogenado · EV musgo · AF floral rosa · CA marino · VA ámbar/balsámico · CU ámbar/balsámico · TI agreste animal · HX verde · NO aldehído · BE afrutado · FB afrutado · DC afrutado/lactona · EG especiado · GE terroso · CL cloro · BU queso · OC sotobosque · DI mantequilla · AM pescado · SC animal fecal · QU cuero terroso · EM caramelo · PH cuero · PY pirogenado

Nombre de las moléculas baliza

• presentes en (ejemplo):

AB	Ambrettolide® · jugo de angélica	**CL**	Hipoclorito · lejía
AC	Alcohol cinámico · canela, bálsamo de Perú	**CR**	Beta-cariofileno · pimienta negra, clavo de olor
AF	Alcohol feniletílico · rosas, geranio	**CU**	Cumarina · haba tonka, absoluto de heno
AL	Alcanfor · romero, salvia	**CY**	Salicilato de metilo · gaulteria
AM	Isobutilamina · quesos, pescados	**DC**	Gamma-undecalactona · melocotón, fruta de la pasión
AN	Antranilato de metilo · neroli, uvas, cítricos	**DI**	Diacetilo · mantequilla, vino
AX	Ambróxido (Ambroxan®) · ámbar gris	**EG**	Eugenol · clavo de olor
BA	Benzaldehído · almendra, hueso, semilla (frutas)	**EM**	Etil-maltol · síntesis
BC	Acetato de bencilo · jazmín, narciso	**EV**	Evernilo · musgo de roble
BE	Isobutirato de etilo · manzana, kiwi, fresa	**FA**	Fenilacetato de etilo · miel, piña
BU	Ácido butírico · productos lácteos	**FB**	p-Hidroxifenilbutanona · síntesis, frutos rojos
CA	Calone® · síntesis	**FE**	Fenol · pimienta, chocolate
CI	Cítrico · limón, hierba limón, verbena		

GE	Geosmina · moho, remolacha	**PN**	Ciclopentanona · café, harina
HX	Cis-3-hexenol · hierba, hojas	**PY**	2-acetilpirazina · cacahuete, café, palomitas de maíz
LM	Limoneno-D · naranja dulce, cítricos	**QU**	Isobutil quinolina · síntesis
LN	Linalol · palisandro, cilantro	**SA**	Disulfuro de dialilo · ajo, cebolla, cebollino
ME	Mentona · menta	**SC**	Escatol · queso, cebolleta, café
MT	Metional · quesos, patata	**SM**	Disulfuro de disulfuro · col, rábano
NO	Nonanal · bergamota, naranja, pepino	**TE**	Acetato de terpenilo · cardamomo, laurel
OC	1,3-octenol · champiñón	**TI**	Timol · tomillo, orégano
OL	Transanetol · anís estrellado, anís, hinojo	**VA**	Vainillina · vainilla, estoraque
PI	Alfa-pineno · terebentina, artemisa	**VE**	Acetato de vetiverilo · vetiver (por acetilación)

LAS CARACTERÍSTICAS AROMÁTICAS de las moléculas vienen determinadas por su composición química. En el año 1983, un estudio de Jean-Noël Jaubert, investigador del CNRS, estableció las probabilidades de relación entre determinadas características químicas y aromáticas de un total de 1396 moléculas. Esto reveló 44 **moléculas baliza** y una estructura tridimensional anclada en 7 **polos dominantes**, lo que permite orientarse en el espacio odorífero. Ahora es posible situar un olor dentro de esa estructura para describirlo de manera objetiva. La expresión habitual de los olores a través de recuerdos asociados, generalmente personales, da lugar a falsos amigos y malentendidos: «Y, de pronto, el recuerdo surge. Ese sabor es el que tenía el pedazo de magdalena que mi tía Leoncia me ofrecía, después de mojado en su infusión de té o de tilo, los domingos por la mañana en Combray. [...] Ver la magdalena no me había recordado nada, antes de que la probara. [...] Pero cuando nada subsiste ya de un pasado antiguo, cuando han muerto los seres y se han derrumbado las cosas, solos, más frágiles, más vivos, más inmateriales, más persistentes y más fieles que nunca, el olor y el sabor perduran mucho más». [...] (Marcel Proust, *Por el camino de Swann*, 1913). ●

Física del arcoíris

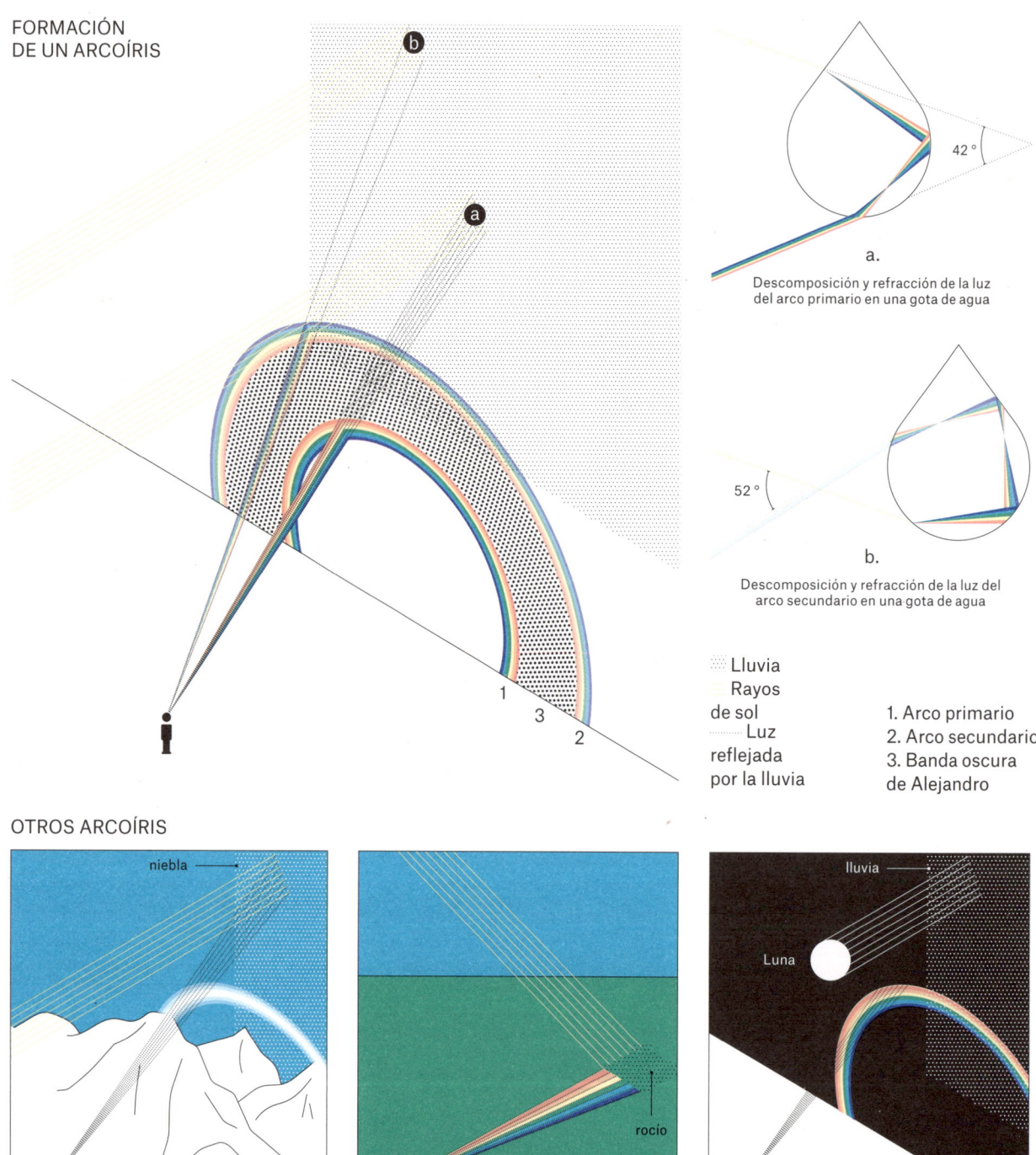

FORMACIÓN
DE UN ARCOÍRIS

b

a

42°

a.

Descomposición y refracción de la luz
del arco primario en una gota de agua

52°

b.

Descomposición y refracción de la luz del
arco secundario en una gota de agua

1
3
2

Lluvia
Rayos
de sol
Luz
reflejada
por la lluvia

1. Arco primario
2. Arco secundario
3. Banda oscura
de Alejandro

OTROS ARCOÍRIS

niebla

Arcoíris blanco

rocío

Arcoíris de rocío

lluvia

Luna

Arcoíris lunar

UN ARCOÍRIS ES VISIBLE cuando brilla el **sol** y **llueve**. El **arco primario** (**1**), el más luminoso y cercano al centro, procede de los reflejos y las refracciones de la luz solar dentro de las gotas de agua. El **arco secundario** (**2**) es menos luminoso, y no siempre visible, porque los rayos de luz se reflejan dos veces en el interior de las gotas. El orden de los colores (violeta, añil, azul, verde, amarillo, naranja, rojo) es siempre el mismo (invertido en un arco secundario) y se debe a una dispersión de la luz blanca por efecto de prisma. Estos arcos contrastan con la **banda oscura de Alejandro** (**3**): se debe al ángulo de penetración de los rayos, que no permite la refracción de la luz.

También existen arcoíris más raros, como el **arcoíris blanco**, causado por gotas muy pequeñas de bruma o niebla; el **arcoíris rojo**, cuando el sol se pone en el horizonte; el **arcoíris lunar**, que se forma por la noche gracias a la luz de la luna; el **arcoíris de rocío** e incluso los causados por el rocío marino o un chorro de agua.

Existen numerosos mitos y leyendas relacionados con este fotometeoro. En la mitología nórdica, es el puente entre el cielo (Asgard), la ciudad de los dioses, y la tierra (Midgard). ●

PÉRGOLA NUPCIAL

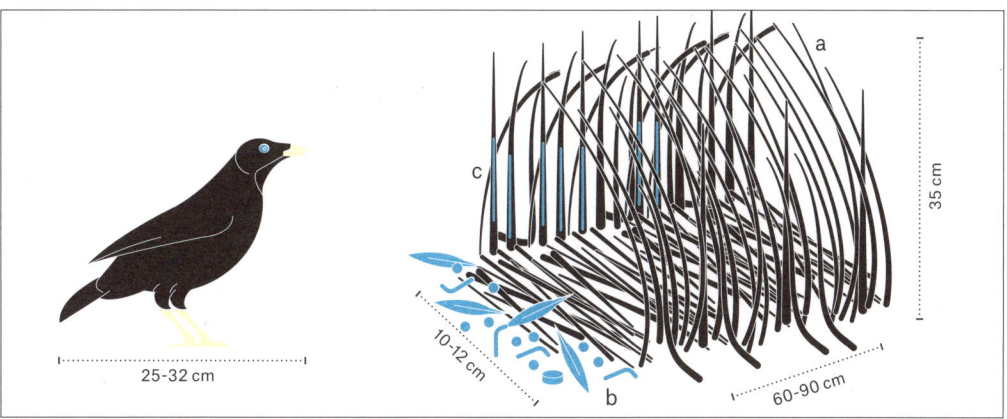

● Macho
● Hembra

a. Estructura: ramitas

b. Decoración: frutas, flores, plumas, plásticos, juguetes, etcétera

c. Pintura: bayas azules o negras, partículas de carbón, saliva

25-32 cm

35 cm

60-90 cm

10-12 cm

CORTEJO NUPCIAL

Vocalización de la llamada

Invitación a entrar en la pérgola

Exhibición cuando la hembra se encuentra en la pérgola

Presentación ante la hembra

Apareamiento

Nidificación

EL PERGOLERO SATINADO es un ave paseriforme endémica de los bosques de Australia conocida por la complejidad de su cortejo. Para erigir la **pérgola nupcial**, el macho construye un pasillo de ramitas entrelazadas. Con su refinado gusto como decorador, dispone objetos azules alrededor de la entrada: flores, frutas, plumas de loro, setas grises o alas de escarabajos, así como tapones de plástico, envoltorios de caramelos, juguetes, fragmentos de vidrio, bolígrafos o mecheros, siempre azules. La preparación de la pérgola termina con una etapa en la que colorea las ramitas con una especie de pintura que él mismo fabrica con un trozo de corteza. Este es uno de los ejemplos más notables del uso de herramientas por parte de las aves. Cuando la pérgola está lista, el macho comienza el **cortejo nupcial**, y emite vocalizaciones para atraer a la hembra. Recoge una pluma, una flor o una baya con el pico y emite sonidos mecánicos mientras salta alrededor de la hembra con las alas desplegadas. Una vez evaluado el cortejo, la hembra puede entrar en el pasillo; el macho continúa con una danza espasmódica y un nuevo canto, y se presenta ante la hembra aumentando su tamaño; después, se une a ella para el apareamiento. La hembra construirá su nido cerca, en los árboles. ●

Gestación e incubación

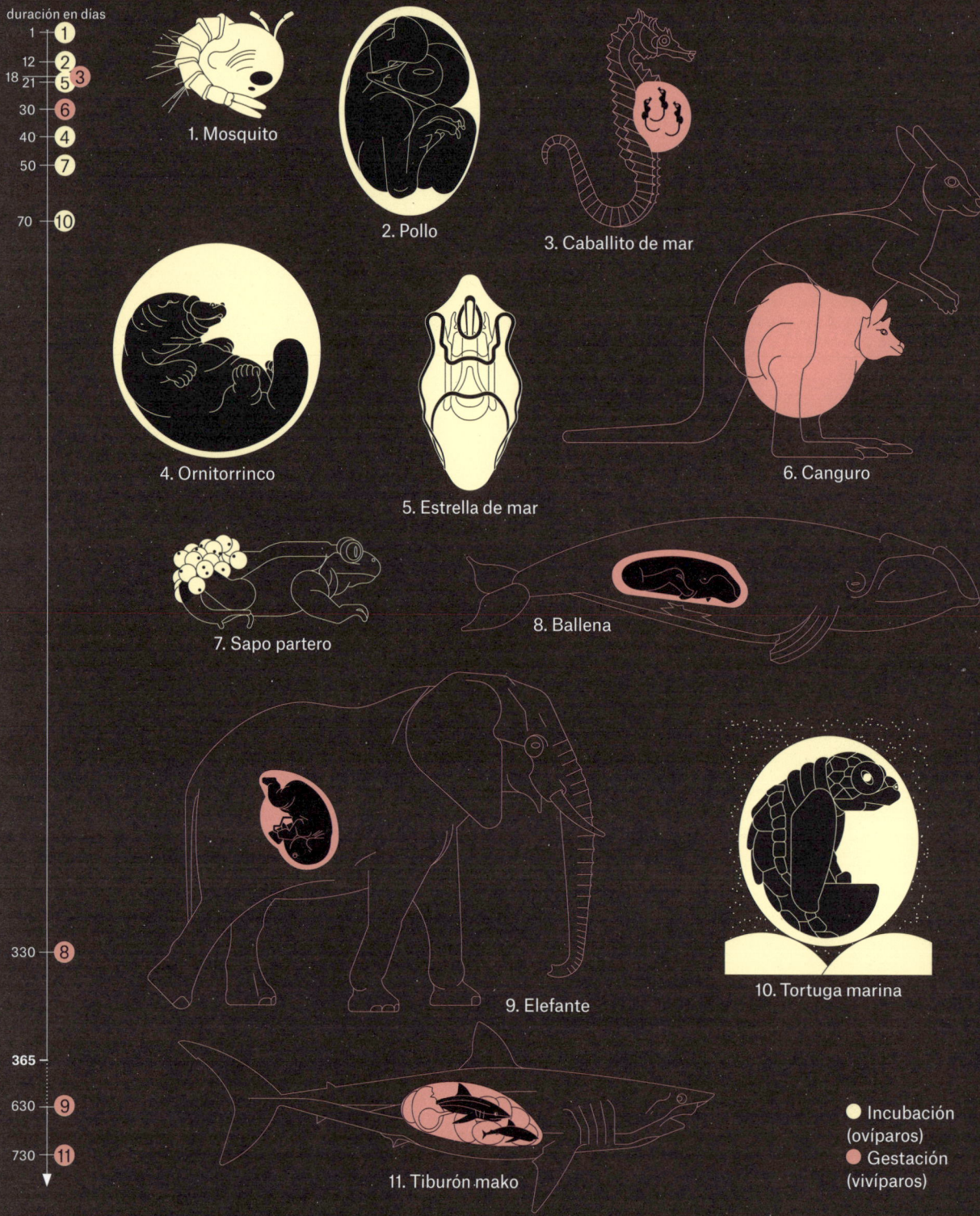

duración en días

1. Mosquito
2. Pollo
3. Caballito de mar
4. Ornitorrinco
5. Estrella de mar
6. Canguro
7. Sapo partero
8. Ballena
9. Elefante
10. Tortuga marina
11. Tiburón mako

● Incubación (ovíparos)
● Gestación (vivíparos)

CHARLES DARWIN habló ya en 1859 de la selección sexual, que constituye la selección natural junto con la «lucha por la supervivencia». Desde el cortejo hasta la fecundación, todos los mecanismos de adaptación están diseñados para preservar la especie y producir el mayor número de crías viables.

1. De 20 a 200 huevos de **mosquito** por nidada eclosionan en larvas. **2.** El **polluelo** es autosuficiente desde que sale del cascarón. **3.** Al final del cortejo, la hembra de **caballito de mar** introduce sus huevos en el vientre del macho. **4.** Una vez fuera del huevo, los jóvenes **ornitorrincos** son amamantados durante 3 o 4 meses. **5.** Los huevos de **estrella de mar**, fe- cundados dentro del agua, quedan a la deriva entre el planc- ton. **6.** Al nacer, el bebé **canguro** pesa 1 g. Se desarrolla en la bolsa marsupial durante 240 días. **7.** El **sapo partero** recoge los huevos y se los pone en la espalda; puede transportar las nidadas de varias hembras al mismo tiempo. **8.** La **ballena** tiene una cría cada tres años, y después la cuida durante cuatro años. **9.** La **elefanta** puede concebir una cría de 120 kg hasta los cincuenta años. **10.** Las **tortugas marinas** regresan a la playa donde nacieron para desovar por la noche. **11.** Los embriones del **tiburón mako**, eclosionados dentro del saco vitelino, se devoran entre ellos. ●

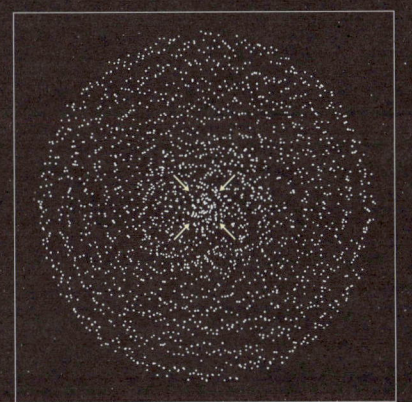

1a. Nube molecular, criadero de estrellas
t = 0 años

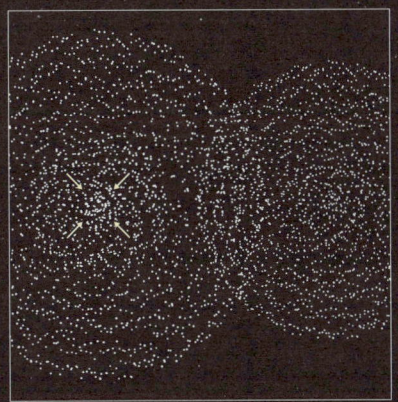

1b. Encuentro con otro cuerpo celeste

2. Núcleo protoestelar
t = en torno a 100 000 años

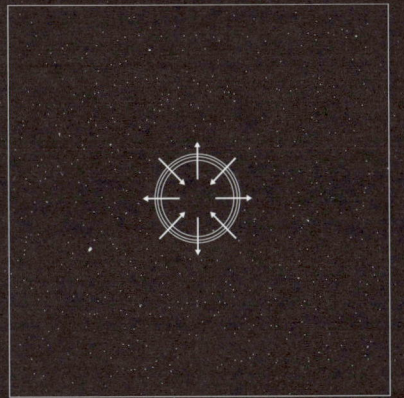

3. Glóbulo oscuro
t = 110 000 años

disco de acreción

4. Estrella joven o protoestrella
t = 1 000 000 de años

5. Estrella estable
t = 100 000 000 de años

Intensidad
de luminosidad

→ Fuerzas

LAS ESTRELLAS MÁS ANTIGUAS nacieron poco después del Big Bang (→ lámina n.º 124), hace 13 700 millones de años. Pero ¿cómo surgen estas estrellas?

1a. Una **nube molecular** tiene una temperatura muy baja, pero una densidad y un tamaño suficientes para permitir que fragmentos de la nube colapsen por la acción de su propia gravedad. **1b.** El encuentro con otra nube, la explosión de otra estrella o el paso por un brazo de galaxia pueden provocar un aumento de la densidad y la temperatura de la nube. **2.** La nube se separa en pequeños fragmentos. Al cabo de un tiempo, la fragmentación se detiene, pero la contracción continúa y se forman **núcleos protoestelares**. El gas, muy comprimido, se calienta y esos «núcleos» comienzan a brillar. **3.** El gas sigue colapsándose y densificándose bajo el efecto de la gravedad, y es cada vez más brillante. Se forma un capullo de polvo opaco alrededor del **glóbulo** por efecto de la gravedad. **4.** La **protoestrella**, o estrella joven, se expande. Es muy luminosa, pero su temperatura todavía no permite la fusión nuclear. **5.** Se convierte en una **estrella estable** cuando se ilumina por reacciones nucleares, no por colisiones de materia. ●

Migraciones marinas

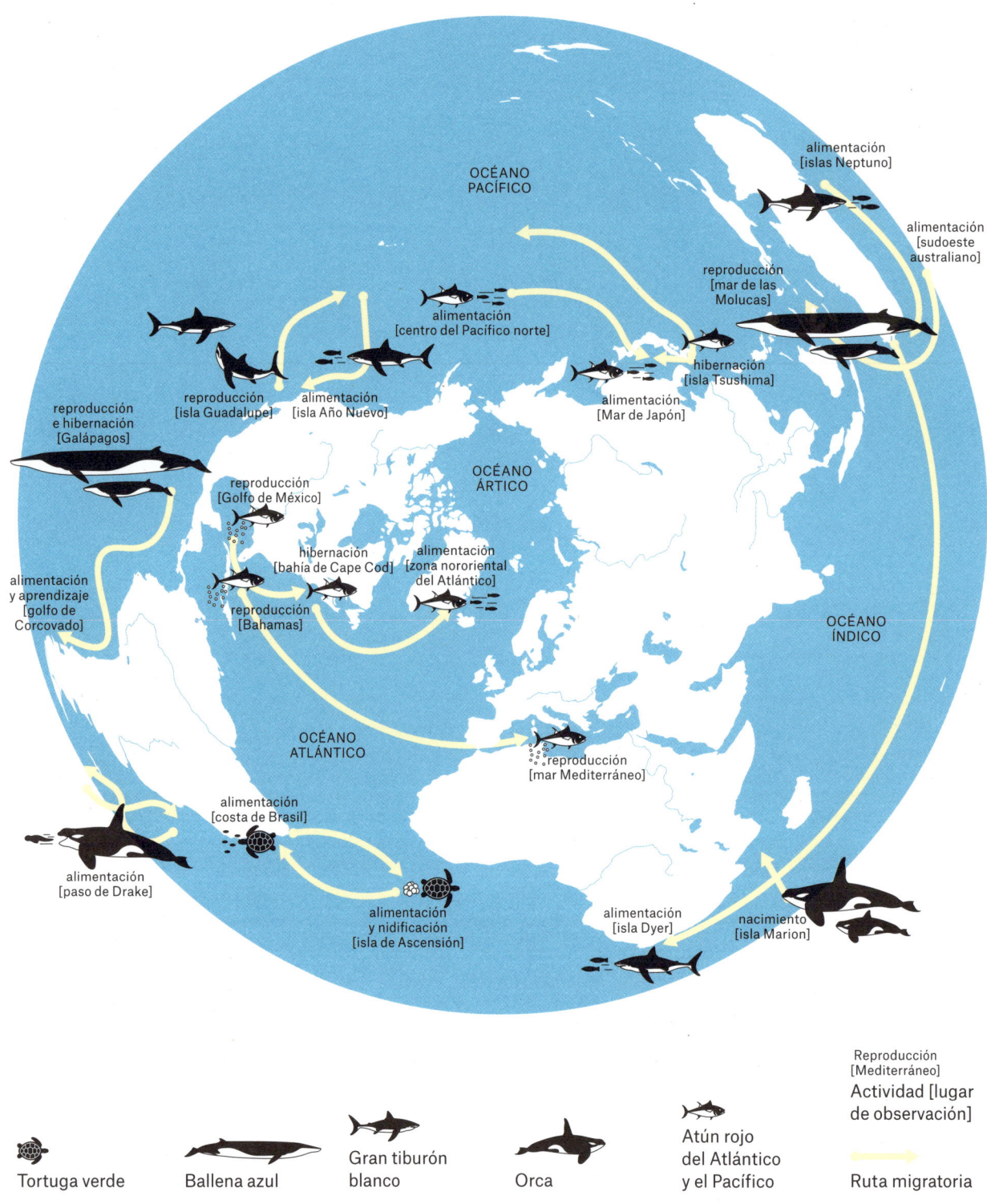

OCÉANO
PACÍFICO

alimentación
[islas Neptuno]

alimentación
[sudoeste
australiano]

reproducción
[mar de las
Molucas]

alimentación
[centro del Pacífico norte]

hibernación
[isla Tsushima]

reproducción
e hibernación
[Galápagos]

reproducción
[isla Guadalupe]

alimentación
[isla Año Nuevo]

alimentación
[Mar de Japón]

reproducción
[Golfo de México]

OCÉANO
ÁRTICO

hibernación
[bahía de Cape Cod]

alimentación
[zona nororiental
del Atlántico]

alimentación
y aprendizaje
[golfo de
Corcovado]

reproducción
[Bahamas]

OCÉANO
ÍNDICO

OCÉANO
ATLÁNTICO

reproducción
[mar Mediterráneo]

alimentación
[costa de Brasil]

alimentación
[paso de Drake]

alimentación
[isla Dyer]

nacimiento
[isla Marion]

alimentación
y nidificación
[isla de Ascensión]

Reproducción
[Mediterráneo]
Actividad [lugar
de observación]

Tortuga verde   Ballena azul   Gran tiburón
blanco   Orca   Atún rojo
del Atlántico
y el Pacífico   Ruta migratoria

POCAS ESPECIES MARINAS SON SEDENTARIAS, aparte de unas pocas que viven en arrecifes de coral o en aguas cerradas. La mayoría se desplaza, de forma individual o en grupos, a lo largo de rutas migratorias estacionales para satisfacer sus necesidades de alimentación o reproducción. Las **tortugas marinas** hembras regresan cada 2 o 4 años para desovar en la costa donde nacieron. El resto del tiempo se desplazan a zonas de alimentación situadas hasta 2000 km de distancia de sus lugares de anidamiento. Las **ballenas azules** memorizan sus zonas de alimentación más estables, que no son necesariamente las más productivas. En el caso de los **tibu-** **rones blancos**, parece que son las hembras las que recorren mayores distancias. Los motivos de sus desplazamientos continúan siendo un misterio. Algunas **orcas** viajan entre 6 y 8 semanas a lo largo de 11000 km para regenerar su epidermis. El **atún rojo** destaca por sus migraciones transatlánticas, realizadas en varias etapas.

Diversos factores humanos perturban estas rutas migratorias: la contaminación acuática y la pesca, por ejemplo, pero también la contaminación lumínica (→ lámina n.º 58). Los animales marinos se desplazan sobre todo de noche, y numerosas especies son sensibles a los ciclos de la Luna. ●

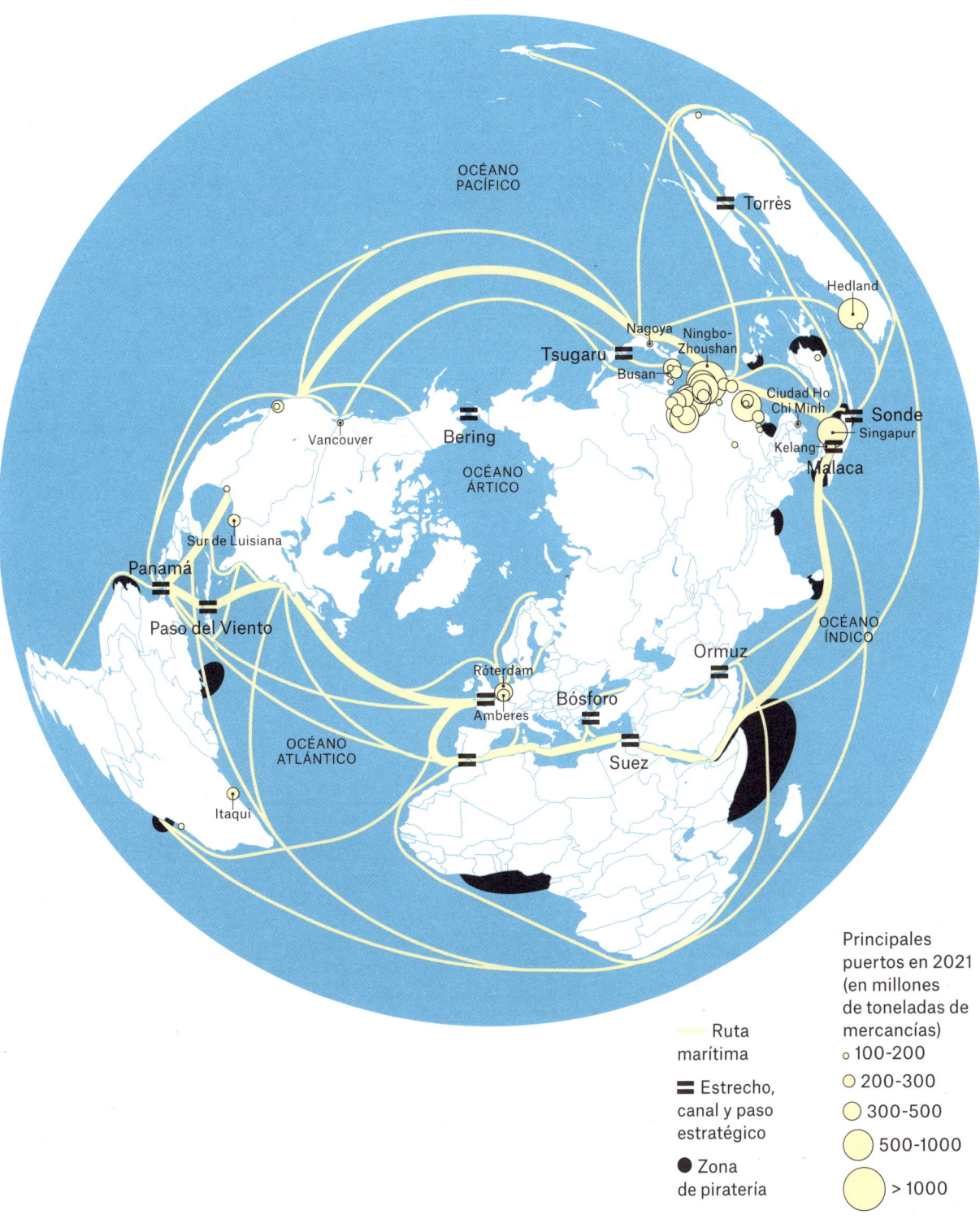

Principales puertos en 2021 (en millones de toneladas de mercancías)
- 100-200
- 200-300
- 300-500
- 500-1000
- > 1000

— Ruta marítima

▬ Estrecho, canal y paso estratégico

● Zona de piratería

LOS DESPLAZAMIENTOS de personas y mercancías en los mares y océanos constituyen el tráfico marítimo. Si bien el desarrollo del transporte aéreo ha reducido de forma drástica el número de pasajeros que viajan por mar, no puede decirse lo mismo de las mercancías, ya que el 90 por ciento del comercio mundial en volumen (y el 70 por ciento en valor) depende de las rutas marítimas. Más de 11 millones de toneladas de mercancías (petróleo, gas, minerales, carbón, cereales y otros productos sólidos) se transportan cada año en más de 90 000 buques. El desarrollo, en la década de 1960, de los contenedores (cajas estandarizadas muy sencillas de mani-pular) contribuyó a impulsar ese tráfico marítimo. Los portacontenedores cada vez más grandes (algunos superan los 400 m de largo), cuyas bodegas están dispuestas como celdas unidas por raíles, surcan ahora los mares. El 50 por ciento del tráfico corresponde a materias primas o productos alimentarios, el 33 por ciento a hidrocarburos y el 12,5 por ciento a contenedores. El impacto medioambiental del transporte marítimo es muy importante. Es responsable del 4 al 5 por ciento de las emisiones mundiales de gases de efecto invernadero y contribuye a la contaminación de la fauna y la flora marinas a causa de los vertidos de lastre. ●

El canto de los pájaros

FÓRMULA

Tórtola europea

CONTEXTO · FRASE

palabra · palabra

sonido · sonido · sonido

{G3T} rrrouh rou.RRROUH

Tono del sonido:

Grave (0-2 kHz)
Agudo (2-15 kHz)
Extendido
(0-15 kHz)

**Número
de sonidos:**

1
2
3
4
5
x (múltiple)

Tipo de sonido:

Trino: r alveolar
o iteración rápida

Glissando:
variación de la
altura del sonido

Vibrato:
pequeña
variación
continua de la
altura del sonido

Silencio:

silencio corto:
carácter blanco

silencio largo:
«-», «- - »,
«- - -»

Intersonido:

frontera entre
dos sonidos
sin ruptura
de sonido

EJEMPLOS

Oropéndola europea

{E4G} wit.wit.i.ooo

Herrerillo común

{AxT} (tsi)*.(di)*

Cárabo común

{G5V} ouh.ouhhh --- hou hou ouh@

SONIDO:
rrr normal
RRR acentuado

VARIACIONES
(modifican el
tipo de sonido)

@ Vibrato
()* Iteración

Glissando:
/ ascendente
continuo
// ascendente
granulado
\ descendente
continuo
\\ descendente
granulado

EN LA MAYORÍA DE LAS ESPECIES DE AVES solo cantan los machos, y por dos razones: para defender su territorio y para seducir a las hembras. En otros casos (para enviar una señal de presencia, de alarma o de angustia), el macho y la hembra emiten llamadas específicas. En ornitología, el canto de los machos representa un buen medio para identificar a las especies cuando no son visibles. Ya en la década de 1950 se empezaron a estudiar las vocalizaciones gracias a las grabaciones en cinta que permitían aislar los cantos. Desde entonces, las técnicas de codificación han permitido establecer un modelo para los cantos de las aves. Como en el lenguaje hablado, el **sonido** (ruh, wit, tsi, di, uh, etcétera) es un fonema caracterizado por el **contexto**: **altura**, **número** (definido o múltiple) y **tipo**. La combinación de estos sonidos, repetida en el canto, forma una **frase** delimitada por **silencios**. A partir de esta fórmula, característica de la especie, se pueden producir variaciones estacionales: el canto del canario se compone de 20 a 40 tipos de sonidos durante la época de celo, se empobrece en verano y se reestructura en invierno. Algunas aves producen cantos por imitación: los periquitos, las cotorras y los colibríes, por ejemplo, reproducen el canto de otra ave, la voz humana, el sonido de una motosierra o de un motor. ●

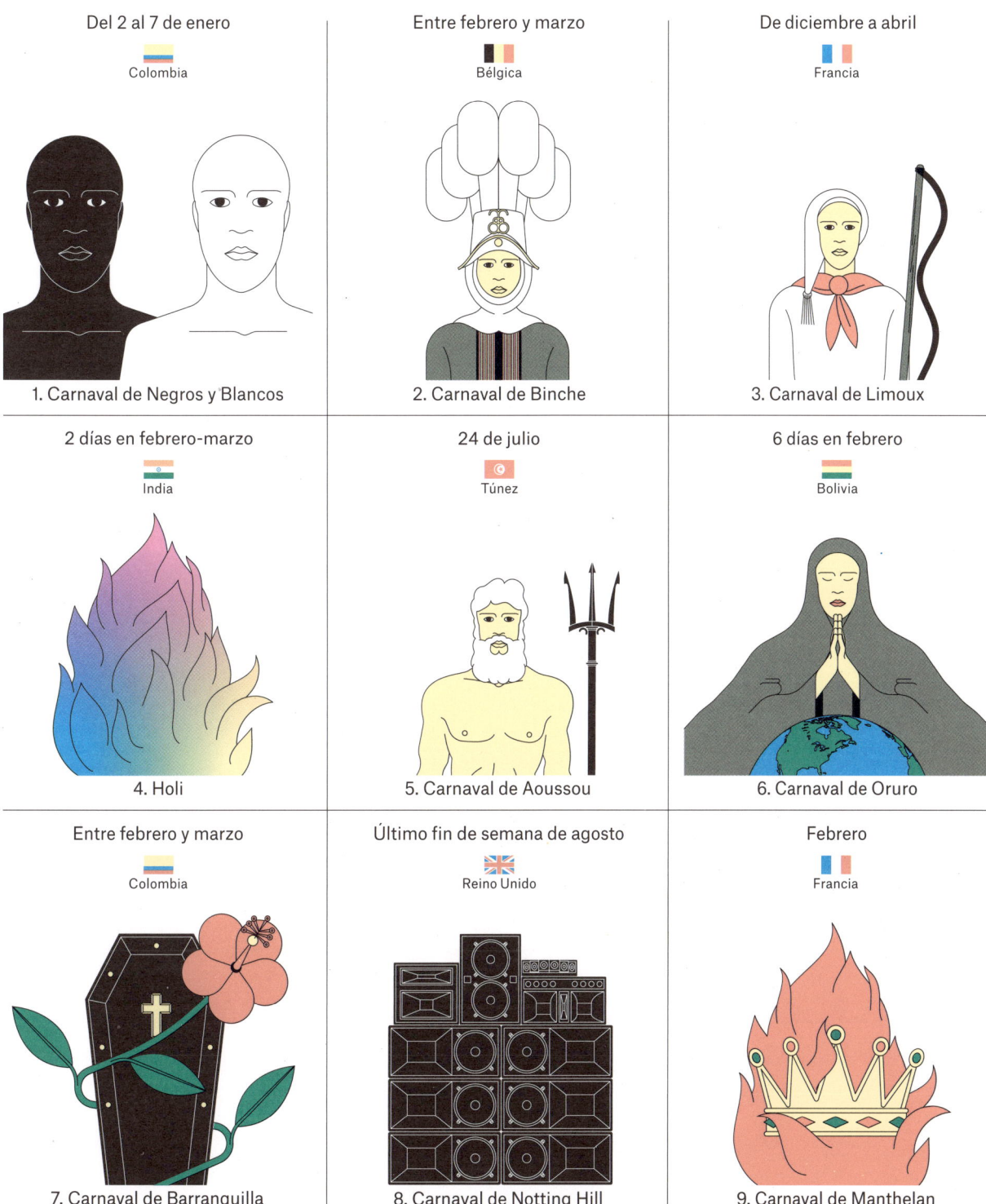

Del 2 al 7 de enero

Colombia

1. Carnaval de Negros y Blancos

Entre febrero y marzo

Bélgica

2. Carnaval de Binche

De diciembre a abril

Francia

3. Carnaval de Limoux

2 días en febrero-marzo

India

4. Holi

24 de julio

Túnez

5. Carnaval de Aoussou

6 días en febrero

Bolivia

6. Carnaval de Oruro

Entre febrero y marzo

Colombia

7. Carnaval de Barranquilla

Último fin de semana de agosto

Reino Unido

8. Carnaval de Notting Hill

Febrero

Francia

9. Carnaval de Manthelan

LOS CARNAVALES SON FIESTAS DE DISFRACES cuyos ritos varían mucho de una población a otra. **1.** El **carnaval de Negros y Blancos** está marcado por el día de los Negros, cuando los participantes se embadurnan la cara de negro, y el día de los Blancos, en el que se cubren de polvos de talco y harina. **2.** Metales y tambores acompañan a los Gilles en el carnaval de **Binche**. **3.** El carnaval más largo del mundo se celebra en **Limoux**, donde músicos disfrazados de molineros van de una cafetería a otra. **4.** Antiguamente, durante el **Holi** se encendía una hoguera en honor a Visnú. Los pigmentos de colores sustituyen a las cenizas que se utilizaban para cubrir el rostro. **5.** Se cree que el origen del carnaval de **Aoussou** sería una fiesta pagana de la época romana que celebraba a Neptuno. **6.** A partir de invocaciones en torno a la Pachamama (Madre Tierra), el carnaval de **Oruro** se distingue por los bailes que narran el período de evangelización por parte de los españoles. **7.** En **Barranquilla**, la fiesta se abre con una batalla de flores y se cierra con el entierro de Joselito, símbolo de la fiesta. **8.** Iniciado por inmigrantes caribeños, el carnaval de **Notting Hill** resuena con los sonidos de la soca, el reggae y el ragga. **9.** En **Manthelan**, enormes carrozas con personajes articulados recorren la ciudad. ●

Modelos del átomo

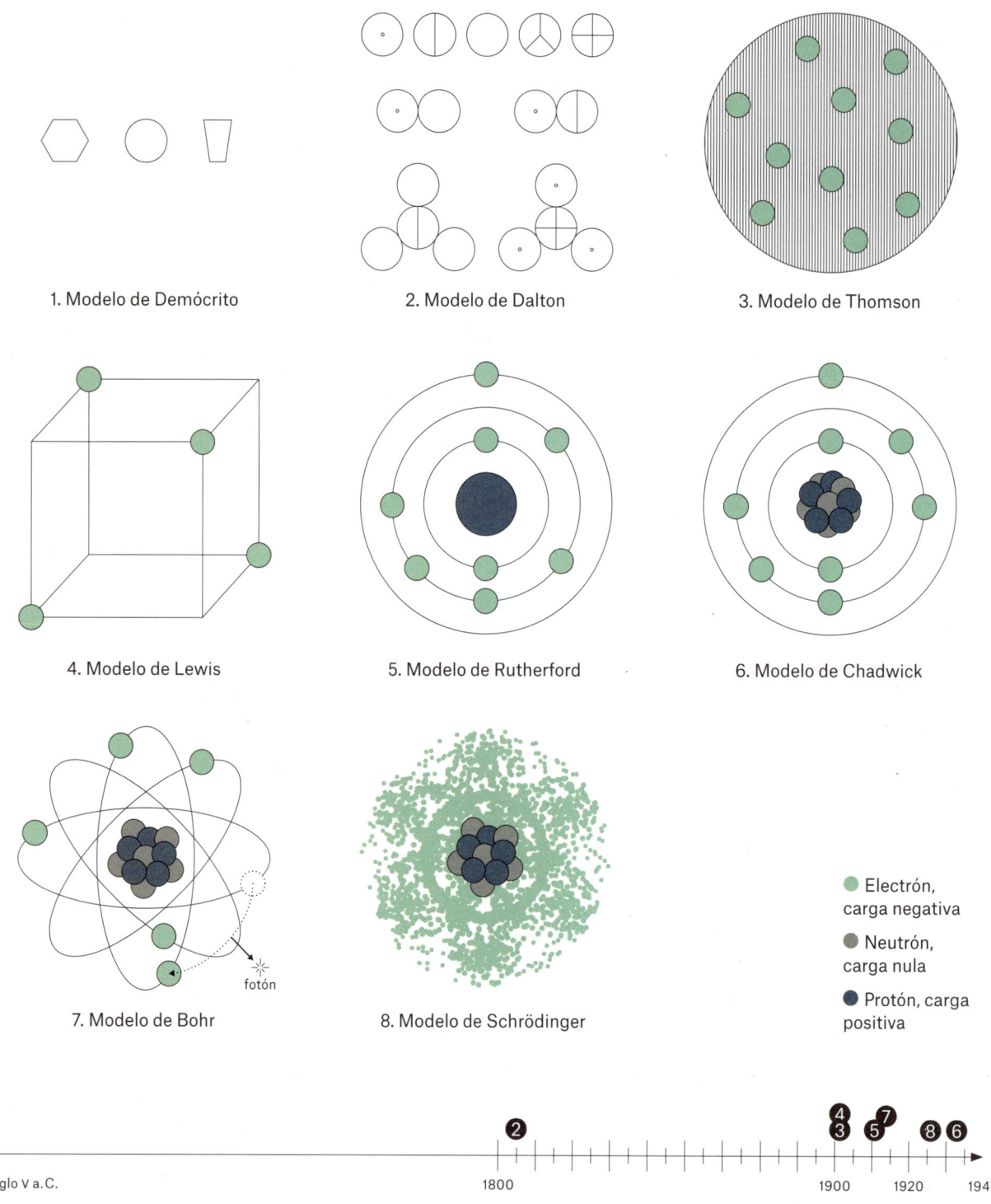

1. Modelo de Demócrito

2. Modelo de Dalton

3. Modelo de Thomson

4. Modelo de Lewis

5. Modelo de Rutherford

6. Modelo de Chadwick

7. Modelo de Bohr

fotón

8. Modelo de Schrödinger

● Electrón, carga negativa

● Neutrón, carga nula

● Protón, carga positiva

Siglo V a.C. — 1800 — 1900 — 1920 — 1940

LO INFINITAMENTE PEQUEÑO fascina a filósofos y científicos desde la Antigüedad. **1.** Para **Demócrito**, la materia está formada por pequeñas partículas denominadas átomos («indivisible», en griego antiguo). **2.** En el modelo de **Dalton**, la materia es la combinación de 20 átomos elementales, representados por símbolos en esferas. **3.** Thomson demuestra la existencia de electrones que, según él, se distribuyen en un «pudin de ciruelas», formando el átomo. **4.** En el modelo de **Lewis** se forman enlaces químicos entre los electrones y se representan mediante la arista de un cubo. **5.** Para **Rutherford**, los electrones giran alrededor de un núcleo con carga positiva, como los planetas alrededor de una estrella. Se trata del modelo «planetario». **6. Chadwick** descubrió los neutrones, partículas con carga cero que, junto con los protones, forman el núcleo. **7. Bohr** adapta el modelo de Rutherford: los electrones se mueven en orbitales. Cuando cambian de órbita, emiten fotones, «partículas» de luz. **8.** En el modelo cuántico de **Schrödinger**, los electrones se comportan como una partícula y una onda. Por ello, se representan en forma de una nube que modela su probabilidad de presencia. Esta es la representación más actual. ●

Corro de brujas

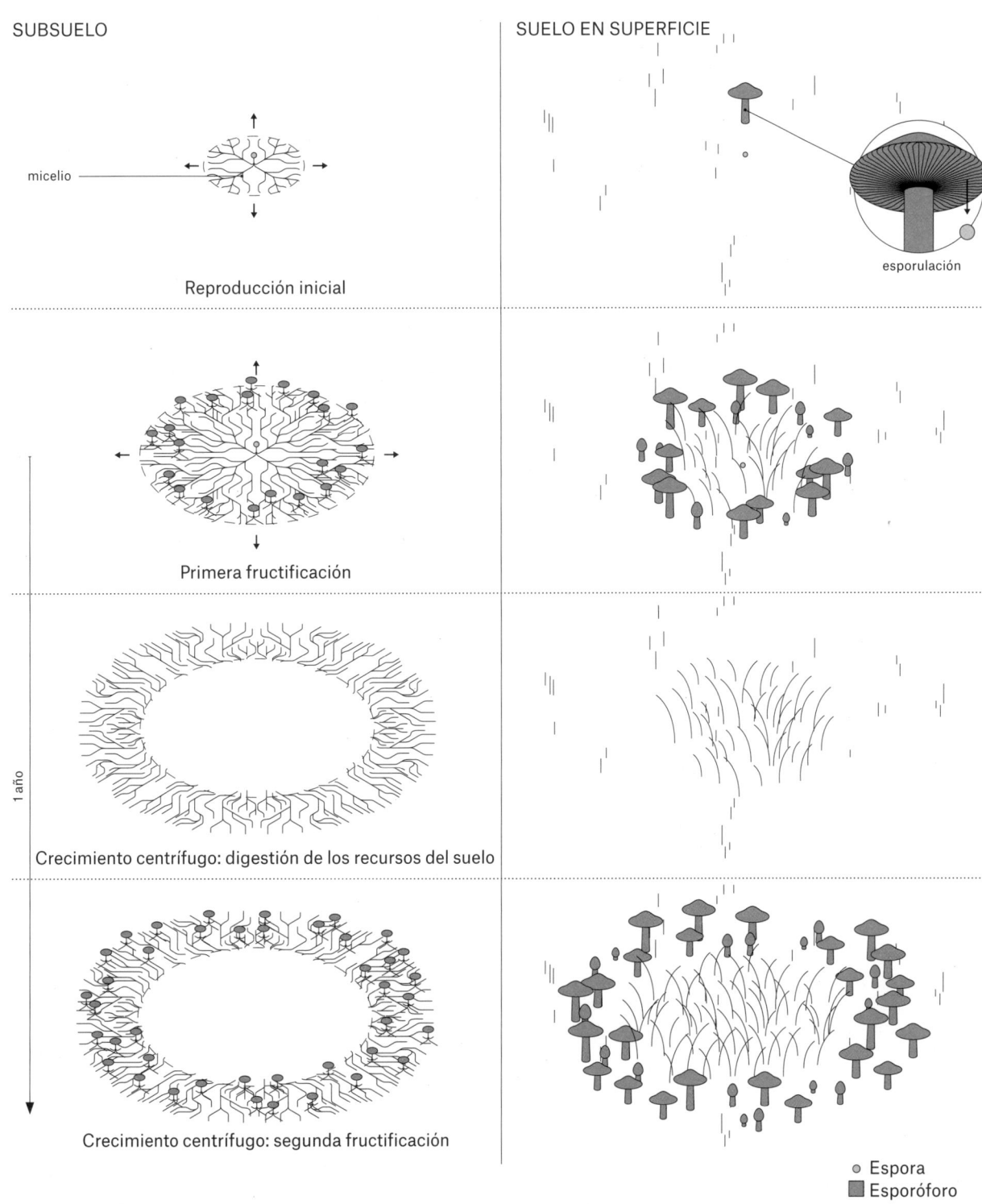

SUBSUELO

SUELO EN SUPERFICIE

micelio

Reproducción inicial

esporulación

Primera fructificación

1 año

Crecimiento centrífugo: digestión de los recursos del suelo

Crecimiento centrífugo: segunda fructificación

○ Espora
■ Esporóforo

EN LAS PRADERAS O EL BOSQUE se pueden observar círculos en el suelo donde la hierba no crece o, por el contrario, crece mucho más que en otros lugares. Unos meses más tarde aparecen las setas. En la Edad Media, estas curiosidades alimentaron el mito de los bailes de brujas, hadas o duendes en las noches de luna llena.

Este fenómeno natural es en realidad una manifestación del **micelio**, la red subterránea de filamentos ramificados que asegura la exploración, la nutrición, el crecimiento y la defensa de los hongos mediante el intercambio de nutrientes y la secreción de enzimas. La parte productora de **esporas**, el **espo-**

róforo, es visible a simple vista (a diferencia de los hongos microscópicos, como las levaduras o los mohos) y se forma durante la fructificación. Los corros de brujas ponen de manifiesto el extraordinario **crecimiento centrífugo** del micelio en condiciones óptimas del suelo (humedad, temperatura, presencia de nutrientes). Los corros de brujas crecen de 5 a 40 cm (o incluso 1 m) de diámetro al año. Cuando agota los recursos del suelo, el micelio coloniza una nueva banda circular consumiendo los recursos del subsuelo. En función de la situación, la hierba puede crecer mejor o peor. ●

Hermafroditismo

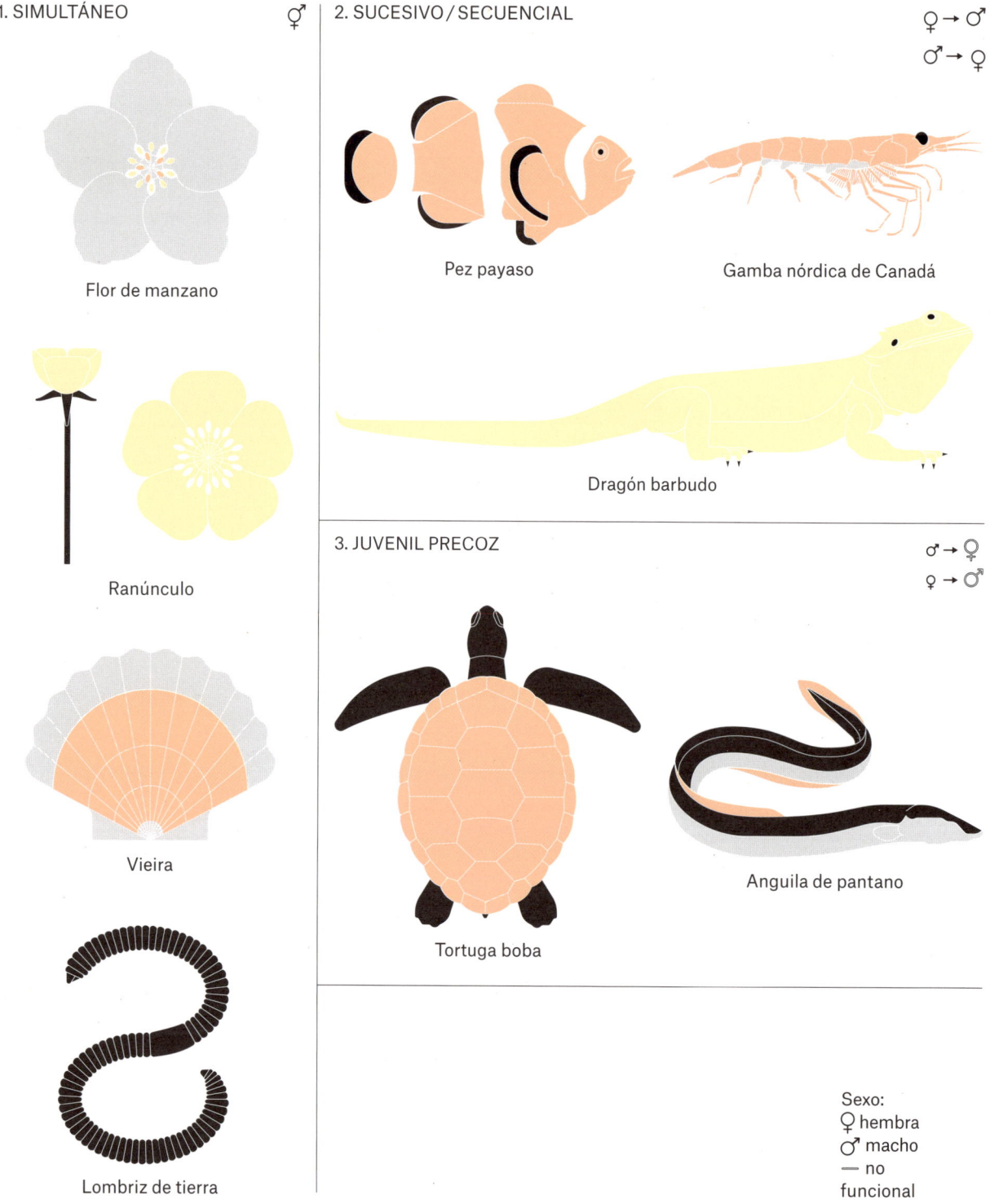

1. SIMULTÁNEO ☿

Flor de manzano

Ranúnculo

Vieira

Lombriz de tierra

2. SUCESIVO / SECUENCIAL ♀→♂ ♂→♀

Pez payaso

Gamba nórdica de Canadá

Dragón barbudo

3. JUVENIL PRECOZ ♂→♀ ♀→♂

Tortuga boba

Anguila de pantano

Sexo:
♀ hembra
♂ macho
— no
funcional

LA PRESENCIA SIMULTÁNEA O ALTERNATIVA de órganos sexuales masculinos y femeninos en un individuo se denomina «hermafroditismo». La mayoría de las flores tienen órganos reproductores masculinos (los estambres) y femeninos (el pistilo). Los estambres liberan el polen, que fecunda los óvulos del pistilo de una flor vecina mediante un polinizador (→ lámina n.º 78). Este **hermafroditismo simultáneo** (**1**) también se produce en la fauna: por ejemplo, el coral de la vieira segrega gametos (células reproductoras) masculinos y femeninos y después los dispersa en el agua. La lombriz de tierra es otro ejemplo, aunque debe aparearse con otro indivi-

duo. Algunas especies pueden cambiar de sexo a lo largo de su vida. Esto se conoce como **hermafroditismo sucesivo** o **secuencial**, y no es reversible (**2**). Los peces payaso, por ejemplo, son todos machos al nacer; solo el individuo dominante se convierte en hembra. Los dragones barbudos se transforman en hembras cuando la temperatura supera los 32 °C. Los **hermafroditas juveniles precoces** (**3**) cambian de sexo en el transcurso de su vida, pero ya no producen gametos: las anguilas de pantano nacen hembras y se convierten en machos en su cuarto año. Algunas tortugas cambian de sexo en función de la temperatura. ●

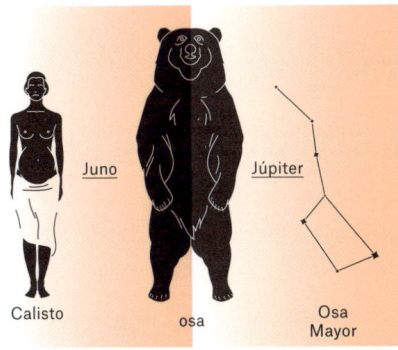

1. Júpiter y Calisto, metamorfoseada en osa/Catasterismo de la osa Calisto y su hijo Arcas
Libro 2, 401-530

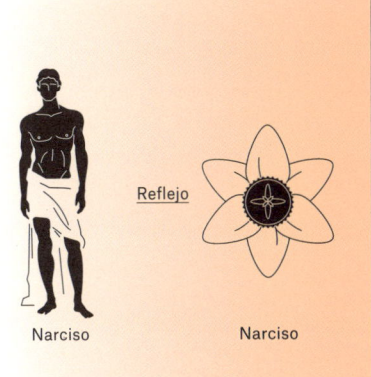

2. Metamorfosis de Narciso
Libro 3, 402-510

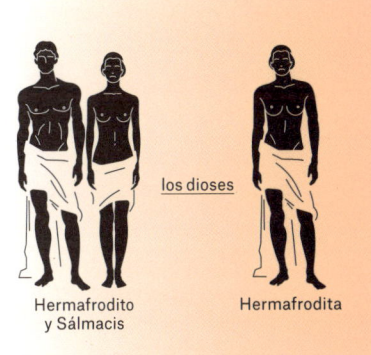

3. Tercera historia: Sálmacis y Hermafrodito
Libro 4, 337-379

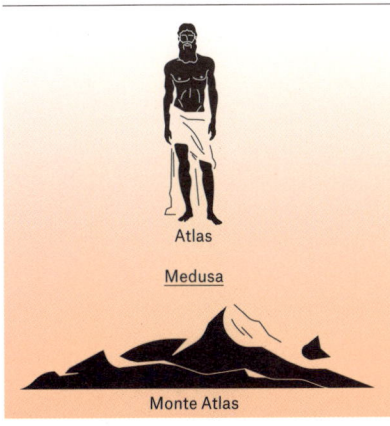

4. Perseo y Atlas, transformado en montaña
Libro 4, 627-662

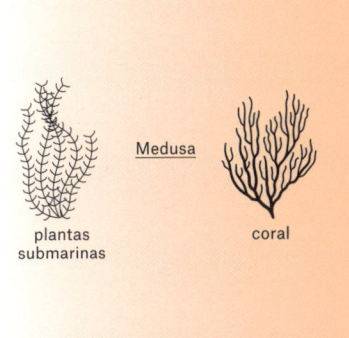

5. Perseo y Andrómeda. Metamorfosis de los corales
Libro 4, 740-752

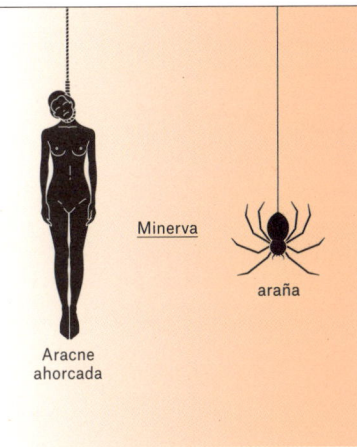

6. La metamorfosis de Aracne
Libro 6, 129-145

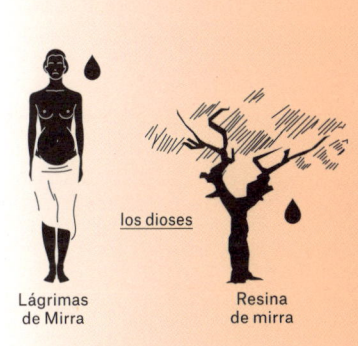

7. Huida y metamorfosis de Mirra. Nacimiento de Adonis
Libro 10, 504-518

8. Muerte y metamorfosis de Acis
Libro 13, 885-897

Metamorfosis

<u>Medusa</u>
Provoca las metamorfosis

LAS METAMORFOSIS, un poema en 15 libros, fue escrito en el siglo I por el poeta latino Ovidio. La obra contiene centenares de relatos que giran en torno al tema de la metamorfosis. **1. Júpiter** viola a Calisto, que queda embarazada de Arcas. Presa de los celos, Juno la convierte en **osa**. Cuando Arcas se reúne con su madre, Júpiter los transforma en estrellas. **2. Narciso** se enamora de su reflejo y muere por no poder poseerlo. Una **flor blanca** crece donde él yacía. **3.** La ninfa **Sálmacis**, enamorada de **Hermafrodito**, implora a los dioses que unan sus cuerpos para siempre. Se lo conceden y pasan a formar un solo ser bisexual. **4.** Gracias a la cabeza de Medusa, Perseo transforma al titán **Atlas** en una **montaña. 5.** Perseo coloca la cabeza de Medusa sobre un lecho de **plantas submarinas**, que se petrifican y se convierten en **coral. 6.** Por celos, Minerva destruye el tejido de **Aracne** y esta, desesperada, se ahorca. Minerva, compadecida, la transforma en **araña. 7. Mirra**, embarazada de un hijo incestuoso, es transformada en un **árbol de mirra** cuyos frutos se parecen a sus lágrimas. **8.** Celoso de **Acis**, amante de la ninfa marina Galatea, el cíclope Polifemo lo mata con una roca del Etna. Galatea ruega a los dioses que conviertan la sangre de su amante en un río para que desemboque en el mar y ella pueda encontrarse con él. ●

Influencia social

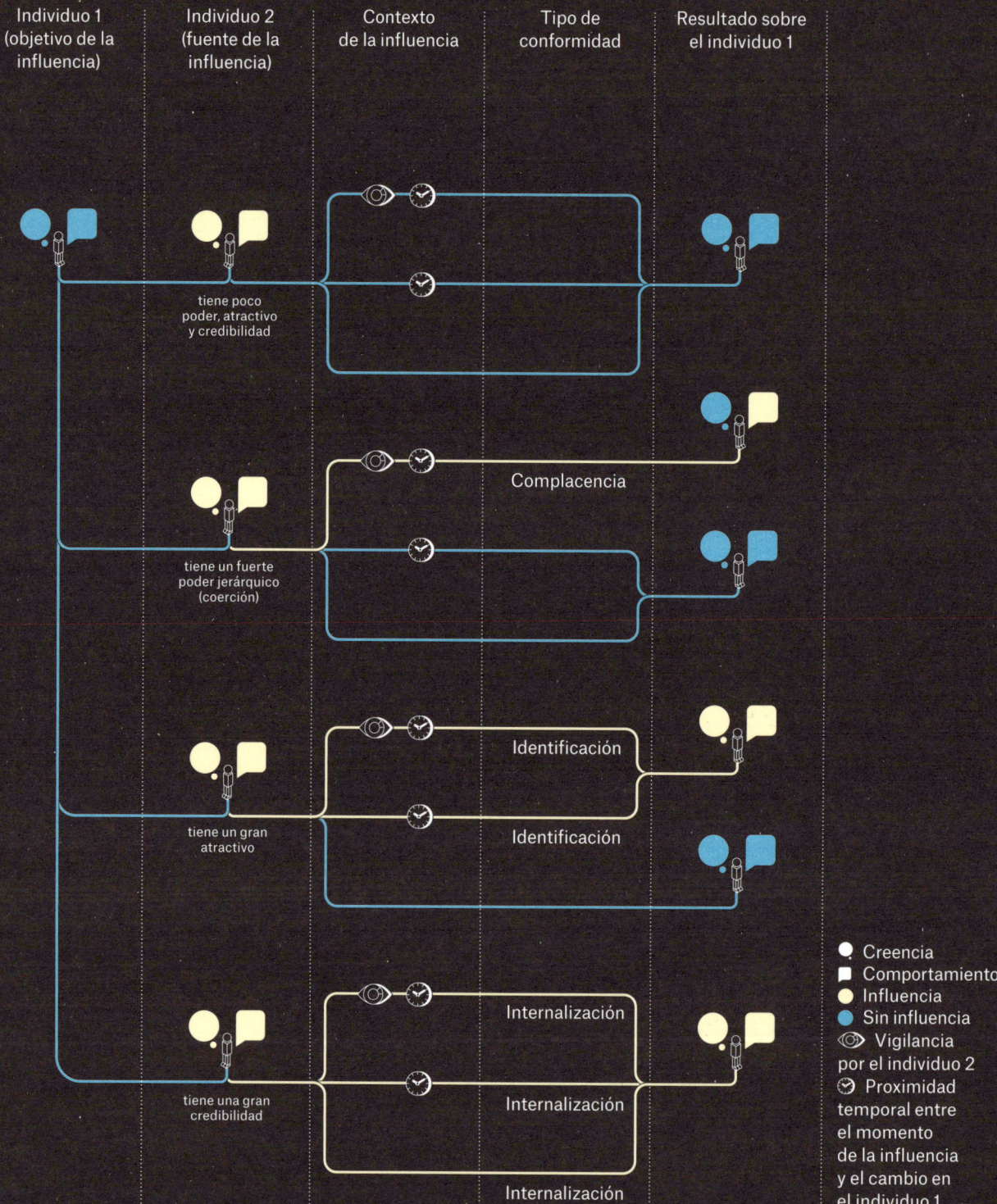

Individuo 1 (objetivo de la influencia)	Individuo 2 (fuente de la influencia)	Contexto de la influencia	Tipo de conformidad	Resultado sobre el individuo 1
	tiene poco poder, atractivo y credibilidad			
	tiene un fuerte poder jerárquico (coerción)		Complacencia	
	tiene un gran atractivo		Identificación / Identificación	
	tiene una gran credibilidad		Internalización / Internalización / Internalización	

● Creencia
■ Comportamiento
● Influencia
● Sin influencia
◉ Vigilancia por el individuo 2
🕐 Proximidad temporal entre el momento de la influencia y el cambio en el individuo 1

LAS CREENCIAS Y LAS CONDUCTAS de cualquier individuo pueden estar sujetas a distintos tipos de influencias sociales (también conocidas como presión social) y cambiar después. Herbert Chanoch Kelman (1927-2022) fue un psicólogo estadounidense reconocido por sus trabajos sobre los procesos perceptivos de individuos y grupos. En 1958, en el *Journal of Resolution Conflicts* (revista científica fundada por él), identificó tres grandes tipos de cambios de actitud bajo la influencia social (conocidos como «conformidades»): la **complacencia**, la **identificación** y la **internalización**. Puede ser una influencia **coercitiva** (en un contexto profesional o administrativo, por ejemplo); **afectiva**, cuando la ejercen personalidades admiradas, o se puede basar en la **credibilidad** de un individuo cuya experiencia, conocimientos o reputación tienen autoridad. El contexto influye en el tipo de conformidad observada, en función de la **vigilancia** (sobre todo en la coacción), la **proximidad temporal** (sobre todo en la identificación) o las aspiraciones personales del individuo objetivo. ●

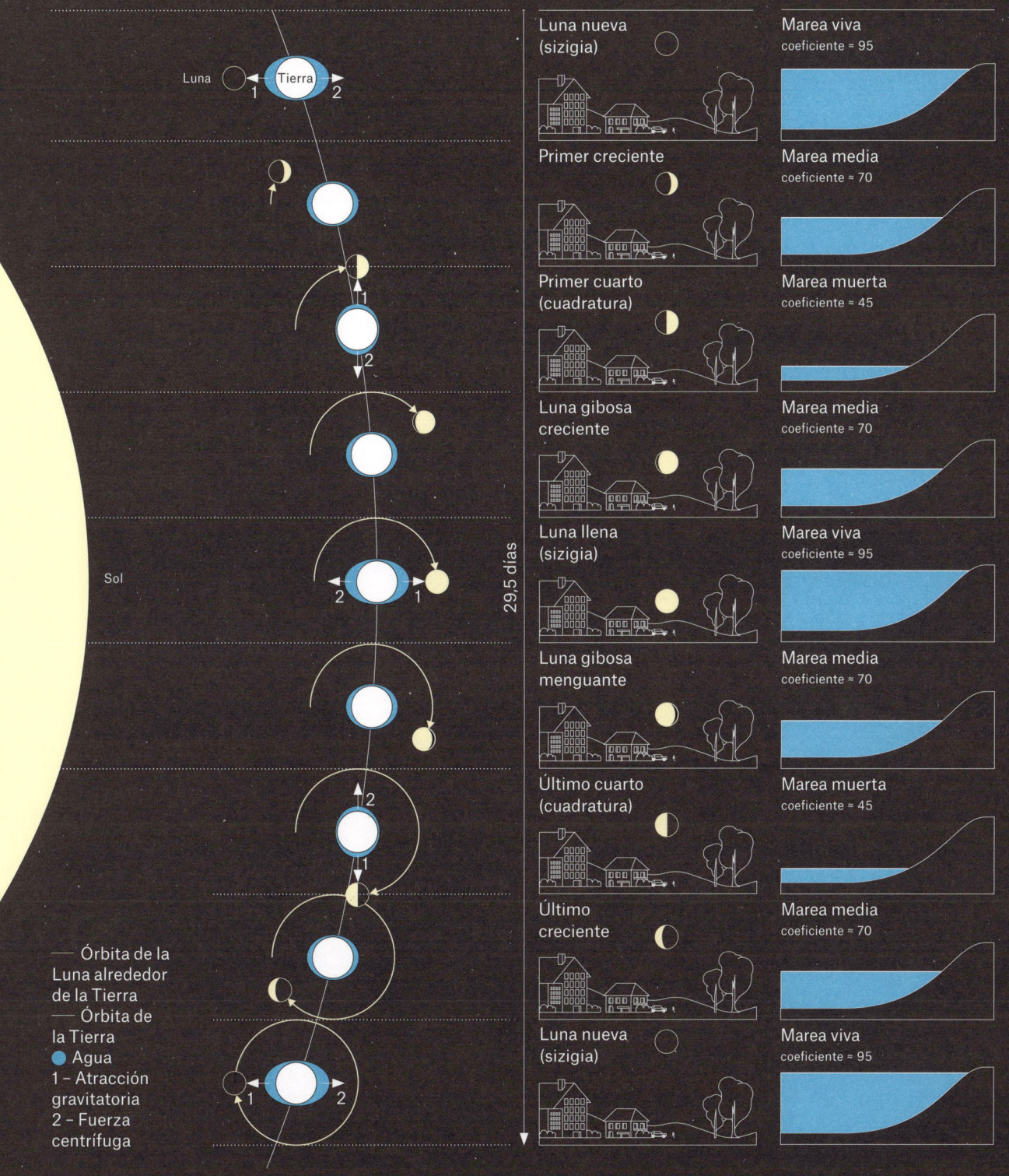

Luna nueva (sizigia) — Marea viva, coeficiente ≈ 95

Primer creciente — Marea media, coeficiente ≈ 70

Primer cuarto (cuadratura) — Marea muerta, coeficiente ≈ 45

Luna gibosa creciente — Marea media, coeficiente ≈ 70

Luna llena (sizigia) — Marea viva, coeficiente ≈ 95

Luna gibosa menguante — Marea media, coeficiente ≈ 70

Último cuarto (cuadratura) — Marea muerta, coeficiente ≈ 45

Último creciente — Marea media, coeficiente ≈ 70

Luna nueva (sizigia) — Marea viva, coeficiente ≈ 95

Luna · Tierra · 1 · 2

Sol

29,5 días

— Órbita de la Luna alrededor de la Tierra
— Órbita de la Tierra
● Agua
1 – Atracción gravitatoria
2 – Fuerza centrífuga

LAS MAREAS OCEÁNICAS determinan la variación del nivel de los mares y los océanos, debida a la combinación de varias fuerzas: por un lado, la atracción gravitatoria ejercida por la Luna y el Sol; por otro, la fuerza centrífuga debida a la rotación de la Luna alrededor de la Tierra, de la Tierra alrededor del Sol y sobre sí misma. Durante un ciclo lunar, que dura en torno a **29,5 días**, la posición de la Luna en relación con el Sol y la Tierra influye en las mareas oceánicas. Durante la **luna nueva** (cuando nuestro satélite no aparece en el cielo nocturno) y la **luna llena** (cuando su cara visible está totalmente iluminada), la Tierra, la Luna y el Sol se encuentran en el mismo eje: es lo que se denomina **sizigia**. La influencia de estos astros se suma y las mareas son de gran amplitud (**mareas vivas**). Durante el **primer y el último cuarto**, los tres astros están en **cuadratura** y las fuerzas de la Luna y el Sol no se suman. La amplitud de las mareas se encuentra entonces en su punto más bajo (**mareas muertas**).

Aunque las mareas oceánicas son las más visibles, también existen mareas terrestres, perceptibles a través de las variaciones de la actividad volcánica y sísmica, y mareas atmosféricas, que se manifiestan a través de las fluctuaciones regulares del viento, la temperatura, la densidad y la presión del aire. ●

Máscaras rituales

1. Yup'ik
Sitka (Alaska)

2. Chewa
Malaui

3. Tapu Anu
Islas Mortlock (Micronesia)

4. Menpō
Japón

5. Nô
Japón

6. Lucha libre
México

7. Galuxwadzuwus
Columbia Británica (Canadá)

8. Baoulé
Costa de Marfil

9. Máscara de la vergüenza
Europa

10. Busójárás
Šokci (Hungria)

11. Lambayeque
Perú

EN TODO EL MUNDO se utilizan máscaras para ritos y ceremonias, en la guerra y en las artes. **1.** Las máscaras ceremoniales **yup'ik**, fabricadas por iniciativa de chamanes, representan un espíritu visto en sueños. **2.** En la sociedad nyau de la etnia **chewas**, las máscaras adoptan rasgos humanos, de espíritus o de animales. **3.** Las **tapu Anu** eran utilizadas por sociedades secretas durante ceremonias rituales. **4.** Los samuráis llevaban **menpō**, armaduras faciales demoníacas, para atemorizar a sus enemigos. **5.** En el teatro **nô**, creado a finales del siglo XIV, el actor principal actúa con una máscara. **6.** Utilizada por los luchadores durante los combates de **lucha libre** mexicana, las máscaras pueden ser lo que está en juego en algunas peleas especialmente violentas. **7.** En la mitología amerindia, la máscara de **Galuxwadzuwus** representa a una divinidad caníbal. **8.** Entre los baoulé, las máscaras presentan la imagen de un espíritu de la naturaleza. **9.** En Europa, desde la Edad Media hasta el siglo XIX, los autores de pequeños robos eran exhibidos con una **máscara «de la vergüenza».** **10.** Las máscaras del pueblo eslavo šokci se utilizan durante el desfile de **Busójárás**, una fiesta popular que celebra el final del invierno. **11.** La riqueza de las máscaras funerarias **lambayeque** dependía del rango social del difunto. ●

1. Anillos de Borromeo
Siglo II

2. Cubo imposible
1958

3. Triángulo de Penrose
1958

4. Escalera de Penrose
1958

5. Cascada de Escher
1961

6. Tridente imposible
1964

CONSTRUCCIONES FICTICIAS, contrarias a las leyes de la física, las figuras imposibles crean una paradoja resultado de una mala interpretación cognitiva por parte del cerebro. La persona que las contempla las «simplifica» para hacerlas aceptables. Una de las explicaciones propuestas por los investigadores es que un observador trata de comprender rápidamente una situación trivial aunque contenga errores.

1. Los **anillos de Borromeo** son un entrelazado de tres círculos que no se pueden separar, ni siquiera deformándolos. **2.** El **cubo imposible**, cuyas aristas se cruzan por delante y por detrás, fue inventado en 1958 por el artista holandés Maurits Cornelis Escher. **3.** Descrito en 1958 por el matemático Roger **Penrose**, el triángulo que lleva su nombre representa un objeto sólido cuyos tres lados están construidos de una sola pieza. **4.** Diseñada por el padre de Roger Penrose, la **escalera de Penrose** da cuatro vueltas en ángulo recto y vuelve a su punto de partida. **5.** La **cascada** fue diseñada por Escher, que se inspiró en el triángulo de Penrose. **6.** El **tridente imposible**, también conocido como «tridente de dos puntas» o «tenedor del diablo», parece estar formado por tres puntas cilíndricas en un lado y dos rectangulares en el otro. ●

Zonas muertas

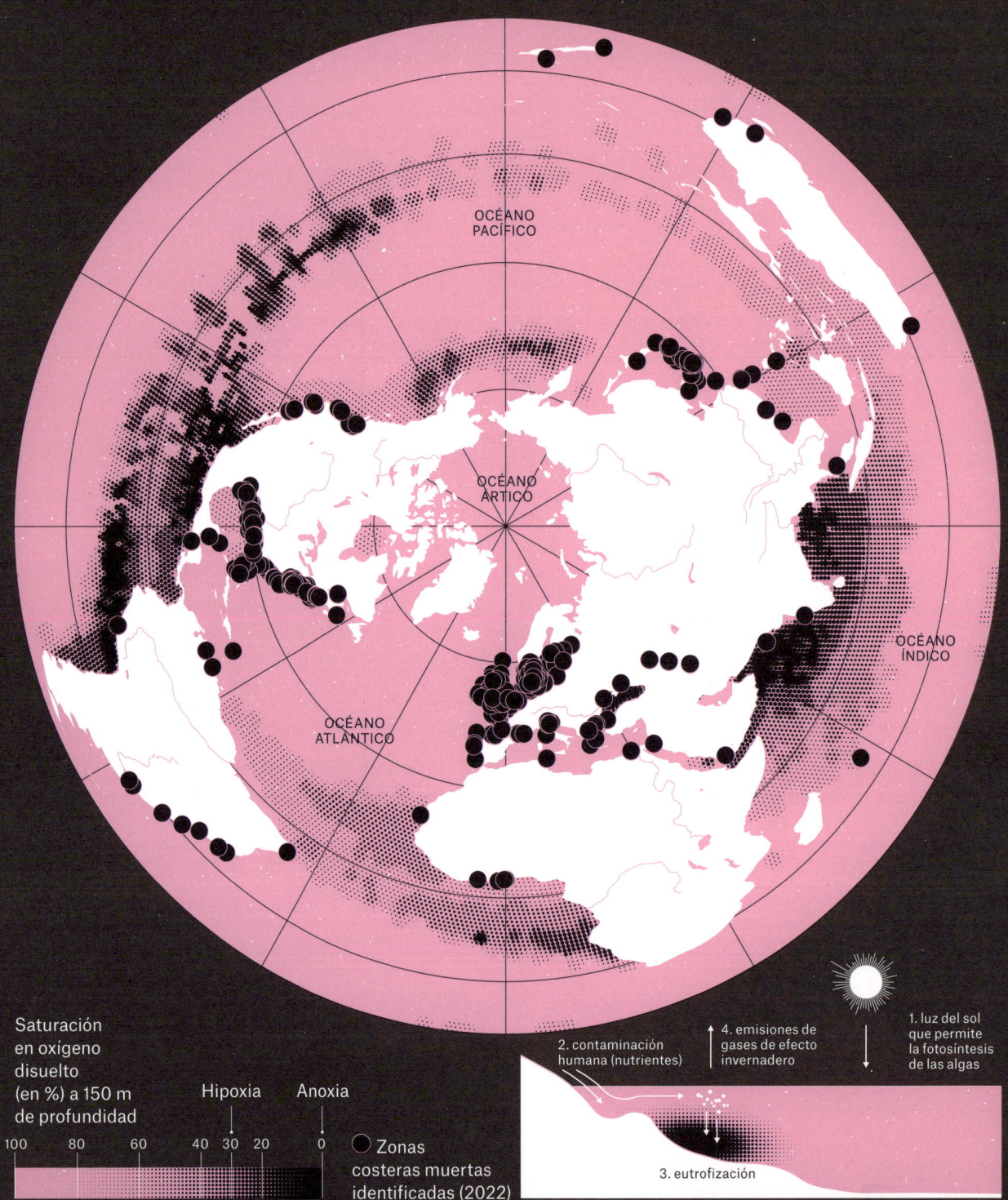

Saturación
en oxígeno
disuelto
(en %) a 150 m
de profundidad

Hipoxia   Anoxia

100   80   60   40 30 20   0

⬤ Zonas
costeras muertas
identificadas (2022)

1. luz del sol
que permite
la fotosíntesis
de las algas

4. emisiones de
gases de efecto
invernadero

2. contaminación
humana (nutrientes)

3. eutrofización

LAS AGUAS EN LAS QUE los niveles de oxígeno son tan bajos que la vida resulta imposible se denominan «**zonas muertas**» o «**hipóxicas**». La superficie de los mares, océanos, lagos, estuarios y estanques afectados abarca de menos de uno a varias decenas de miles de kilómetros cuadrados. Privadas de oxígeno, la flora y la fauna acuáticas quedan atrapadas y mueren asfixiadas. Aunque pueden ser naturales, como las profundidades del mar Negro, la mayoría de las zonas muertas son el resultado de la actividad humana por el aporte excesivo de nutrientes procedentes de la **contaminación** industrial o de la agricultura intensiva. El nitrógeno y el fósforo,

por ejemplo, son responsables de la proliferación de algas (**eutrofización**), que contribuye a la desoxigenación. El fenómeno, que empeora a causa del calentamiento global, se está extendiendo por las costas y las profundidades oceánicas.

En 2006, un robot submarino filmó un cementerio de cangrejos muertos al sur de Newport (Estados Unidos). Los pescadores de la zona habían observado un gran número de escorpinas, pepinos de mar y anémonas en zonas inusuales; estos animales marinos parecían haber huido de la zona filmada, donde los niveles de oxígeno habían descendido de manera drástica. ●

Radiotelescopios SKAO

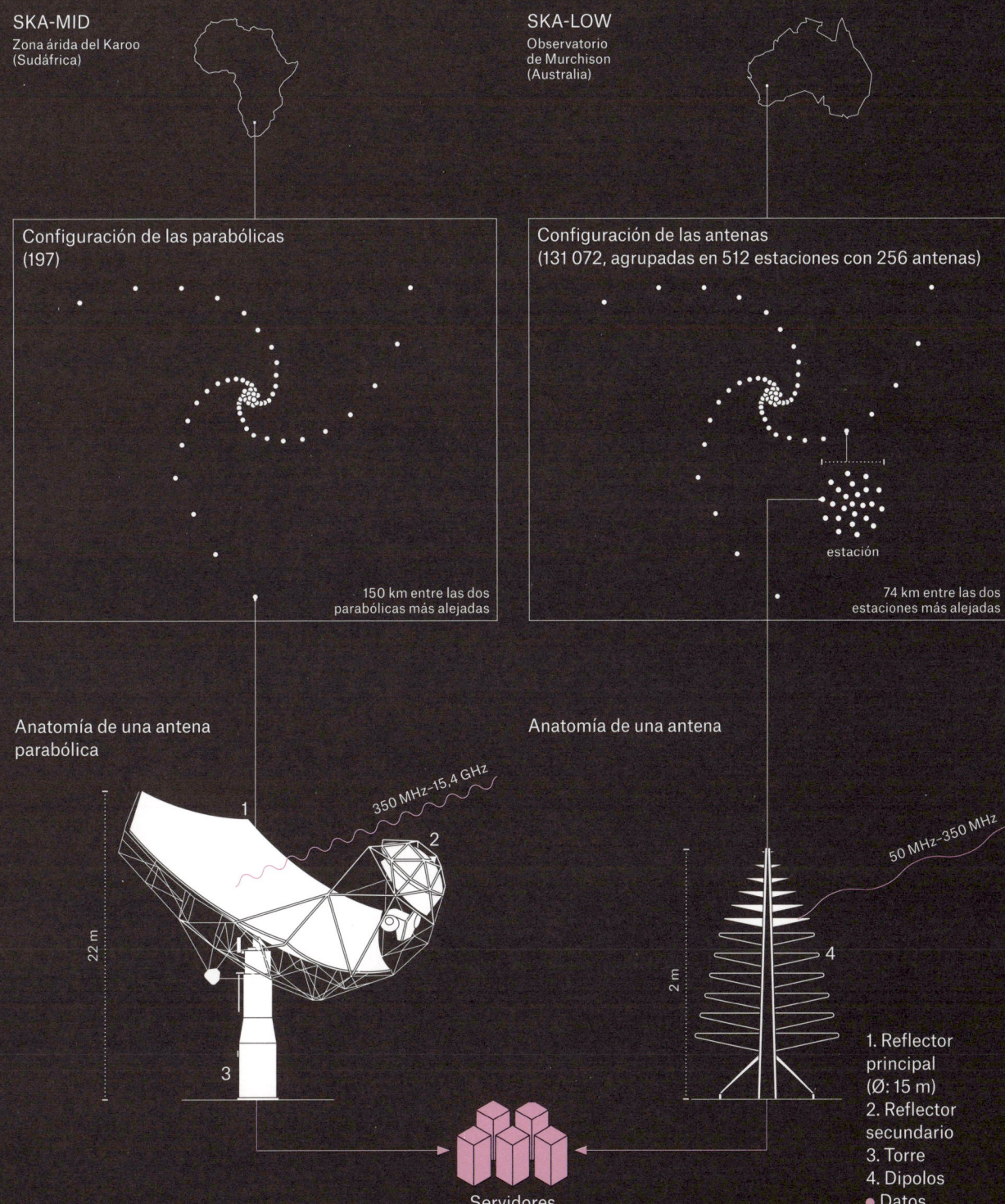

SKA-MID
Zona árida del Karoo
(Sudáfrica)

SKA-LOW
Observatorio
de Murchison
(Australia)

Configuración de las parabólicas
(197)

Configuración de las antenas
(131 072, agrupadas en 512 estaciones con 256 antenas)

estación

150 km entre las dos
parabólicas más alejadas

74 km entre las dos
estaciones más alejadas

Anatomía de una antena
parabólica

Anatomía de una antena

350 MHz–15,4 GHz

50 MHz–350 MHz

22 m

2 m

1

2

3

4

1. Reflector
principal
(Ø: 15 m)
2. Reflector
secundario
3. Torre
4. Dipolos
● Datos

Servidores

EN LA DÉCADA DE 1980, los científicos estimaban que se necesitaba una superficie de 1 km² para desplegar un radiotelescopio capaz de detectar la radiación del Universo profundo o de buscar señales extraterrestres (→ lámina n.º 121). Cuarenta años más tarde, la nueva organización intergubernamental de astronomía terrestre (SKAO, por Square Kilometer Array Observatory) recibió el encargo de construir los dos radiotelescopios más grandes del mundo. El gigantesco complejo, repartido en dos emplazamientos, consta de casi 200 **antenas parabólicas** para **SKA-MID** en Sudáfrica, y 130 000 **antenas** en 512 estaciones para **SKA-LOW** en Australia. Una vez operativo, SKAO observará ondas de radio con frecuencias comprendidas entre 50 MHz y más de 15 GHz. Permitirá observar momentos muy tempranos del Universo, como el amanecer cósmico (el momento en que empezaron a formarse las primeras estrellas y galaxias), que se calcula que comenzó unos cientos de millones de años después del Big Bang (→ lámina n.º 124). También observará los púlsares, estrellas de neutrones que emiten potentes radiaciones electromagnéticas y que pueden convertir nuestra galaxia en un gigantesco detector de ondas gravitatorias. ●

COMPARACIÓN TRANSVERSAL DE LOS
TAMAÑOS DE LOS MATERIALES PARTICULADOS
(PM, por sus siglas en inglés)

CLASIFICACIÓN DE LOS MATERIALES PARTICULADOS
SEGÚN SU TAMAÑO (en micras)

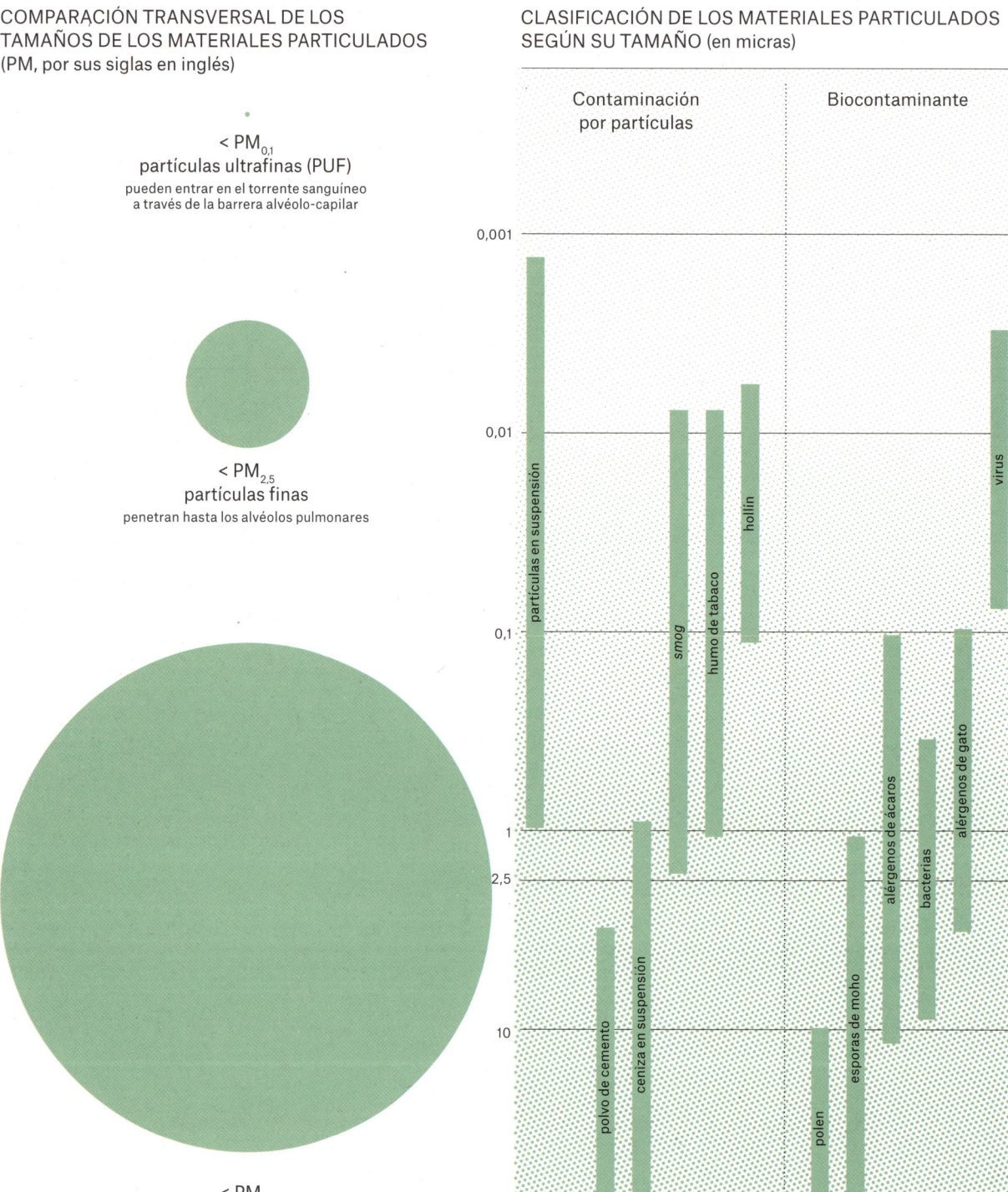

< $PM_{0,1}$
partículas ultrafinas (PUF)
pueden entrar en el torrente sanguíneo
a través de la barrera alvéolo-capilar

< $PM_{2,5}$
partículas finas
penetran hasta los alvéolos pulmonares

< PM_{10}
partículas gruesas
penetran en los bronquiolos

Contaminación
por partículas

Biocontaminante

partículas en suspensión

smog

humo de tabaco

hollín

virus

polvo de cemento

ceniza en suspensión

polen

esporas de moho

alérgenos de ácaros

bacterias

alérgenos de gato

0,001

0,01

0,1

1

2,5

10

100

EL TÉRMINO TÉCNICO para designar al polvo es «**materiales particulados**» (**PM**) o «aerosoles atmosféricos». Pueden tener su origen en fenómenos naturales, como erupciones volcánicas, erosión del suelo, incendios forestales (→ lámina n.º 4) o tormentas de arena. Un ejemplo es la calima, una nube caliente procedente del Sáhara que se eleva hasta 6000 m de altura, que transporta arena y polvo del desierto hasta Europa, y colorea el cielo con unos impresionantes tonos anaranjados. También pueden ser el resultado de la actividad humana, como la contaminación vinculada al tráfico rodado o la combustión industrial (el *smog*, niebla mezclada con polvo

de carbón, cuyos mayores picos dieron lugar a las primeras investigaciones sobre sus consecuencias para la salud). Clasificadas según su **tamaño**, las partículas afectan al medio ambiente y a la salud, puesto que pueden alcanzar las vías respiratorias, hasta los bronquiolos en el caso de los **PM_{10}**, o los alvéolos pulmonares en el caso de los **$PM_{2,5}$**. La OMS ha establecido que los $PM_{2,5}$ constituyen la causa de más de 4 millones de muertes al año por cardiopatías, cáncer, etcétera; hoy, se intentan aplicar políticas para reducir las fuentes humanas de partículas. ●

Almacenamiento de residuos radiactivos

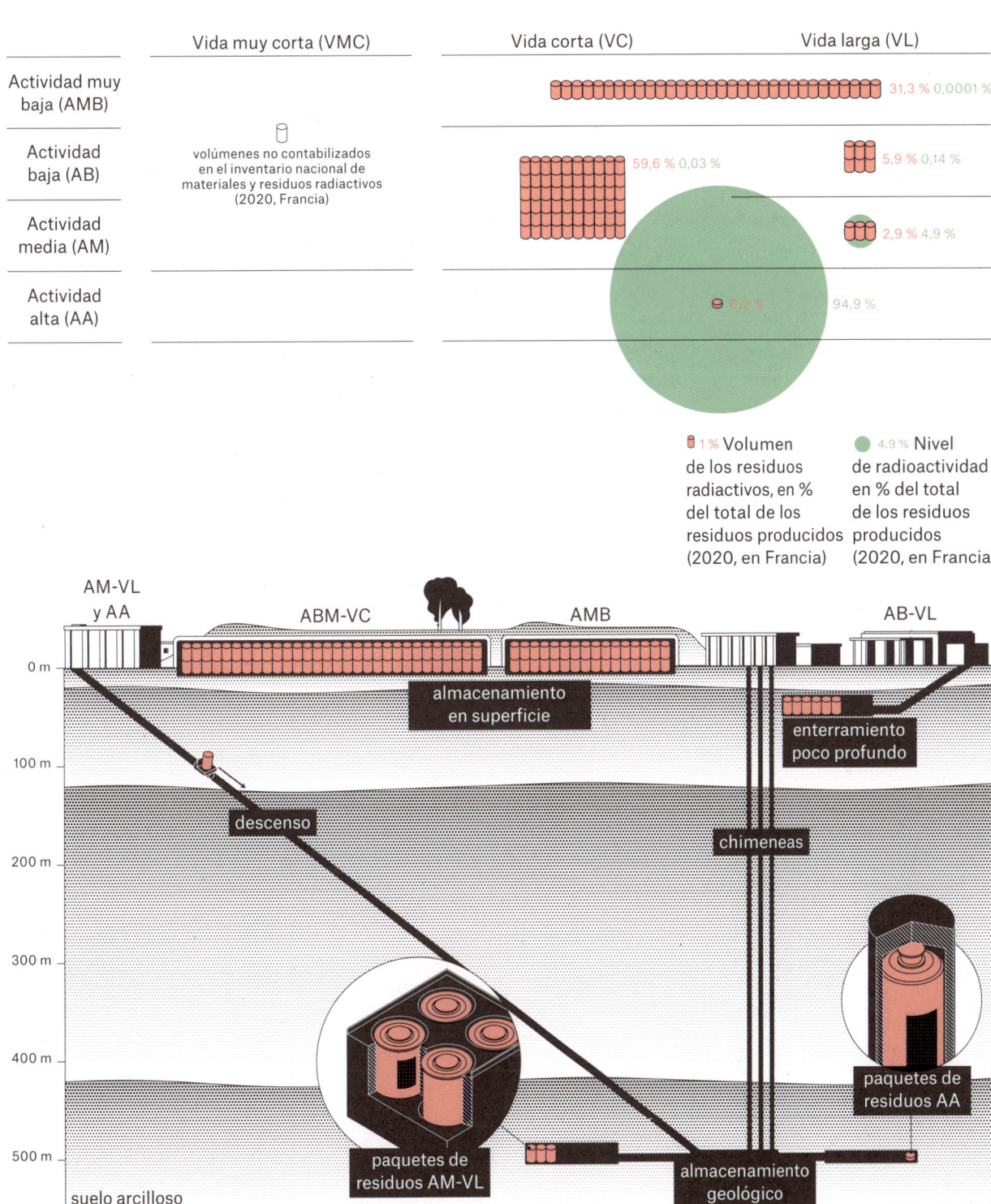

	Vida muy corta (VMC)	Vida corta (VC)	Vida larga (VL)
Actividad muy baja (AMB)		31,3 % 0,0001 %	
Actividad baja (AB)	volúmenes no contabilizados en el inventario nacional de materiales y residuos radiactivos (2020, Francia)	59,6 % 0,03 %	5,9 % 0,14 %
Actividad media (AM)			2,9 % 4,9 %
Actividad alta (AA)		0,2 % 94,9 %	

1 % Volumen de los residuos radiactivos, en % del total de los residuos producidos (2020, en Francia)

4,9 % Nivel de radioactividad en % del total de los residuos producidos (2020, en Francia)

AM-VL y A A

ABM-VC

AMB

AB-VL

0 m

almacenamiento en superficie

enterramiento poco profundo

100 m

descenso

chimeneas

200 m

300 m

paquetes de residuos AA

400 m

500 m

paquetes de residuos AM-VL

almacenamiento geológico

suelo arcilloso

PRODUCIDOS SOBRE TODO por la industria nuclear, los residuos radiactivos se clasifican en función de la duración (vida) y la intensidad (actividad) de su radiactividad. Los residuos de actividad muy baja (**AMB**) se almacenan bajo una capa de arcilla (**almacenamiento en superficie**). Los residuos de actividad baja y media, y de vida corta (**ABM-VC**), se incineran, se funden, se recubren o se compactan y, a continuación, se depositan en contenedores metálicos o de hormigón que también se almacenan en superficie. En cambio, los residuos de alta actividad y vida larga (**AA-VL**) son peligrosos durante varios cientos de miles de años y requieren medidas de protección a largo plazo. El **enterramiento** en estratos **geológicos** muy profundos se ha impuesto progresivamente, ya que se considera más «seguro». Pero esta solución plantea numerosos interrogantes logísticos, medioambientales y éticos. Por ejemplo, ¿cómo comunicar a las generaciones futuras la existencia y la peligrosidad de estos lugares de almacenamiento? Aunque se han encontrado medios para preservar la memoria de estos lugares, el riesgo persiste. Dentro de 100 000 años, ¿qué ocurrirá con la comprensión de los pictogramas, los avisos, las advertencias o el estado de los soportes (papel, metal...) utilizados para indicar la presencia de residuos? ●

Objetos celestes

GALAXIAS

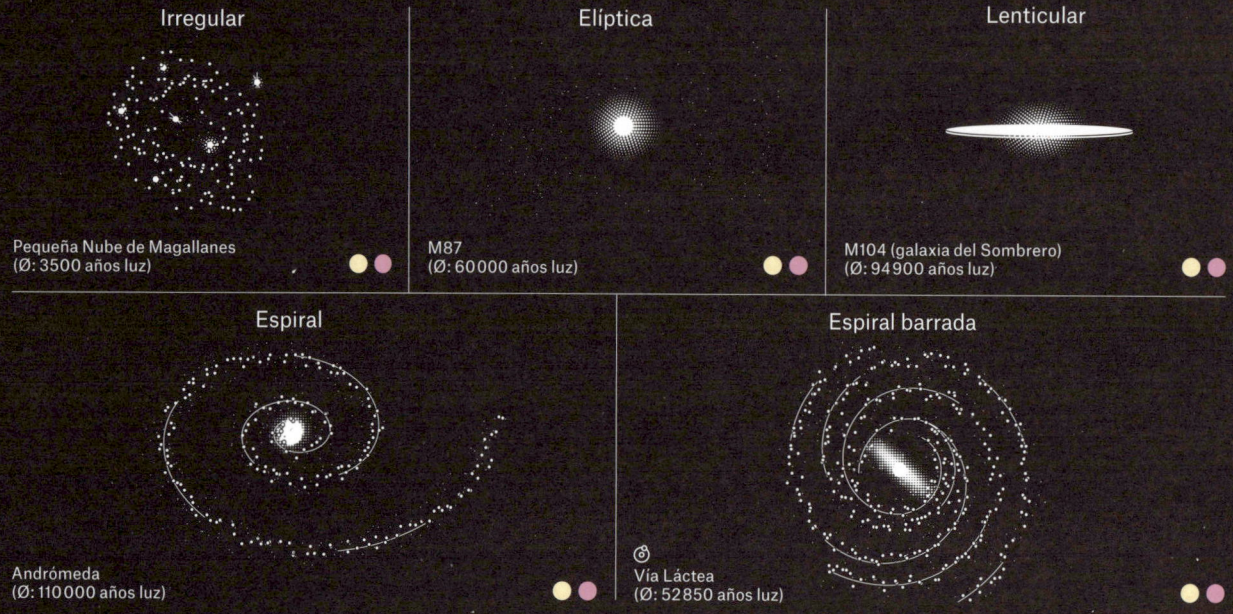

Irregular

Pequeña Nube de Magallanes
(Ø: 3500 años luz)

Elíptica

M87
(Ø: 60000 años luz)

Lenticular

M104 (galaxia del Sombrero)
(Ø: 94900 años luz)

Espiral

Andrómeda
(Ø: 110000 años luz)

Espiral barrada

Vía Láctea
(Ø: 52850 años luz)

ESTRELLAS

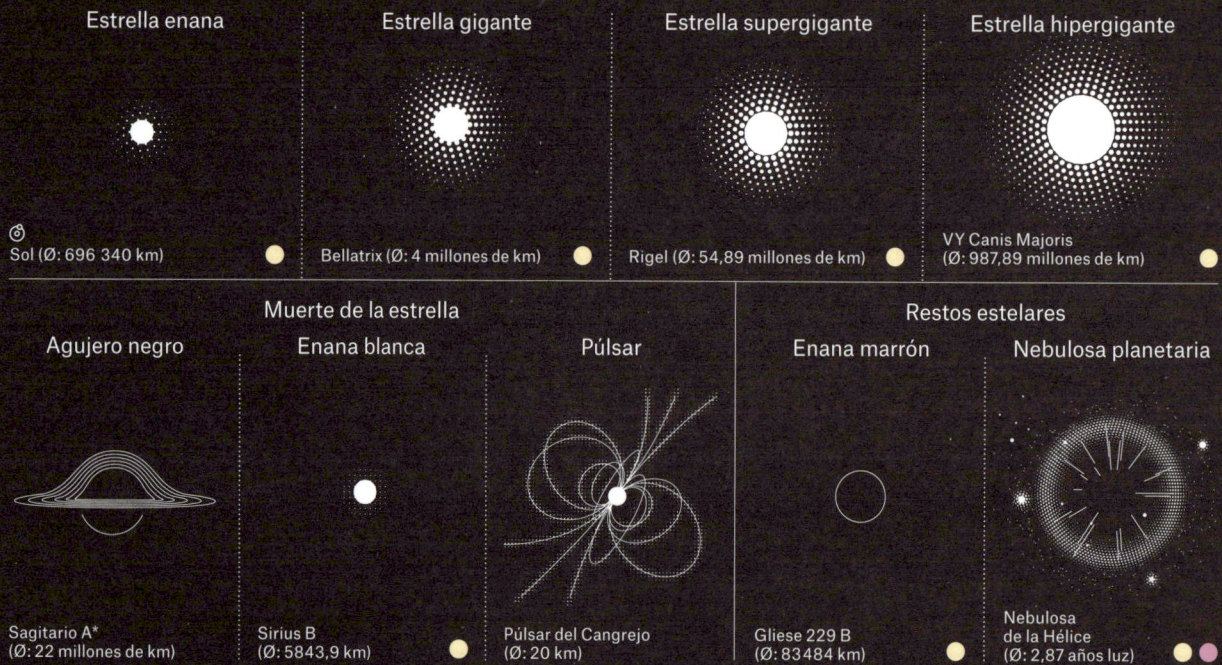

Evolución de la estrella

Estrella enana

Sol (Ø: 696 340 km)

Estrella gigante

Bellatrix (Ø: 4 millones de km)

Estrella supergigante

Rigel (Ø: 54,89 millones de km)

Estrella hipergigante

VY Canis Majoris
(Ø: 987,89 millones de km)

Muerte de la estrella

Agujero negro

Sagitario A*
(Ø: 22 millones de km)

Enana blanca

Sirius B
(Ø: 5843,9 km)

Púlsar

Púlsar del Cangrejo
(Ø: 20 km)

Restos estelares

Enana marrón

Gliese 229 B
(Ø: 83484 km)

Nebulosa planetaria

Nebulosa
de la Hélice
(Ø: 2,87 años luz)

«HORIZONTE COSMOLÓGICO» es el término utilizado para definir el límite del Universo observable. Compuesto por numerosos y variados objetos celestes, mide 100 000 millones de años luz. Más allá, solo podemos especular sobre su finitud. Dentro de este Universo conocido, hay 200 000 millones de **galaxias**. Formadas por numerosas **estrellas** (70 000 trillones en total en el Universo) y **planetas**, y, en muchos casos, con un agujero negro en su centro, pueden adoptar diferentes formas: espiral, lenticular, elíptica o irregular. Las estrellas nacen, crecen y mueren, dejando atrás restos estelares. Alrededor de esas estrellas se pueden formar planetas que orbitan (5069 confirmados en 2022: telúricos si son de roca y metal; gaseosos y más grandes si están compuestos de helio e hidrógeno; helados si contienen metano y amoníaco). Fuera del Sistema Solar, se denominan «exoplanetas». No obstante, el catálogo de objetos celestes, más pequeños o no adscritos a un sistema planetario o estelar, no deja de ser inmenso: se caracterizan según su localización («transneptunianos» si su órbita se encuentra más allá de la de Neptuno) o bien su tamaño (planetas enanos o menores, centauros...).

PLANETAS Y SATÉLITES NATURALES

Planetas telúricos ☾

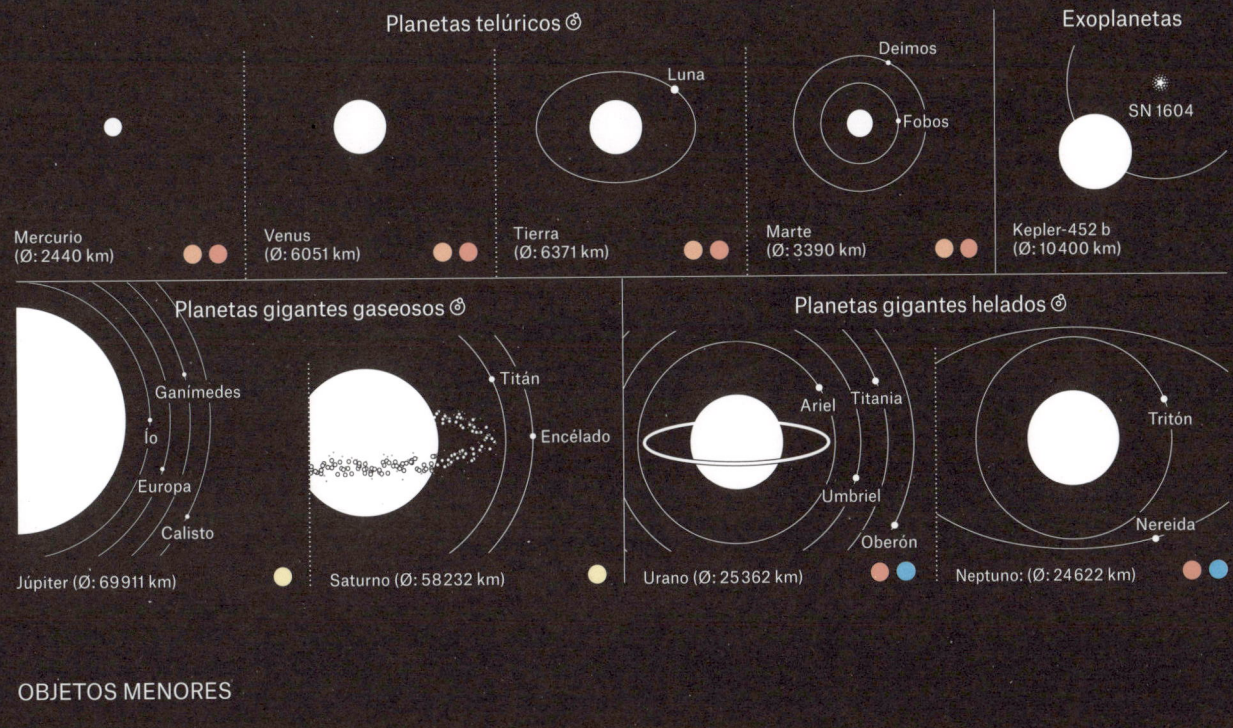

Mercurio
(Ø: 2440 km)

Venus
(Ø: 6051 km)

Luna

Tierra
(Ø: 6371 km)

Deimos

Fobos

Marte
(Ø: 3390 km)

Exoplanetas

SN 1604

Kepler-452 b
(Ø: 10400 km)

Planetas gigantes gaseosos ☾

Ganimedes

Ío

Europa

Calisto

Júpiter (Ø: 69911 km)

Titán

Encélado

Saturno (Ø: 58232 km)

Planetas gigantes helados ☾

Ariel

Titania

Umbriel

Oberón

Urano (Ø: 25362 km)

Tritón

Nereida

Neptuno (Ø: 24622 km)

OBJETOS MENORES

Asteroides

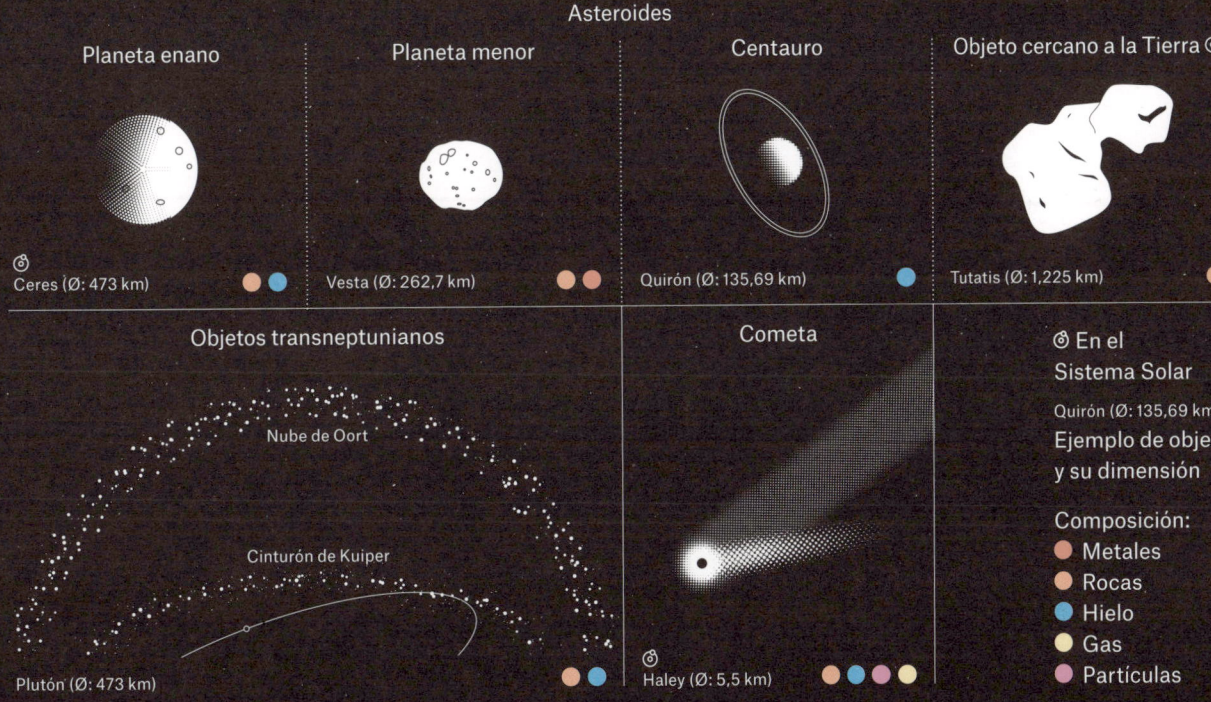

Planeta enano

☾ Ceres (Ø: 473 km)

Planeta menor

Vesta (Ø: 262,7 km)

Centauro

Quirón (Ø: 135,69 km)

Objeto cercano a la Tierra ☾

Tutatis (Ø: 1,225 km)

Objetos transneptunianos

Nube de Oort

Cinturón de Kuiper

Plutón (Ø: 473 km)

Cometa

☾ Haley (Ø: 5,5 km)

☾ En el
Sistema Solar

Quirón (Ø: 135,69 km)

Ejemplo de objeto
y su dimensión

Composición:
● Metales
● Rocas
● Hielo
● Gas
● Partículas

«El espacio infinito está poblado de innumerables estrellass; nuestro Sol es
una de ellas. Alrededor de estas estrellas orbitan mundos oscuros; nuestra Tierra
es uno de esos mundos innumerables. Así se alteran las magnitudes que más
nos superan; cuando las contemplamos frente al infinito, nuestro mundo,
con todo lo que le pertenece, pronto se desvanece y desaparece. Pero un hecho
opuesto se manifiesta y se desarrolla al mismo tiempo: el infinito, que hace un
momento nos parecía salpicado de esquivos puntos brillantes, se convierte en
una morada inmensa, espaciosa e ilimitada, donde flotan mil soles».

Camille Flammarion, *Estudios y conferencias sobre astronomía*, volumen 1, 1867-1880.

Revoluciones científicas

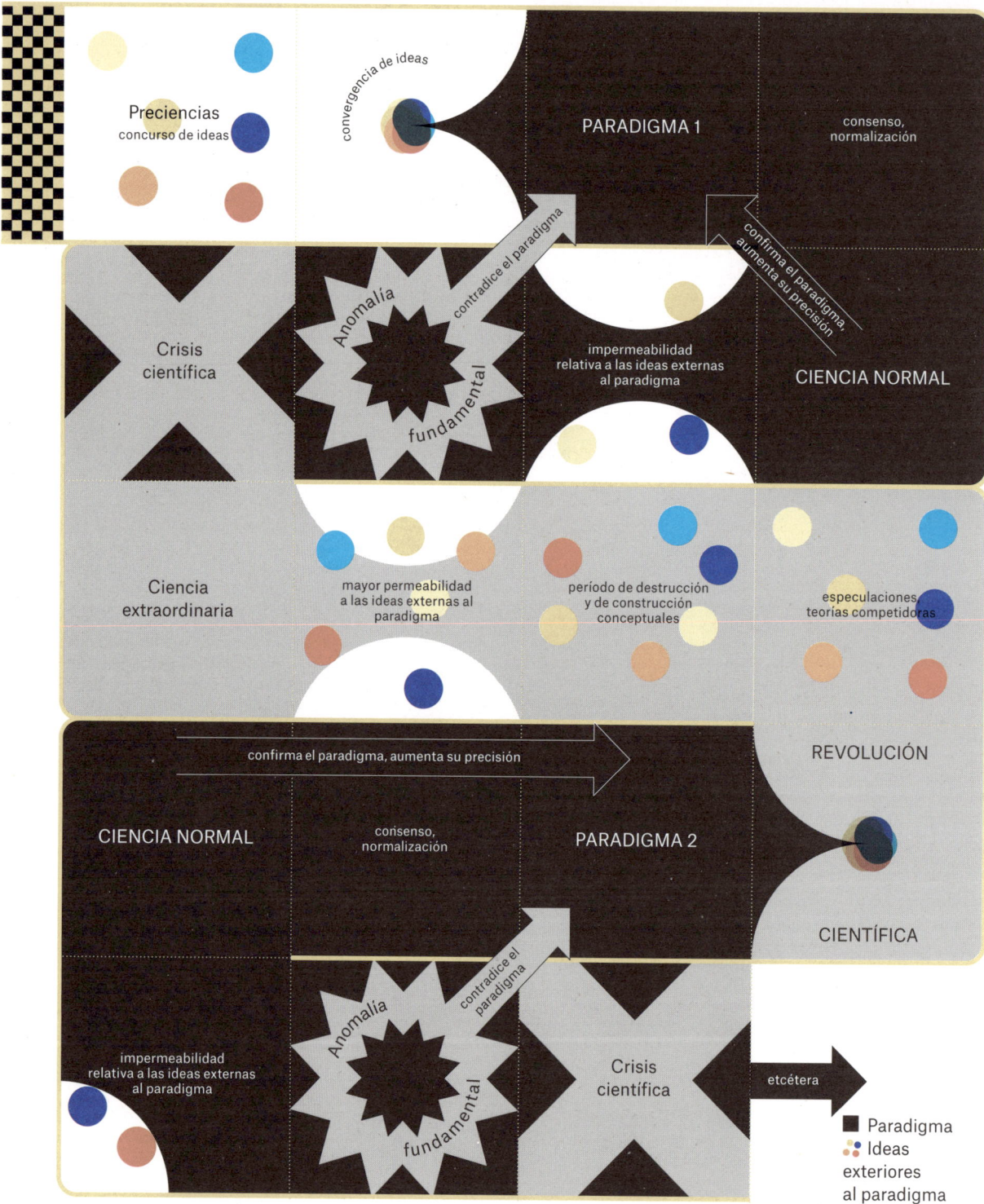

Preciencias
concurso de ideas

convergencia de ideas

PARADIGMA 1

consenso, normalización

Crisis científica

Anomalía

fundamental

contradice el paradigma

impermeabilidad relativa a las ideas externas al paradigma

confirma el paradigma, aumenta su precisión

CIENCIA NORMAL

Ciencia extraordinaria

mayor permeabilidad a las ideas externas al paradigma

período de destrucción y de construcción conceptuales

especulaciones, teorías competidoras

REVOLUCIÓN

confirma el paradigma, aumenta su precisión

CIENCIA NORMAL

consenso, normalización

PARADIGMA 2

CIENTÍFICA

impermeabilidad relativa a las ideas externas al paradigma

Anomalía

fundamental

contradice el paradigma

Crisis científica

etcétera

■ Paradigma
Ideas exteriores al paradigma

EN *LA ESTRUCTURA DE LAS REVOLUCIONES CIENTÍFICAS* (1962), el filósofo de las ciencias estadounidense Thomas Kuhn postuló que la evolución de las teorías científicas es el producto de una dinámica discontinua organizada en dos grandes fases alternativas: la **ciencia normal** y la **ciencia extraordinaria**. Definió el **paradigma** como el marco de pensamiento que permite a los científicos poner a prueba, reforzar o confirmar **ideas**. Cuando se descubren demasiadas **anomalías** (defectos en las aplicaciones del paradigma inicial o teorías competidoras), la ciencia experimenta una **revolución** que conduce a un nuevo paradigma. Por ejemplo, la observación con telescopios condujo a la adopción de la teoría de un Universo en expansión, y se reconoció así el término «Big Bang» (→ lámina n.º 124), que fue utilizado irónicamente por el físico británico Fred Hoyle, quien prefería el modelo del estado estacionario, es decir, un Universo eterno e inmutable. En otra revolución, en el siglo XVI, Copérnico defendió la idea de que la Tierra giraba alrededor del Sol en contra de la opinión entonces aceptada de que la Tierra permanecía inmóvil en el centro del Universo. Según Thomas Kuhn, un cambio de paradigma no corresponde solo a una evolución de la ciencia, sino también a un cambio en la visión del mundo. ●

| | Estado inicial | Evolución hacia el equilibrio termodinámico | Equilibrio termodinámico |

EJEMPLO DE LOS CUBITOS DE HIELO

pico local de energía: agua templada

los cubitos se derriten (se calientan) y el agua se enfría

la energía se reparte

EJEMPLO DE LA TAZA CALIENTE

pico local de energía: taza caliente

el entorno se calienta y la taza se enfría

la energía se reparte

EJEMPLO DE LA GOTA DE TINTA

pico local de tinta

la gota de tinta se dispersa y el agua se colorea

tinta dispersa

Tiempo / Aumento de la entropía

«HE FORMULADO A PROPÓSITO LA PALABRA "entropía" de forma que se parezca tanto como sea posible a la palabra "energía", ya que estas dos magnitudes tienen tal analogía en su significado físico que una analogía en el nombre me ha parecido útil». Esta cita del físico alemán Rudolf Clausius (1822-1888), uno de los padres de la **termodinámica**, ilustra los entresijos de este campo de la física que se ocupa de las transferencias de **energía** y su impacto en las propiedades de la materia. La entropía es una magnitud que refleja el grado de desorganización de un sistema, es decir, la «dispersión» de la energía. Clausius introdujo esta magnitud en el marco de la segunda ley de la termodinámica: la entropía de un sistema cerrado no puede disminuir. Así, en el Universo (que puede considerarse un sistema cerrado), la entropía aumenta. Esto también significa que el calor nunca puede transferirse de manera espontánea de un cuerpo **frío** a otro **caliente**, y que los fenómenos físicos son irreversibles. El aumento de la entropía está ligado, por tanto, a la **flecha del tiempo**. Si filmamos la rotura de un objeto o la cocción de un huevo, el vídeo visto «al revés» pierde su significado físico. ●

Orientación con brújula magnética

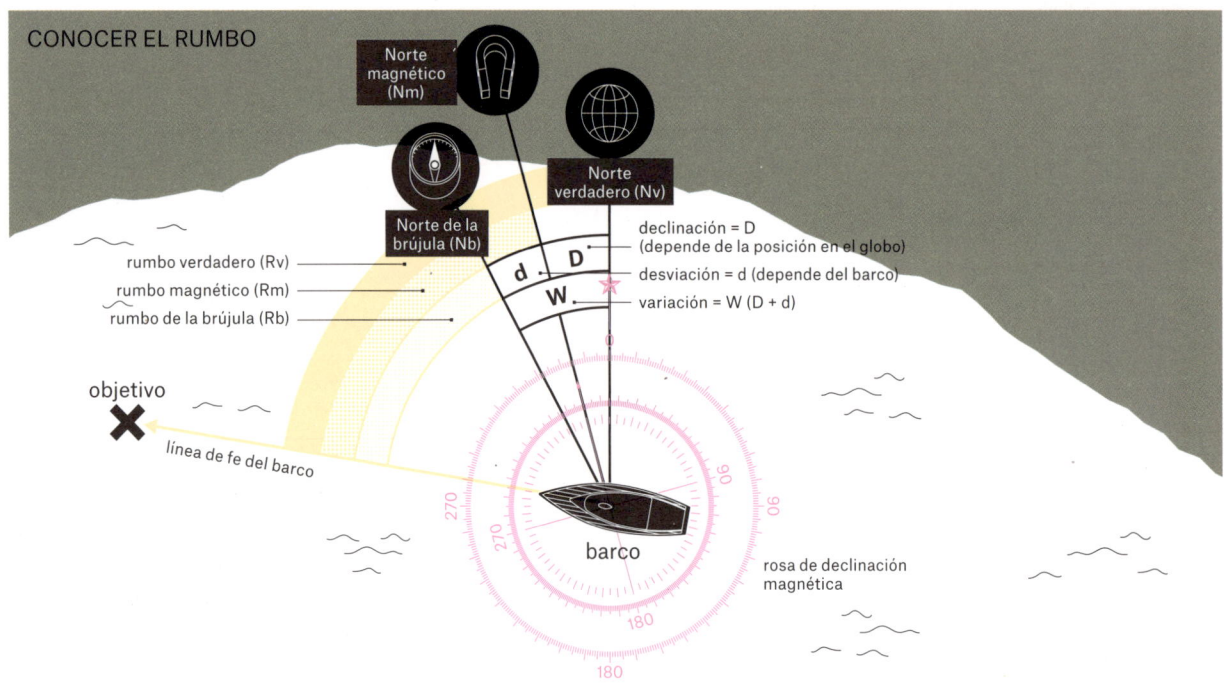

CONOCER EL RUMBO

Norte magnético (Nm)

Norte verdadero (Nv)

Norte de la brújula (Nb)

rumbo verdadero (Rv)
rumbo magnético (Rm)
rumbo de la brújula (Rb)

declinación = D (depende de la posición en el globo)
desviación = d (depende del barco)
variación = W (D + d)

objetivo

línea de fe del barco

barco

rosa de declinación magnética

Rumbo verdadero (Rv) = Rumbo de la brújula (Rb) + Declinación (**D**) + Desviación (**d**)

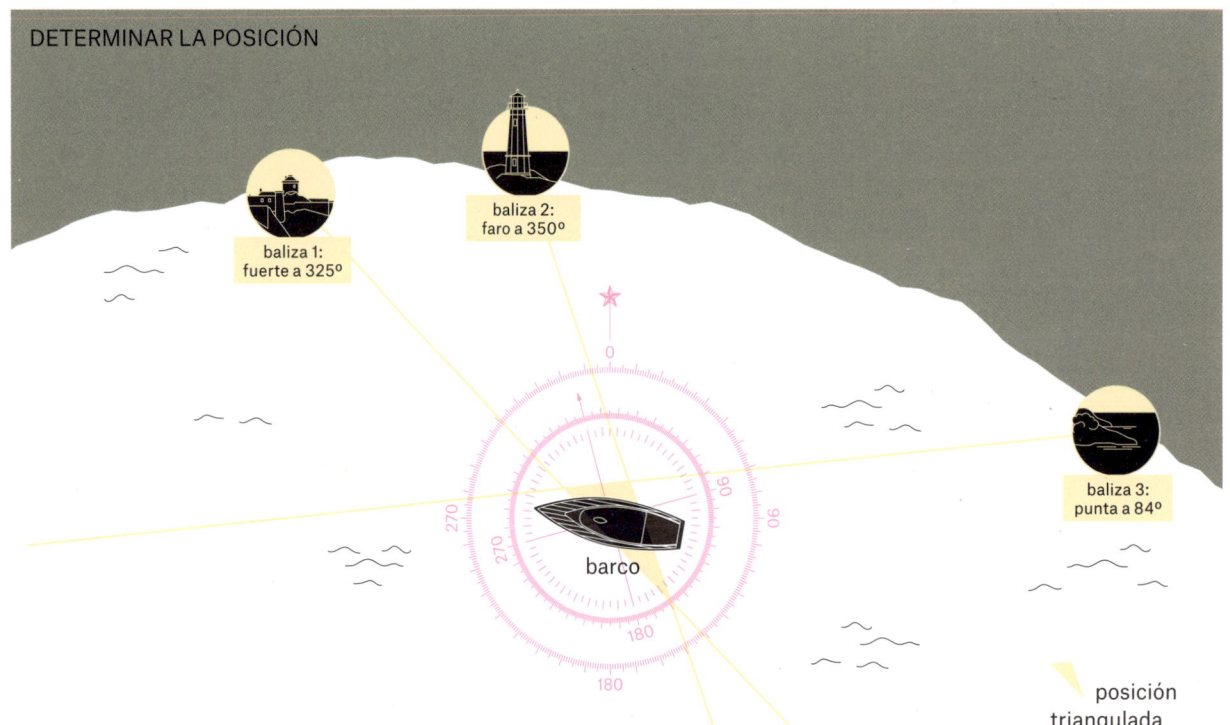

DETERMINAR LA POSICIÓN

baliza 1: fuerte a 325º

baliza 2: faro a 350º

baliza 3: punta a 84º

barco

posición triangulada

INDISPENSABLE PARA NAVEGAR, la función principal de la brújula magnética consiste en indicar el norte mediante una aguja imantada atraída por el campo magnético terrestre. En una carta náutica coexisten varios «nortes». El **norte de la brújula** (Nb) está desplazado del **norte magnético** (Nm) (→ lámina n.º 97), marcado por una brújula y desplazado, a su vez, del **norte verdadero** (Nv) o norte geográfico, correspondiente al eje de rotación de la Tierra. Para **determinar un rumbo**, los navegantes deben tener en cuenta la «declinación» (la diferencia entre el norte verdadero y el norte magnético), indicada en los documentos náuticos y que depende de la posición de la embarcación en el globo terráqueo. La declinación es pequeña en Bretaña (de 1 a 2° hacia el oeste), pero alcanza los 14° hacia el oeste en las Antillas y hasta 50° hacia el oeste en el sur del océano Índico. Los navegantes también deben utilizar la «**desviación**», un dato inducido por las masas metálicas del propio barco que se mide por una «regulación de la brújula». La suma de la declinación y la desviación da como resultado la «**variación**», necesaria para corregir los datos de la brújula magnética y determinar su **rumbo verdadero** (Rv). La medida del ángulo de tres **balizas** con respecto al norte verdadero permite **determinar su posición** en el mapa. ●

OÍDO INTERNO

oído
externo

oído
medio

oído
interno

Localización

canales semicirculares

haz de
cilios

cúpula

ampolla

utrículo

sáculo

❶

❷

fibras nerviosas

células ciliadas

1. Cresta

estereocilios

células
ciliadas

fibras nerviosas

2. Mácula

cóclea

vestíbulo

Anatomía

SISTEMA VESTIBULAR (orientación espacial)

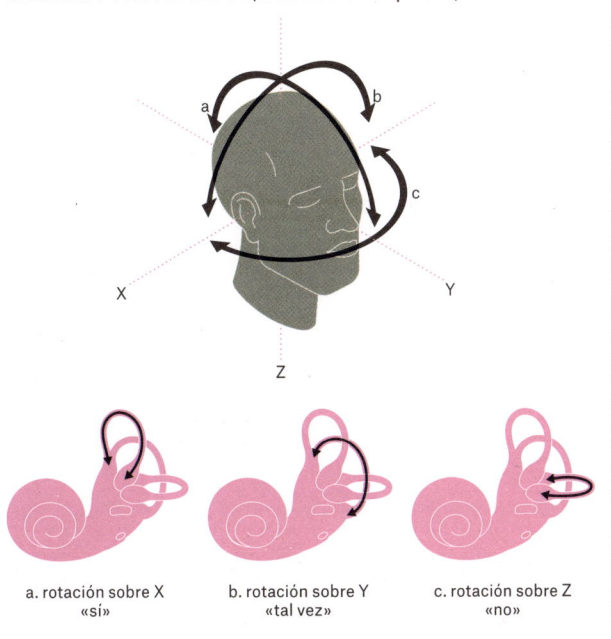

a

b

c

X

Y

Z

a. rotación sobre X
«sí»

b. rotación sobre Y
«tal vez»

c. rotación sobre Z
«no»

Percepción de los movimientos
de rotación de la cabeza

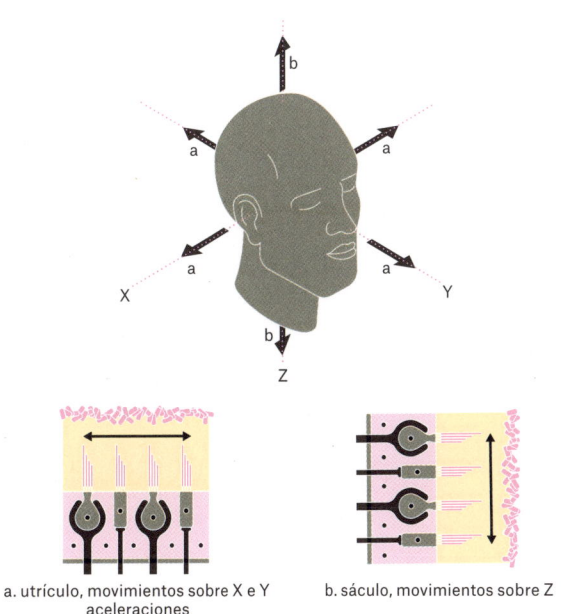

b

a

a

a

a

X

Y

Z

b

a. utrículo, movimientos sobre X e Y
aceleraciones

b. sáculo, movimientos sobre Z

Percepción de los movimientos lineales
de la cabeza

EL **SISTEMA VESTIBULAR** DEL **OÍDO INTERNO**, un órgano sensorial, permite estabilizar la imagen de lo que nos rodea cuando la cabeza o el cuerpo se mueve. Se trata de una especie de GPS interno que se denomina «aparato» u «órgano del equilibrio», y complementa la acción de los ojos, la piel, los músculos o los sensores nerviosos de las articulaciones. Está formado por las cavidades vestibulares (el **utrículo** y el **sáculo**) y tres **canales semicirculares**. Dentro de esos canales se desplaza un fluido (la endolinfa) en función de los **movimientos de rotación de la cabeza**. Transmite esos movimientos a los **cilios** sensoriales situados en las **crestas**.

Los cilios de las cavidades vestibulares, situados en las **máculas**, perciben y transmiten los **movimientos lineales**. Para regular el equilibrio y la postura del cuerpo, el cerebro recibe información redundante de los distintos órganos sensoriales. Si las señales son discordantes, elegirá la información más fiable. Sin embargo, puede ocurrir que la discrepancia sea demasiado grande, como ocurre en el caso del mareo, en el que la visión y el oído interno dan informaciones contradictorias. Ciertas enfermedades, accidentes o la edad pueden dañar este frágil órgano y provocar mareos, vértigos y visión borrosa. ●

Ciclos solares

OBSERVACIÓN DE MANCHAS SOLARES

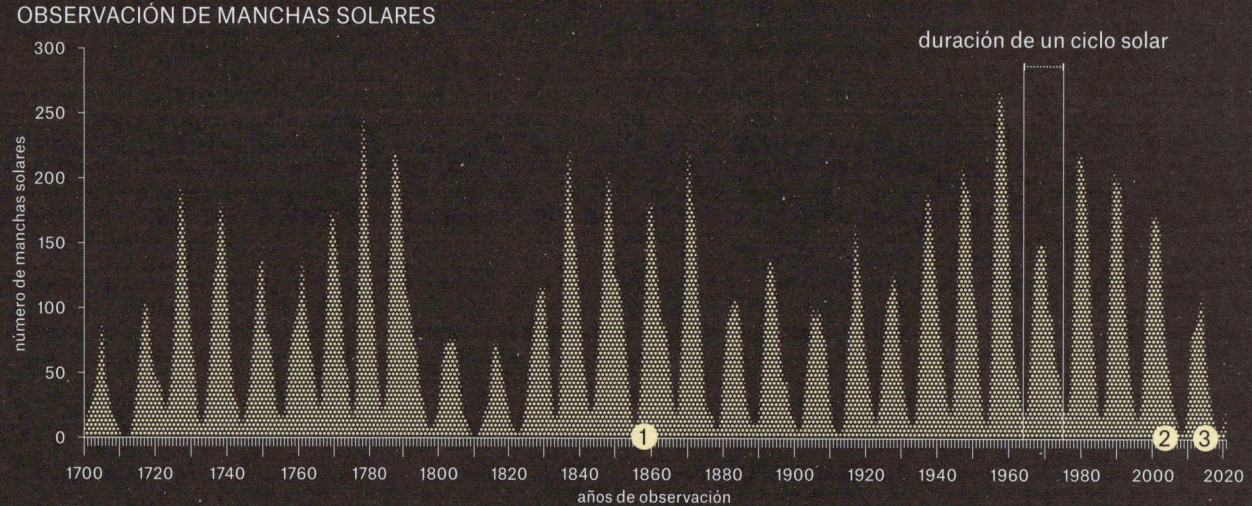

duración de un ciclo solar

número de manchas solares

años de observación

ERUPCIÓN SOLAR

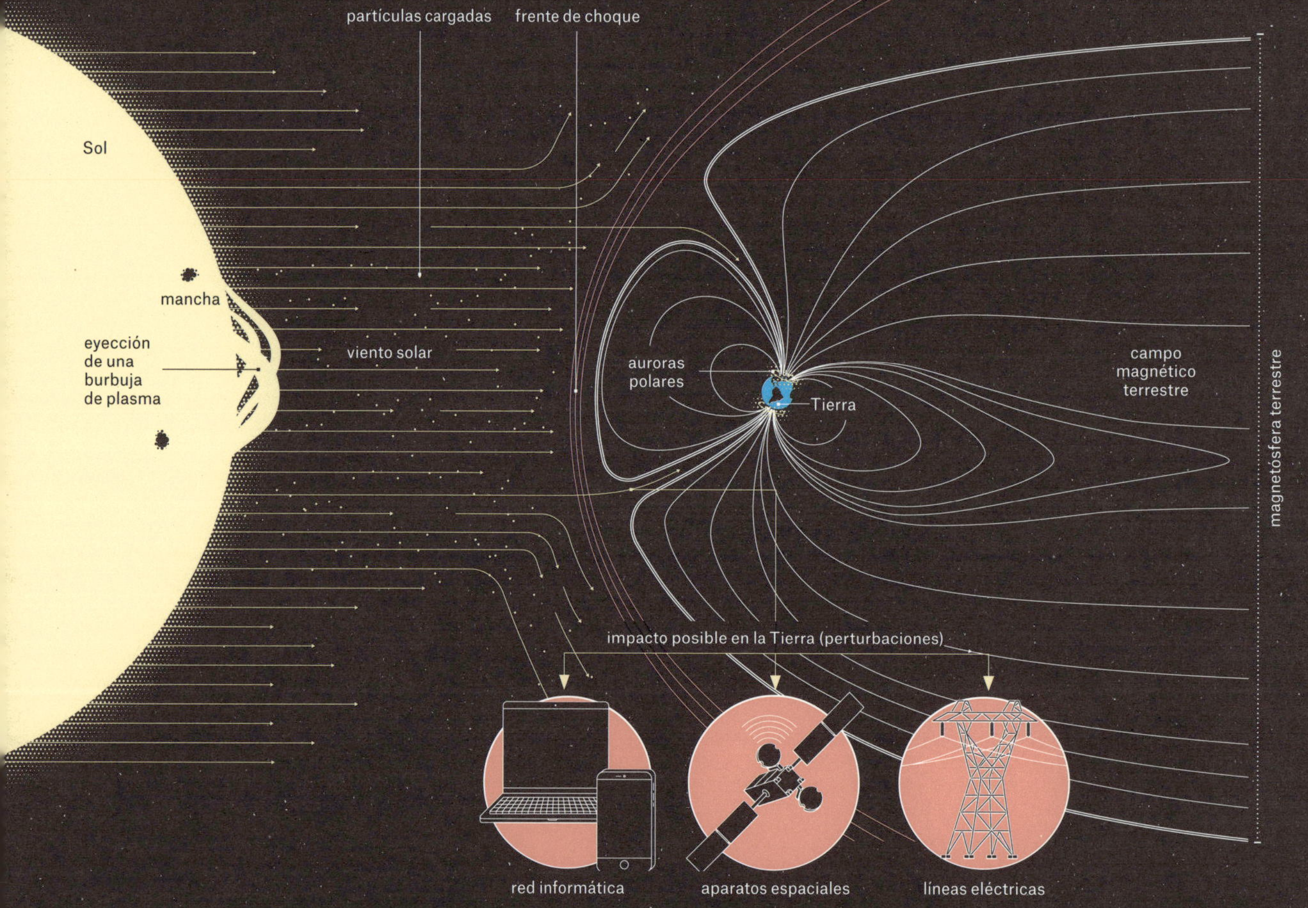

partículas cargadas · frente de choque

Sol

mancha

eyección de una burbuja de plasma

viento solar

auroras polares

Tierra

campo magnético terrestre

magnetósfera terrestre

impacto posible en la Tierra (perturbaciones)

red informática · aparatos espaciales · líneas eléctricas

LOS EVENTOS OBSERVADOS en la superficie del Sol se repiten con regularidad: la variación del número y de la superficie de las **manchas solares** y la frecuencia de las **erupciones solares** han revelado la existencia de **ciclos solares**, con una duración media de 11,2 años. Las manchas solares (zonas de menor temperatura, pero de gran actividad magnética) son fáciles de observar, ya que forman zonas oscuras en la superficie de la estrella. En Europa, las estadísticas sobre manchas solares se registran desde el siglo XVII. En cuanto a las erupciones, se producen por la eyección de una enorme burbuja de plasma solar que provoca una aceleración del **viento solar**. Durante un evento de este tipo, la velocidad de ese flujo de partículas cargadas, que llega a la Tierra a una media de 450 km/s, aumenta hasta los 2500 km/s. Aunque la presencia de la **magnetósfera** (→ lámina n.º 97), la burbuja protectora creada por el campo magnético terrestre, desvía considerablemente las partículas en el **frente de choque**, los efectos de estas erupciones se dejan sentir en ocasiones: auroras polares visibles en lugares tan alejados como Hawái y Singapur (**1**); tormentas magnéticas capaces de perturbar el tráfico aéreo (**2**). La NASA habla de una «gigantesca tormenta solar» de la que la Tierra se libró por muy poco en 2012 (**3**). ●

Erupciones volcánicas

TIPOS DE ERUPCIONES

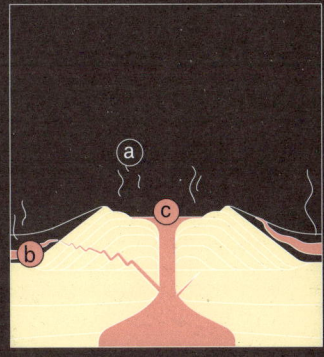

I. Erupción hawaiana

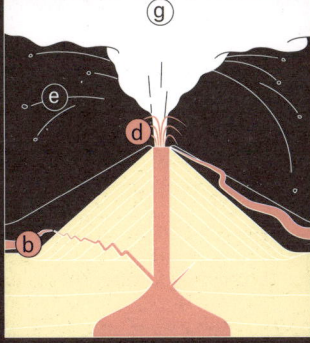

II. Erupción estromboliana

III. Erupción vulcaniana

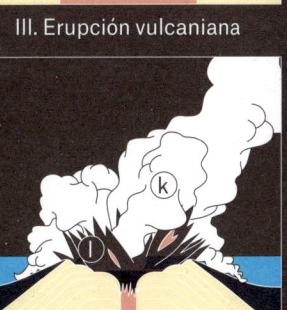

IV. Erupción peleana

V. Erupción pliniana

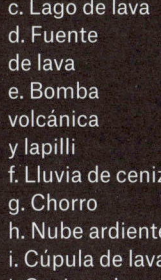

VI. Erupción surtseyana

● Magma
● Agua

a. Fumarola
b. Río de lava
c. Lago de lava
d. Fuente de lava
e. Bomba volcánica y lapilli
f. Lluvia de ceniza
g. Chorro
h. Nube ardiente
i. Cúpula de lava
j. Cenizas de piedra pómez
k. Vapor de agua
l. Chorro cupresoide

ÍNDICE DE EXPLOSIVIDAD VOLCÁNICA

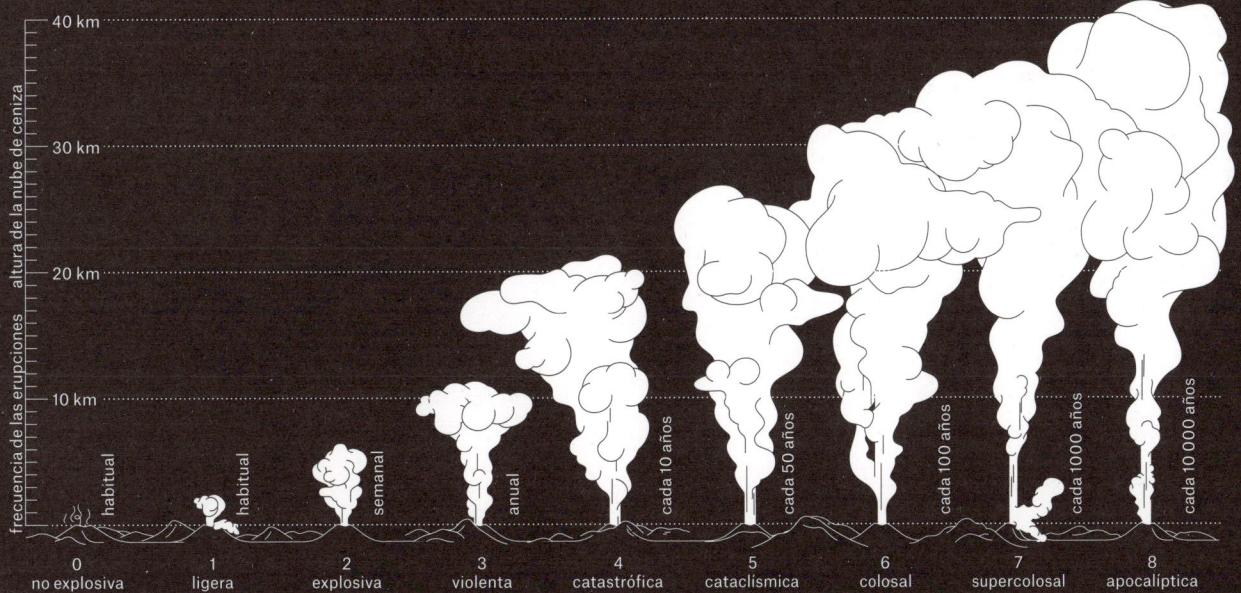

altura de la nube de ceniza

40 km
30 km
20 km
10 km

frecuencia de las erupciones

habitual · habitual · semanal · anual · cada 10 años · cada 50 años · cada 100 años · cada 1000 años · cada 10 000 años

0	1	2	3	4	5	6	7	8
no explosiva	ligera	explosiva	violenta	catastrófica	cataclísmica	colosal	supercolosal	apocalíptica

DESDE HACE MILES DE MILLONES DE AÑOS, las erupciones volcánicas modelan los paisajes de la superficie terrestre y los fondos marinos. Para comprender su funcionamiento y prever sus consecuencias para el medio ambiente y la sociedad humana, la vulcanología propone un primer tipo de clasificación de las **actividades eruptivas: efusivas**, con emisión de lava fluida en un flujo (**I** y **II**), o **explosivas** (**II** a **VI**), con emisión de partículas (cenizas, bloques, bombas) a la atmósfera. Otras categorías más precisas, la mayoría de las cuales reciben su nombre en función de la geografía volcánica, se utilizan para describir el **tipo de erupción**. No caracterizan el comportamiento de un volcán en particular, ya que los volcanes evolucionan y cada una de sus actividades eruptivas es única.

Las distintas erupciones también se pueden clasificar según su **explosividad,** que depende del volumen de material expulsado y de la altura de la nube de ceniza. La erupción del Pinatubo (Filipinas) en 1991 tuvo un índice de explosividad volcánica de 6, lo que la convirtió en la erupción más violenta de los últimos cien años. Este acontecimiento tuvo repercusiones en el clima mundial durante varios años. ●

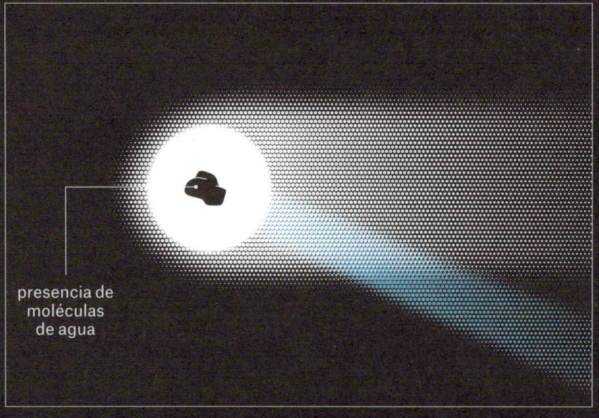

1. Composición del núcleo de un cometa de tipo 103P/Hartley

presencia de moléculas de agua

presencia de moléculas de agua almacenadas desde la formación del planeta

1. Desgasificación del manto terrestre

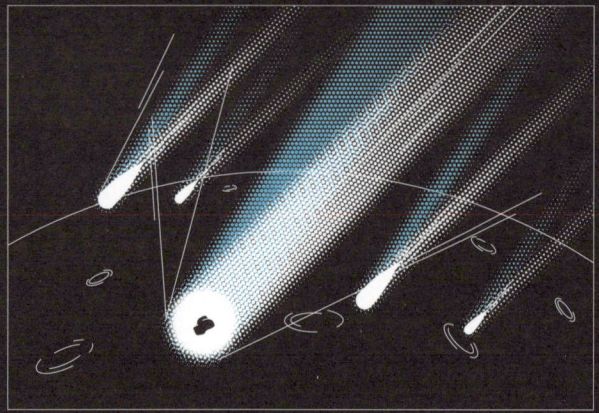

2. Choque de cometas contra la Tierra

presencia de moléculas de agua

2. Capa de nubes

presencia de moléculas de agua similares a las del cometa

3. Composición de los océanos

3. Diluvio que creó los océanos

LA TIERRA ES EL ÚNICO planeta conocido en el que el agua está presente en forma líquida y estable. Marte, y quizá Venus, también habrían conocido épocas en las que el agua fluía sobre sus superficies. ¿De dónde procede el agua en la Tierra? Prevalecen dos hipótesis. La **hipótesis exógena** sostiene que el agua encuentra su fuente en elementos extraterrestres: **cometas** (→ lámina n.º 77) o meteoritos (→ lámina n.º 3), compuestos en gran parte de agua en forma de hielo, habrían colisionado con la Tierra hace 4400 millones de años, formando los océanos. La **hipótesis endógena** propone un proceso interno a la Tierra: en el momento de su formación,

una erupción volcánica considerable habría facilitado la salida de **gases** y agua a la atmósfera en forma de vapor. Entonces habría caído un **diluvio** de lluvia que habría permitido la formación de los océanos.

Dado que una célula viva se compone en gran parte de agua, los astrofísicos realizan enormes esfuerzos para buscar ese elemento en el Universo: encontrar agua líquida es encontrar vida. «¡El mar lo es todo! [...] Fue por el mar por lo que comenzó el globo, y quién sabe si no terminará por él», afirmaba un entusiasmado capitán Nemo en *Veinte mil leguas de viaje submarino*, de Julio Verne. •

1. Acueducto de Nîmes
Francia 📅 40-50 🕐

2. Acueducto de Segovia
España 📅 100 🕐

3. Acueducto de Cartago
Túnez 📅 122 💧

4. Acueductos de la Vanne y del Loing
Francia 📅 1866 💧

5. Acueducto del río Colorado
Estados Unidos 📅 1933 💧

6. Acueducto del Päijänne
Finlandia 📅 1972 💧

7. Desvío del río Yangtsé
China 📅 2013 💧

— Acueducto

En funcionamiento:
💧 sí
🕐 no

📅 Año de construcción

0   50   100

Escala kilométrica

LOS ACUEDUCTOS SON OBRAS ARQUITECTÓNICAS diseñadas para distribuir el agua desde las cuencas de almacenamiento hasta las ciudades más alejadas de los ríos. **1.** El conocido Pont du Gard, un puente de tres pisos, se construyó sobre el trazado del acueducto entre Uzès y **Nîmes**. **2.** Considerado el vestigio más importante del Imperio romano en España, el **acueducto de Segovia** tiene una pendiente descendente de solo el 1 por ciento. **3.** Para hacer frente a la sequía, el emperador romano Adriano mandó canalizar el agua de los montes Jebel Zaghouan y Jouggar a lo largo de 132 km en dirección a **Cartago**. **4.** Con el barón Haussmann al mando, los **acueductos de la Vanne y del Loing** transportaban agua en un recorrido de 156 km desde Borgoña hasta París. **5.** Con sus 148 km de túneles, 135 km de canalizaciones y sifones subterráneos, y 100 km de canales, el **acueducto del río Colorado** está considerado desde 1955 una de las «siete maravillas modernas de la ingeniería civil estadounidense». **6.** El **acueducto de Päijänne**, de 120 km de longitud y notable por haber sido excavado en la roca, abastece de agua a Helsinki. **7.** El **desvío del río Yangtsé** es una de las etapas del proyecto chino de trasvase de agua del sur al norte. Se inició en 2002 y su objetivo es abastecer de agua a Pekín y Tianjin. ●

Inteligencia del blob

1. LA EXPERIENCIA DEL LABERINTO (Toshiyuki Nakagaki, 2000)

a. Contexto

b. Exploración

c. Optimización de la red

2. EXPERIENCIA DE ESTIMULACIÓN MEDIANTE EL FRÍO (Toshiyuki Nakagaki, 2008)

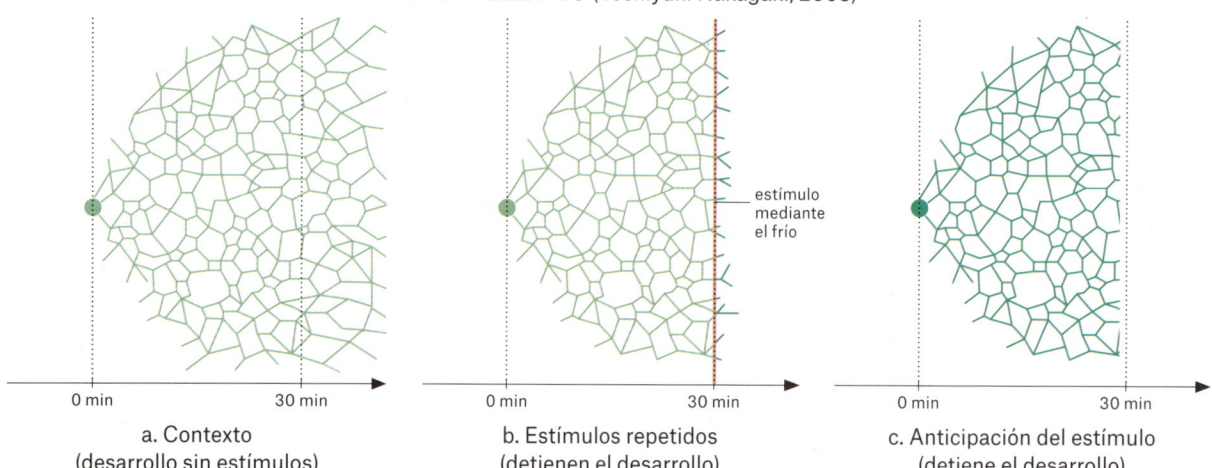

a. Contexto
(desarrollo sin estímulos)

b. Estímulos repetidos
(detienen el desarrollo)

estímulo mediante el frío

c. Anticipación del estímulo
(detiene el desarrollo)

3. EXPERIMENTO DEL PUENTE AMARGO (Audrey Dussutour, 2016)

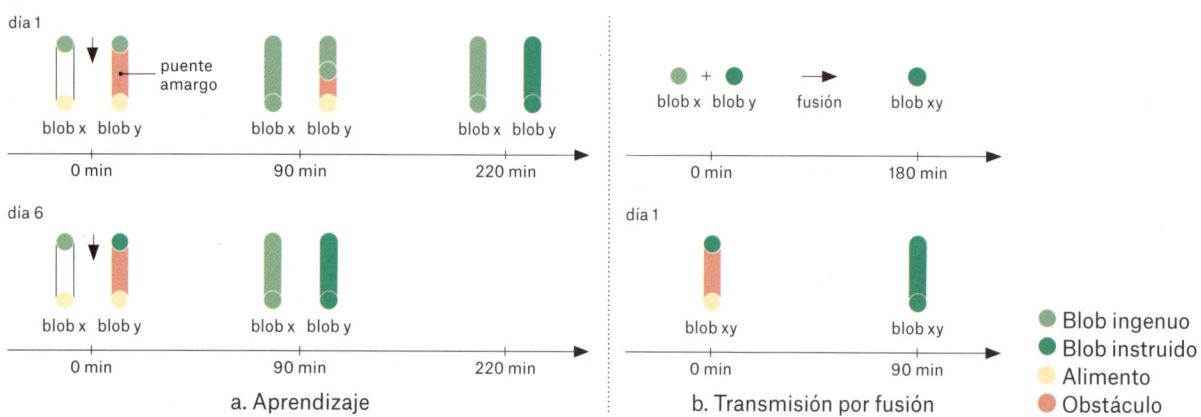

a. Aprendizaje

b. Transmisión por fusión

- ● Blob ingenuo
- ● Blob instruido
- ● Alimento
- ● Obstáculo

NI ANIMAL, NI PLANTA, NI HONGO, el blob, o *Physarum polycephalum*, es un organismo unicelular que apareció hace 700 millones de años. Como solo tiene una célula, carece de cerebro. Sin embargo, es capaz de aprender y resolver ciertos problemas complejos. Por ejemplo, puede **optimizar su red** para encontrar la ruta más rápida hacia su comida (**1**). Si se expone a **estímulos** repetidos de **frío**, a los que teme, se **anticipa** al siguiente estímulo **deteniéndose** (**2**). Cuando en su ruta aparecen elementos que no le gustan, como un **puente amargo** de cafeína o quinina, el blob **aprende** a considerarlos y, si son inofensivos, a ignorarlos y cruzarlos (**3**). Es

lo que se conoce como «habituación», un fenómeno observado por primera vez en un organismo unicelular. No obstante, la inteligencia del blob no acaba ahí: es capaz de comunicarse con sus congéneres, en particular para compartir lo que ha aprendido (mediante la **fusión** momentánea con uno de ellos) o para advertir de un peligro (excretando moléculas percibidas por los blobs que se encuentran cerca). ●

TIPOS DE CARACTERES

Pictográficos

casa	refugio/protección	libro	cosa	tela	rueda
Sol	Tierra	árbol	flor	animal	adelante
persona	mano	nariz	boca	oreja	sentimiento

Ideográficos

abstractos			concepto concreto		
creación	espíritu	acción	niño	adolescente	adulto

Compuestos

fusionados		superpuestos	
árbol + flor = parque	Sol + Tierra = día	mano + cosa = herramienta	boca + nariz = gusto
persona + techo + persona = familia	boca + oreja = lengua	casa + 2 ruedas = garaje	tela + protección = vestido

PALABRAS

casa + emoción = hogar	animal + sentimiento = animal de compañía	casa + libro = biblioteca
protección + vestido = delantal/bata	nariz + boca = aliento/respiración	parque + animal = zoológico

CONSTRUCCIÓN DE LOS CARACTERES

Formas geométricas

Base (uso en escalas 1/1, 1/2 o 1/4 y/o diferentes orientaciones)

Formas adicionales (solo para uso en escala 1/1)

Cifras

0	1	2	3	4	5	6	7	8	9

Signos de puntuación

.	,	?	a

Flechas

Punteros

Tipos de indicadores

Tiempos verbales (ejemplos)

acción	acción pasada	acción futura

Adjetivos y adverbios

descripción	descripción antes del hecho	descripción después del hecho

Marca del plural

Cuadrícula de composición

amar

línea ascendente de los indicadores
línea de cielo
línea de tierra

FRASE

?					
Qué	lengua	hablaremos	nosotros	en	Marte (planeta + roca + partícula)

EL SUEÑO DE UNA LENGUA UNIVERSAL, arraigado en el mito bíblico de la Torre de Babel, abarca varios siglos de la historia europea. Los proyectos del siglo XVII pretendían crear una lengua perfectamente lógica para los filósofos en la que, de algún modo, fuese imposible mentir o cometer errores, mientras que los de los siglos XIX y XX buscaban diseñar una lengua fácil de aprender para todo el mundo. El más conocido y exitoso de estos proyectos es el esperanto, desarrollado por Louis-Lazare Zamenhof.

El sistema Bliss, creado en 1949, es un lenguaje gráfico universal que contiene en sí mismo una lógica y una filosofía naturales que lo acercan a los proyectos del siglo XVII. Fue desarrollado por Charles K. Bliss, un judío austriaco que huyó del nazismo y se encontró varado en Shanghái entre 1940 y 1945. Bliss se interesó por la escritura china y por el hecho de que pudiese ser leída por chinos que hablaban dialectos distintos. Tras emigrar a Australia, en 1949 publicó la primera edición de su libro *Semantography*. Su objetivo consistía en proporcionar una escritura que pudiera aprenderse y entenderse en todo el mundo. Su proyecto ganó popularidad después de que lo utilizasen en centros para niños discapacitados en Canadá, en la década de 1960. ●

Fluorescencia y fosforescencia

LUZ	ESTADO		MATERIA	
	Fluorescente	Fosforescente	Fluorescente	Fosforescente
Noche	No estimulada	No estimulada		
Día	Estimulada	Estimulada		
Luz negra (UV)	Estimulada	Estimulada		
Noche (después de la exposición a la luz)	No estimulada	Estimulada / Estimulada / No estimulada		

Tiempo

«PORTADOR DE LUZ» es el significado etimológico de la palabra «**fosforescente**». El término «**fluorescente**», por su parte, procede de observaciones realizadas en el siglo XIX sobre cristales de fluorita que, al ser iluminados por **luz ultravioleta**, emiten una luz azul-violeta. Estos dos fenómenos de fotoluminiscencia reflejan la capacidad de la **materia** para absorber y emitir la **luz**. Los materiales fluorescentes emiten luz con extrema rapidez (de un nanosegundo a un microsegundo) tras la **estimulación** de los electrones. Por tanto, a simple vista, la materia parece más luminosa cuando se ilumina y se «apaga» inmediatamente después de la iluminación.

En el caso de la fosforescencia, la emisión de luz se produce durante un período de **tiempo** más largo (de un milisegundo a 10 segundos), perceptible a nuestros ojos, debido a una transferencia de energía más compleja.

En imagenología médica, el uso de marcadores fluorescentes, iluminados por un láser, permite diagnosticar ciertas conexiones cancerosas. En la naturaleza, determinados hongos, frutas y artrópodos como los escorpiones presentan propiedades fluorescentes. Los materiales fosforescentes, presentes en tierras raras, se utilizan para pintar las manecillas de algunos relojes o juguetes. •

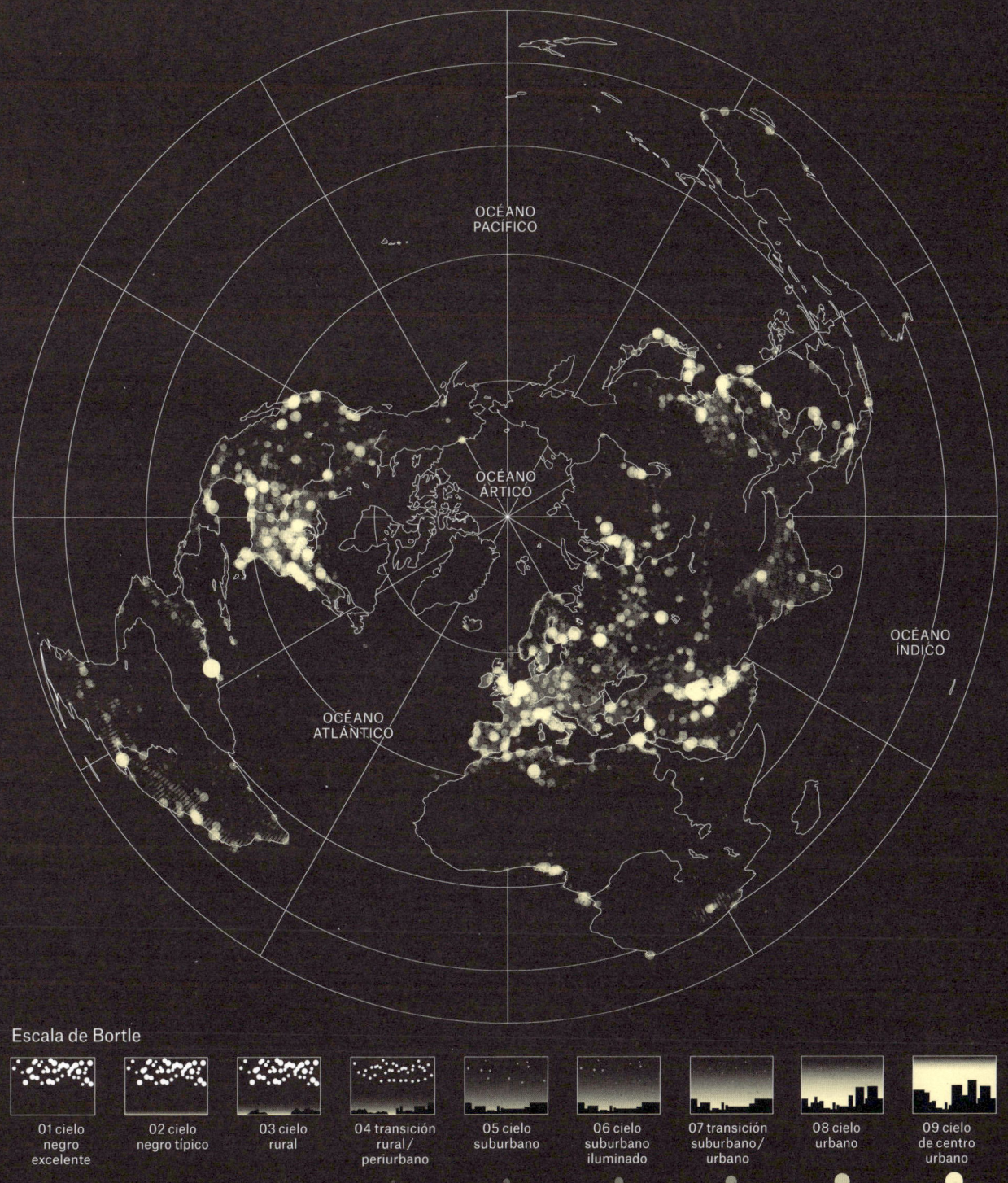

OCÉANO PACÍFICO

OCÉANO ÁRTICO

OCÉANO ÍNDICO

OCÉANO ATLÁNTICO

Escala de Bortle

| 01 cielo negro excelente | 02 cielo negro típico | 03 cielo rural | 04 transición rural / periurbano | 05 cielo suburbano | 06 cielo suburbano iluminado | 07 transición suburbano / urbano | 08 cielo urbano | 09 cielo de centro urbano |

LOS ASTRÓNOMOS FUERON LOS PRIMEROS en señalar, en 1868, que la iluminación del cielo nocturno impedía la observación de las estrellas. Más tarde, los naturalistas afirmaron que la luz artificial es la responsable de la sobremortalidad de ciertas especies, como las aves migratorias desorientadas por el exceso de iluminación de las megalópolis. En 1997, el 18,7 por ciento de la superficie terrestre estaba afectado por la contaminación lumínica. Esta no ha dejado de aumentar y representa una de las principales amenazas para la biodiversidad.

Durante mucho tiempo, la iluminación de las **ciudades** fue una cuestión de seguridad para las personas y los bienes, pero ahora sabemos que la iluminación urbana ejerce un impacto negativo en los ritmos biológicos de la fauna, los seres humanos e incluso la vegetación. Aunque todavía poco conocidas, en las últimas décadas se han introducido restricciones, como la creación de «reservas internacionales de cielo estrellado». Algunas ciudades planean crear «tramas negras», corredores ecológicos caracterizados por una cierta oscuridad. Para ello utilizan la **escala de Bortle**, que permite evaluar la luminosidad del cielo nocturno y que debe su nombre a su inventor estadounidense. •

Formación de cuevas

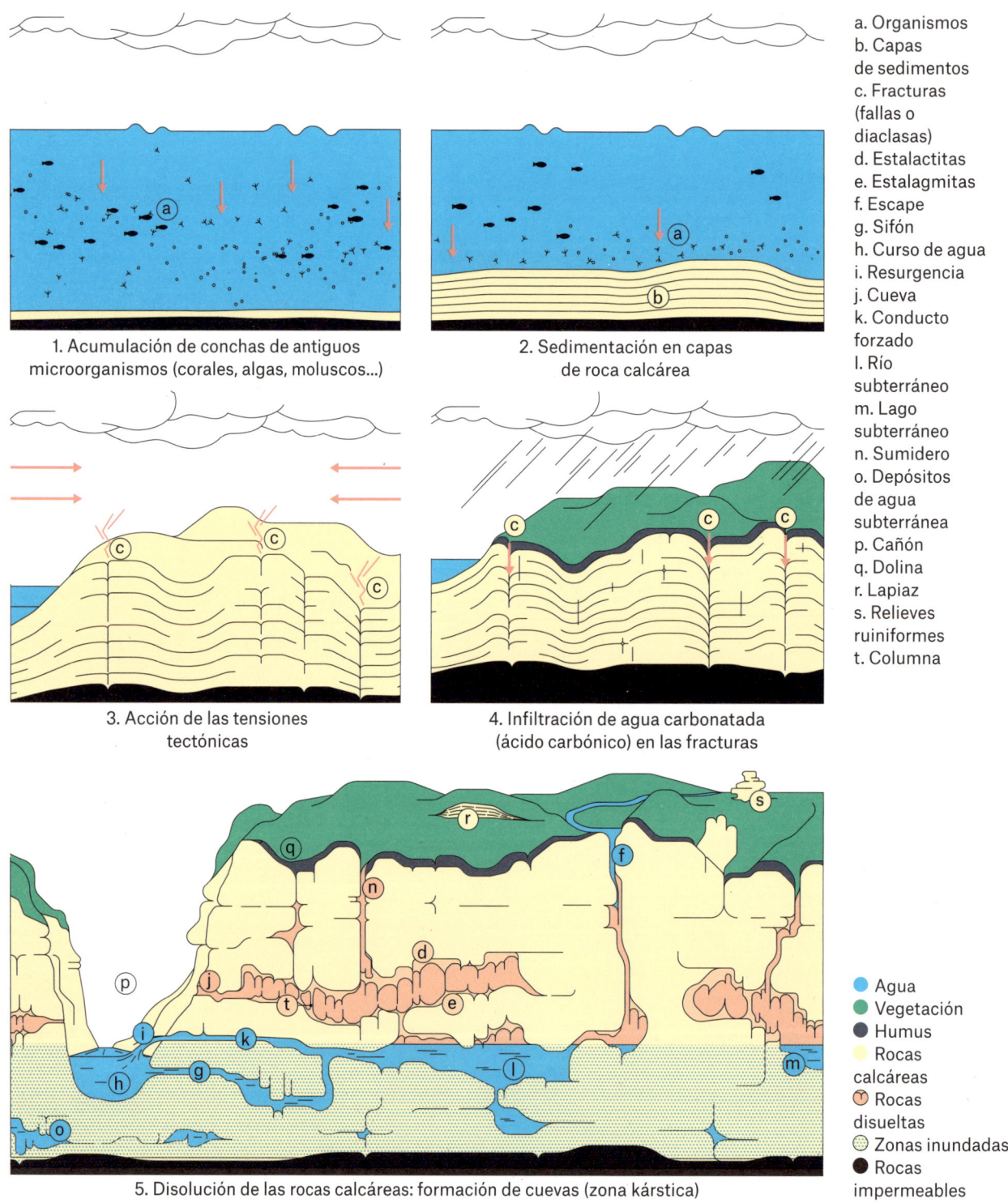

1. Acumulación de conchas de antiguos microorganismos (corales, algas, moluscos...)

2. Sedimentación en capas de roca calcárea

3. Acción de las tensiones tectónicas

4. Infiltración de agua carbonatada (ácido carbónico) en las fracturas

5. Disolución de las rocas calcáreas: formación de cuevas (zona kárstica)

a. Organismos
b. Capas de sedimentos
c. Fracturas (fallas o diaclasas)
d. Estalactitas
e. Estalagmitas
f. Escape
g. Sifón
h. Curso de agua
i. Resurgencia
j. Cueva
k. Conducto forzado
l. Río subterráneo
m. Lago subterráneo
n. Sumidero
o. Depósitos de agua subterránea
p. Cañón
q. Dolina
r. Lapiaz
s. Relieves ruiniformes
t. Columna

Agua
Vegetación
Humus
Rocas calcáreas
Rocas disueltas
Zonas inundadas
Rocas impermeables

LAS CUEVAS SON esencialmente el resultado de la disolución de rocas por efecto del agua. En la mayoría de los casos, estas cavidades subterráneas se forman en la **roca caliza** formada por calcita, un mineral soluble. Esta roca es el resultado de la acumulación de **conchas de antiguos microorganismos** (**1**), que vivían en los océanos hace millones de años, por sedimentación (**2**). A causa de la deriva continental, es decir, de la **acción de las tensiones tectónicas**, esas calizas emergen de los océanos y forman picos en la superficie (**3**). Esos movimientos provocan fisuras, **rupturas** y **fallas** en las que el **agua se filtra** y comienza su trabajo de disolución (**4**).

Esta agua, cargada de **ácido carbónico** (CO_2 disuelto), erosiona poco a poco la roca, produciendo cavidades y redes subterráneas. Al interior de esas cavidades llega un agua con calcio que se precipita en forma de calcita. Surgen así las **estalactitas** (en el techo de la cueva), las **estalagmitas** (en el suelo) y las **columnas**, cuando estas dos concreciones se juntan (**5**). La **base arcillosa impermeable** permite que el agua permanezca en las partes bajas del macizo, formando un verdadero depósito. ●

1. PRECIOSAS

Cúbica
Diamante
3,52

Romboédrica
Zafiro
4,03

Hexagonal
Esmeralda
2,7

Romboédrica
Rubí
4,03

2. SEMIPRECIOSAS

Hexagonal
Ágata
2,64

Hexagonal
Aguamarina
2,7

Romboédrica
Amatista
2,64

Monoclínica
Jadeíta
3,30

Cúbica
Lapislázuli
2,5

Ortorrómbica
Topacio
3,57

Monoclínica
Piedra de luna
2,63

Triclínica
Turquesa
2,5

3. ORGÁNICAS

Amorfa
Ámbar
1,10

Amorfa
Coral
3,2

Estructuras
cristalinas
(redes
de Bravais)

Colores
de las piedras

Densidad (g/cm³)

$\otimes$ Transparente

Translúcida

Opaca

1 — 10
Escala de Mohs
(dureza)

FORMADAS EN LAS ENTRAÑAS de la Tierra hace más de tres mil millones de años en el caso de algunos **diamantes,** o en el interior de conchas de moluscos en el caso del nácar, las gemas naturales se clasifican en tres grandes familias: **preciosas (1), semipreciosas (2)** y **orgánicas (3).**

Cuando las gemas no son **amorfas** (como es el caso de las gemas orgánicas), también se pueden clasificar según su **estructura cristalina,** es decir, la disposición geométrica de los átomos que la componen.

Para que una piedra sea considerada una «gema», debe ser, en primer lugar, de un material bello, raro y duradero. A

continuación, su calidad se puede evaluar en función de diferentes criterios: color, tamaño, dureza (es decir, su capacidad para rayar o ser rayadas), masa y pureza. Sin embargo, las inclusiones (es decir, los «accidentes de cristalización») o los cuerpos extraños presentes en estas piedras naturales añaden, según los gustos, un atractivo estético y aportan información acerca de su formación. En algunos casos, las impurezas son incluso responsables del color de las gemas. ●

Hibernaciones

HIBERNACIÓN

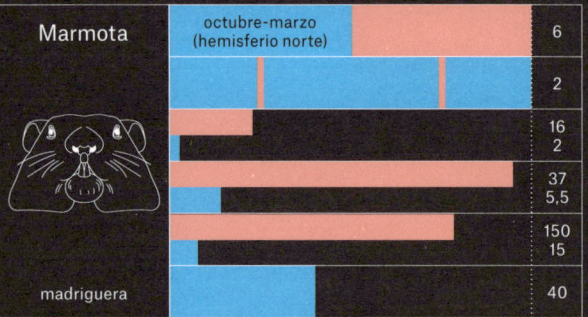

Marmota
- octubre-marzo (hemisferio norte) — 6
- 2
- 16 / 2
- 37 / 5,5
- 150 / 15
- madriguera — 40

Murciélago
- noviembre-mayo (hemisferio norte) — 7
- 3
- 200 / 0,2
- 39 / 5
- 350 / 45
- árbol hueco, cavidad subterránea — 33

INVERNACIÓN

Oso
- noviembre-abril (hemisferio norte) — 6
- 22
- 30 / 2
- 37,5 / 32
- 45 / 10
- cavidad rocosa — 30

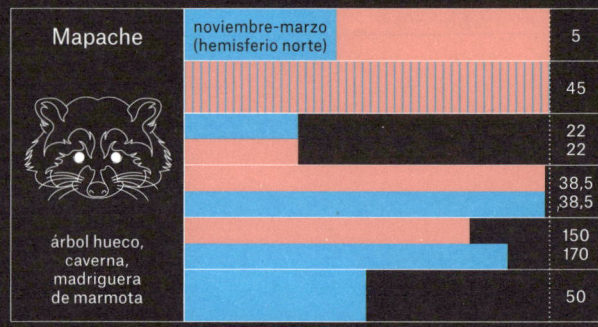

Mapache
- noviembre-marzo (hemisferio norte) — 5
- 45
- 22 / 22
- 38,5 / 38,5
- 150 / 170
- árbol hueco, caverna, madriguera de marmota — 50

BRUMACIÓN

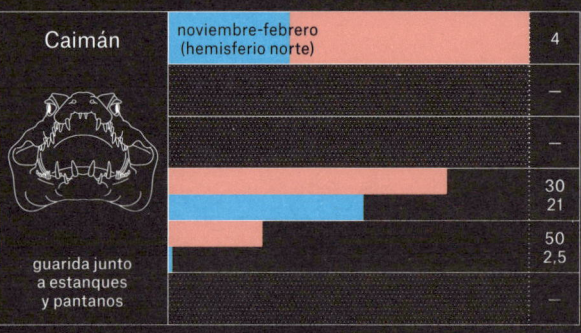

Caimán
- noviembre-febrero (hemisferio norte) — 4
- —
- —
- 30 / 21
- 50 / 2,5
- guarida junto a estanques y pantanos — —

Lagarto
- noviembre-marzo (hemisferio norte) — 5
- —
- — / 8
- 31 / 5
- 65 / —
- tronco de árbol, vegetación densa, fisuras y huecos en el suelo, pilas de piedras y hojas — 6

Leyenda
- ■ Fuera del período de hibernación / brumación / invernación
- ■ En período de hibernación / brumación / invernación
- ▨ Dato desconocido

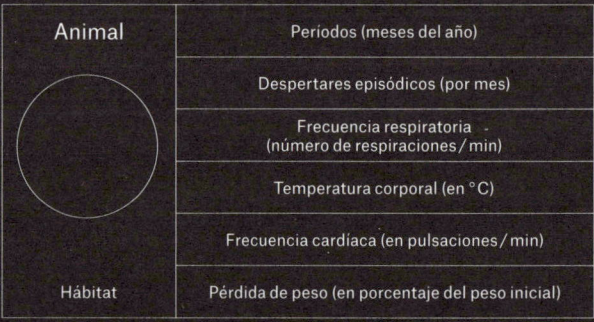

Animal	Períodos (meses del año)
	Despertares episódicos (por mes)
	Frecuencia respiratoria (número de respiraciones/min)
	Temperatura corporal (en °C)
	Frecuencia cardíaca (en pulsaciones/min)
Hábitat	Pérdida de peso (en porcentaje del peso inicial)

CUANDO LLEGA EL INVIERNO, numerosas especies animales luchan por hacer frente al descenso de las temperaturas y ahorrar energía. Durante la **hibernación**, los animales afectados (en general, pequeños mamíferos, como **marmotas** y **murciélagos**) entran en hipotermia regulada y se sumergen en un estado letárgico: el **corazón** y la **respiración** se ralentizan, y ciertas zonas del cerebro quedan completamente inactivas. Ese sueño puede durar varios **meses**, a menudo de mediados de noviembre a mediados de febrero (hemisferio norte), y es mucho más profundo que el de los animales en **invernación**. En efecto, los animales invernantes intercalan sus períodos de descanso con otros de actividad durante los cuales continúan desplazándose, comiendo o incluso pariendo crías. Es el caso de los **osos** y los **mapaches**, por ejemplo. Al igual que los hibernantes, los animales que invernan sufren una **pérdida de peso** significativa durante esa etapa; por el contrario, mantienen su **temperatura corporal** en un nivel «moderado» y todas sus funciones vitales permanecen activas. Por último, los animales de «sangre fría», como los **lagartos** y los **caimanes**, pasan los meses más fríos en letargo invernal, o **brumación**, que es un estado muy similar a la hibernación. •

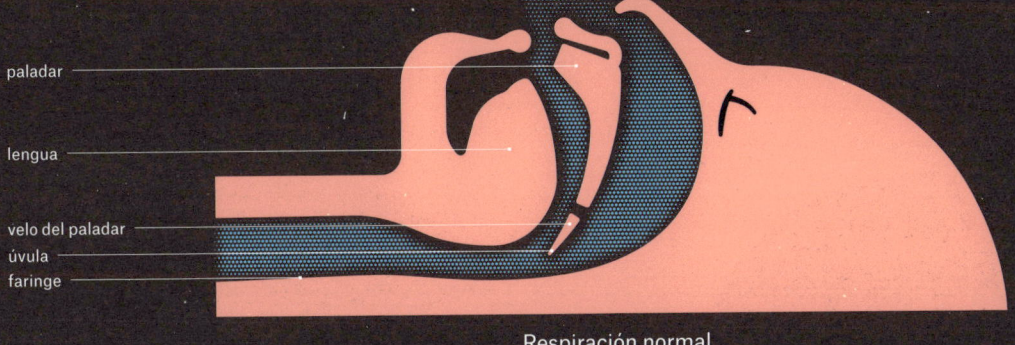

paladar

lengua

velo del paladar
úvula
faringe

Respiración normal

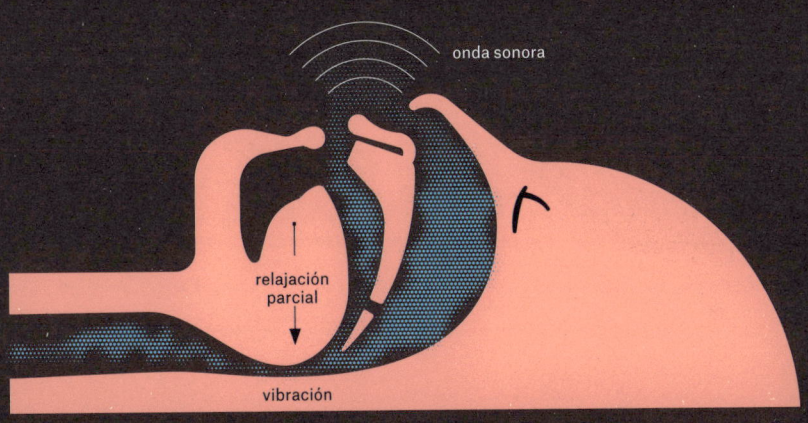

onda sonora

relajación
parcial

vibración

Ronquido

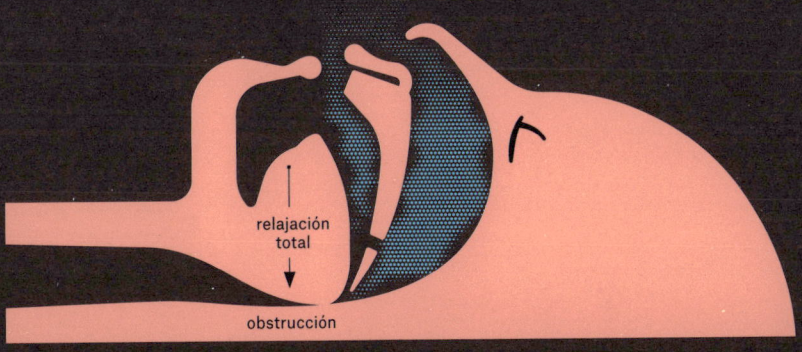

relajación
total

obstrucción

Apnea del sueño

● Aire

A DIFERENCIA DEL RONRONEO FELINO, el ronquido humano no es una expresión voluntaria de placer. Se produce durante el sueño profundo: en el transcurso de esta fase calificada de «reparadora», los músculos de las vías respiratorias (**paladar**, **lengua**, **velo del paladar** y **úvula**) se **relajan** y se estrechan. Esto impide la trayectoria del **aire** inspirado y hace que los tejidos blandos (músculos y mucosas de la garganta) vibren, produciendo un sonido de hasta 100 decibelios (dB). En comparación, corresponde al sonido de un martillo neumático colocado a 2 metros del oído. No obstante, la mayoría de las personas suelen alcanzar un nivel sonoro más comedido, que se sitúa entre 45 y 60 dB, comparable al ruido del tráfico detrás de una ventana con doble acristalamiento, una conversación animada o el sonido de una aspiradora en marcha.

Se calcula que aproximadamente la mitad de la población adulta del mundo ronca. Estas vibraciones anormales de la **faringe** pueden ser problemáticas, causar perjuicios sociales y afectar a las relaciones de pareja. En caso de obstrucción de las vías respiratorias, incluso son responsables de ciertas patologías como la **apnea del sueño**. ●

El canto de las dunas

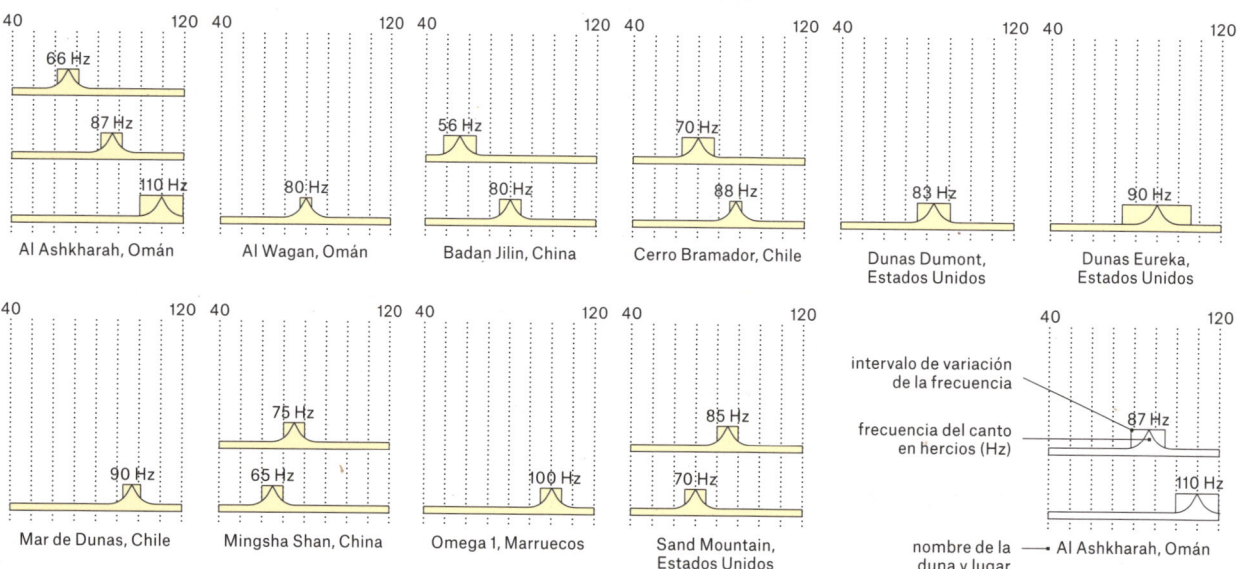

PRINCIPIO

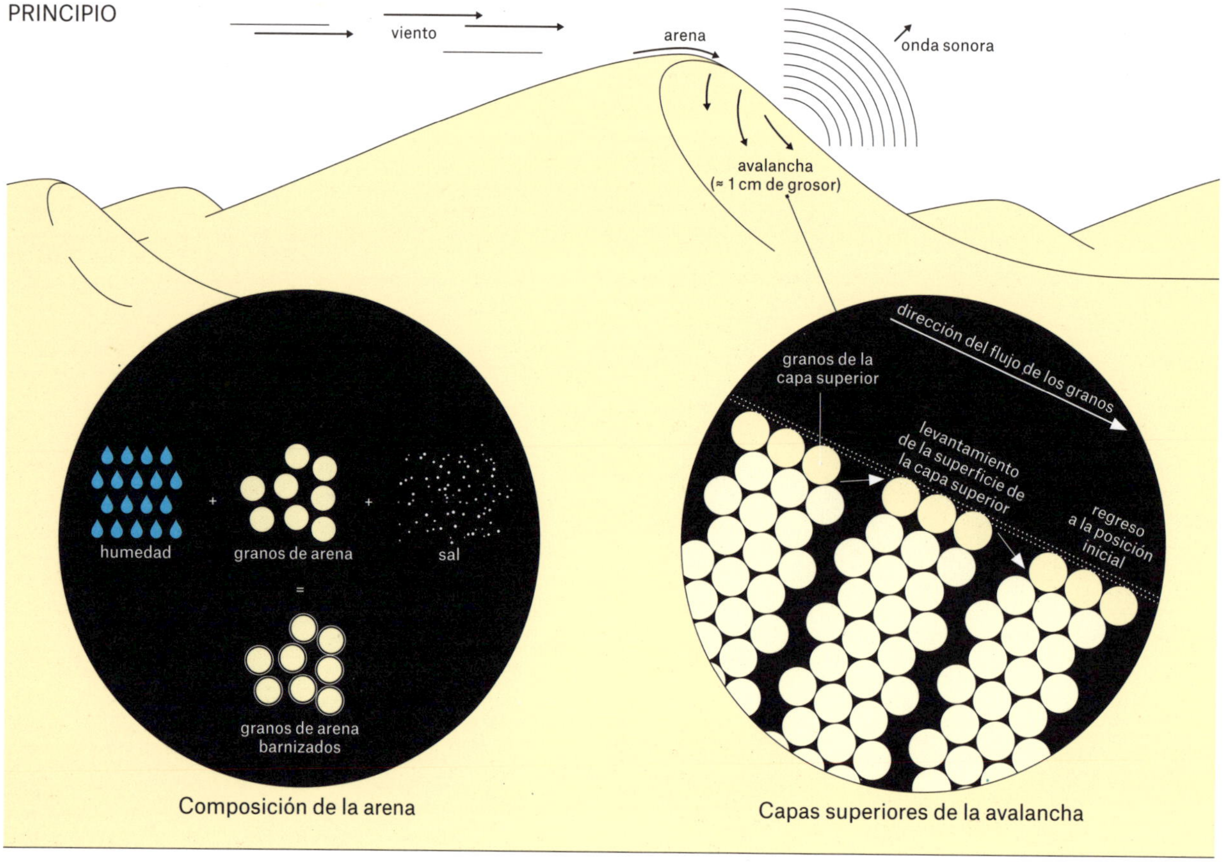

viento

arena

onda sonora

avalancha
(≈ 1 cm de grosor)

humedad + granos de arena + sal

=

granos de arena
barnizados

Composición de la arena

dirección del flujo de los granos

granos de la
capa superior

levantamiento
de la superficie de
la capa superior

regreso
a la posición
inicial

Capas superiores de la avalancha

FRECUENCIAS

Al Ashkharah, Omán — 66 Hz, 87 Hz, 110 Hz

Al Wagan, Omán — 80 Hz

Badan Jilin, China — 56 Hz, 80 Hz

Cerro Bramador, Chile — 70 Hz, 88 Hz

Dunas Dumont, Estados Unidos — 83 Hz

Dunas Eureka, Estados Unidos — 90 Hz

Mar de Dunas, Chile — 90 Hz

Mingsha Shan, China — 75 Hz, 65 Hz

Omega 1, Marruecos — 100 Hz

Sand Mountain, Estados Unidos — 85 Hz, 70 Hz

intervalo de variación
de la frecuencia — 87 Hz

frecuencia del canto
en hercios (Hz) — 110 Hz

nombre de la
duna y lugar — Al Ashkharah, Omán

EL ESTRUENDO DE algunas dunas «bramadoras» se denomina «canto de las dunas». Puede durar hasta 15 minutos y llegar a oírse a 10 km de distancia. Este misterioso fenómeno acústico fue descrito hace miles de años por los habitantes del desierto y, más tarde, por Marco Polo, que escribió sobre el desierto chino de Taklamakan: «Las arenas que cantan en ocasiones llenan el aire con los sonidos de todo tipo de instrumentos musicales, y también con el sonido de los tambores y el choque de las armas» (*El libro de las maravillas del mundo*, 1298). Hoy, estos cantos se analizan sobre el terreno y se modelan en el laboratorio. Los últimos trabajos sobre el tema atestiguan la existencia de entre 30 y 50 dunas de este tipo en la Tierra, cada una con una **frecuencia** de sonido y una **composición de arena** distintas. El «canto» lo inicia una **avalancha** provocada por el **viento**. A medida que fluyen, los **granos de la capa superior** realizan un **movimiento** periódico de salto sobre los **granos de la capa inferior**. Este movimiento vertical crea una vibración que, en contacto con el aire, está en el origen de la **onda sonora**. La composición de la arena también interviene en el canto de las dunas, en particular los niveles de **sal** y **humedad**, que crean un **barniz** sobre los granos de arena llamado «barniz del desierto». ●

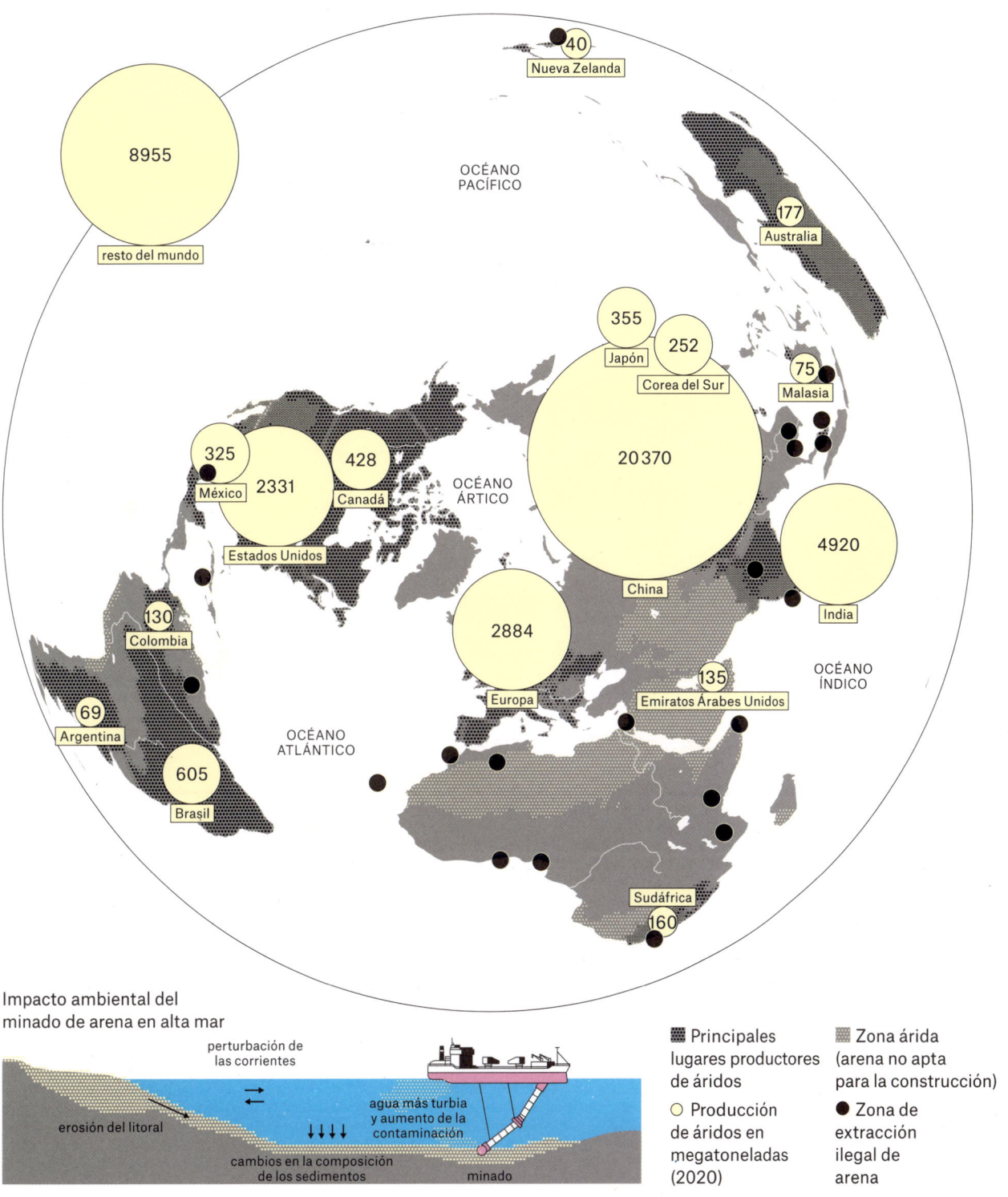

Nueva Zelanda 40

resto del mundo 8955

OCÉANO
PACÍFICO

Australia 177

Japón 355

Corea del Sur 252

Malasia 75

China 20 370

México 325

Estados Unidos 2331

Canadá 428

OCÉANO
ÁRTICO

India 4920

Colombia 130

Europa 2884

Emiratos Árabes Unidos 135

OCÉANO
ÍNDICO

Argentina 69

OCÉANO
ATLÁNTICO

Brasil 605

Sudáfrica 160

Impacto ambiental del minado de arena en alta mar

perturbación de las corrientes

erosión del litoral

agua más turbia y aumento de la contaminación

cambios en la composición de los sedimentos

minado

Principales lugares productores de áridos

○ Producción de áridos en megatoneladas (2020)

Zona árida (arena no apta para la construcción)

● Zona de extracción ilegal de arena

LA ARENA ES EL TERCER RECURSO más utilizado de la Tierra después del aire y el agua: 50 000 millones de toneladas al año. Su explotación, indispensable para la construcción de edificios y carreteras, y para la fabricación de numerosos productos cotidianos, no deja de aumentar a pesar de que se trata de un recurso cada vez más escaso. El material con mayor demanda es el **árido**, es decir, fragmentos de roca natural o triturada con un diámetro inferior a 125 mm. Sin embargo, este material aprovechable solo representa el 5 por ciento de la arena mundial: los granos de arena de las **zonas áridas**, por ejemplo, están excluidos porque son demasiado finos y lisos.

Para satisfacer la demanda, se **minan** los fondos marinos y se barren los lechos de los ríos con palas mecánicas. Estos métodos provocan la destrucción de hábitats acuáticos y aceleran inexorablemente el fenómeno de la **erosión de las costas**, con consecuencias nefastas para las aguas freáticas, la calidad del agua y las tierras agrícolas. A pesar de estos peligros, la necesidad de arena es tan grande que incluso se han creado mafias organizadas. Para sortear las prohibiciones y los discretos intentos de regulación, **extraen de manera ilegal** en al menos diez países, lo que incrementa el mercado negro. ●

Pieles de animales

FUNCIÓN	PLUMAS	PELO	ESCAMAS
Control de la temperatura	1. Petirrojo	5. Oso polar	9. Dragón barbudo
Atraer a una pareja sexual	2. Pavo real	6. Araña pavo real	10. Pez tropical
Mimetismo que presenta un riesgo para los depredadores	3. Cuco chikra	7. Guepardo joven	11. Falsa coral
Camuflaje	4. Perdiz nival	8. Armiño	12. Gecko cola de hoja

LOS TEGUMENTOS (piel, pelo, plumas, escamas) desempeñan una gran variedad de funciones en el reino animal. **1.** El **petirrojo** eriza sus plumas para aprovechar al máximo el aire caliente cerca de su cuerpo. **2.** Cuanto más largas son las plumas de la cola de un **pavo real** macho, más éxito tiene con las hembras. **3.** El plumaje del cuco chikra ha evolucionado hasta parecerse al del gavilán chikra. **4.** El plumaje marrón y gris de la **perdiz nival** se vuelve blanco con las primeras nevadas. **5.** El pelo blanco del oso polar le permite canalizar la energía solar hacia su piel negra. **6.** El macho de la **araña pavo real** luce unos colores iridiscentes en el abdomen que le ayudan a cortejar a la hembra. **7.** El largo pelaje del lomo del **guepardo joven** imita la piel del ratel, un animal agresivo que ahuyenta a los depredadores. **8.** El **armiño** se vuelve blanco cuando baja la temperatura. **9.** El **dragón barbudo** cambia el color de su piel para regular su temperatura corporal. **10.** Los vivos colores de los **peces tropicales** les permiten reconocerse dentro de la misma especie. **11.** La piel de la **falsa coral** imita los patrones de ciertas serpientes venenosas para engañar a sus depredadores. **12.** El cuerpo del **gecko cola de hoja** se asemeja a una hoja hasta el punto de reproducir las nervaduras. ●

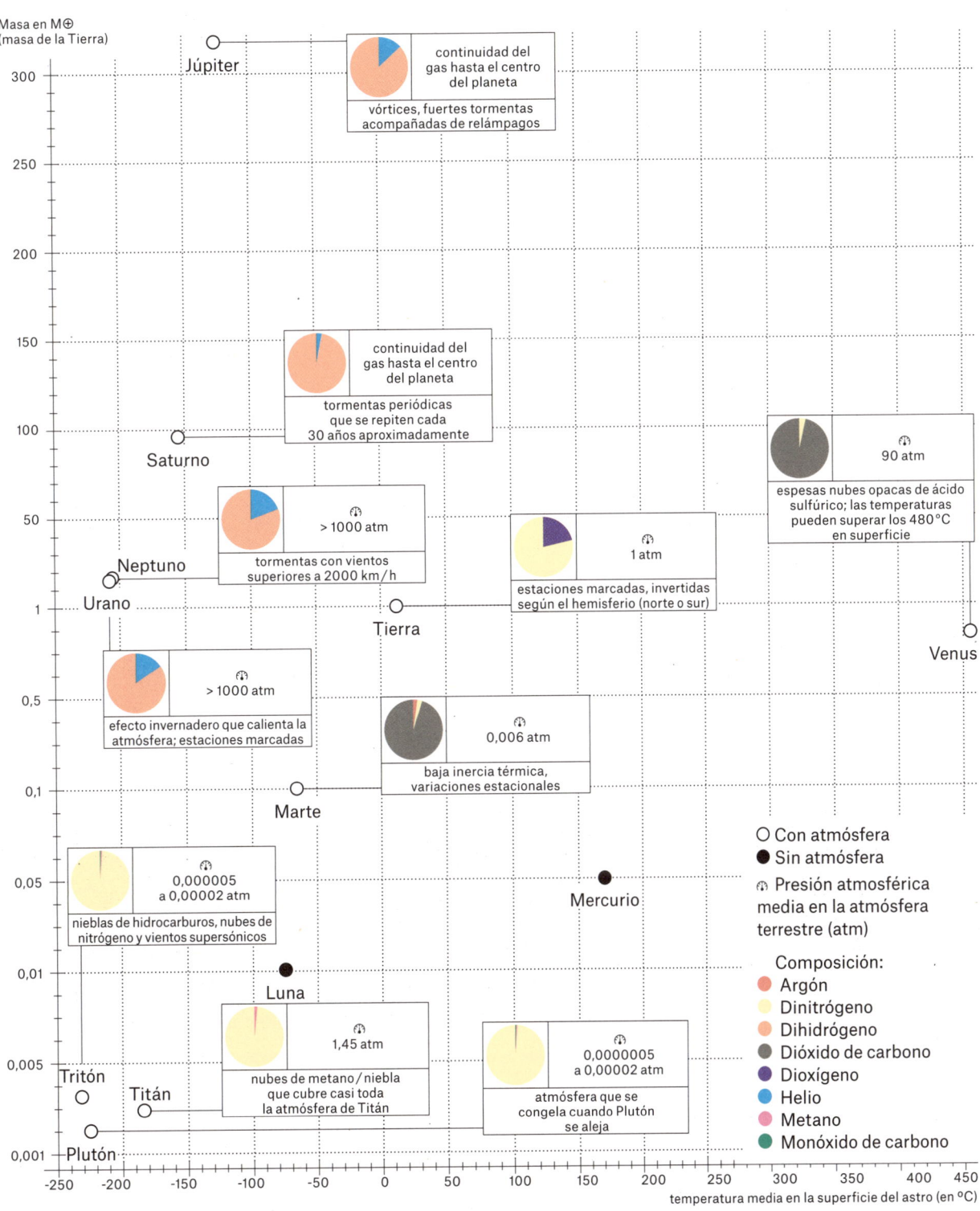

Masa en M⊕ (masa de la Tierra)

Júpiter — continuidad del gas hasta el centro del planeta. vórtices, fuertes tormentas acompañadas de relámpagos

Saturno — continuidad del gas hasta el centro del planeta. tormentas periódicas que se repiten cada 30 años aproximadamente

Neptuno — > 1000 atm. tormentas con vientos superiores a 2000 km/h

Urano — > 1000 atm. efecto invernadero que calienta la atmósfera; estaciones marcadas

Tierra — 1 atm. estaciones marcadas, invertidas según el hemisferio (norte o sur)

Venus — 90 atm. espesas nubes opacas de ácido sulfúrico; las temperaturas pueden superar los 480 °C en superficie

Marte — 0,006 atm. baja inercia térmica, variaciones estacionales

Mercurio

Titán — 0,000005 a 0,00002 atm. nieblas de hidrocarburos, nubes de nitrógeno y vientos supersónicos

Luna

Tritón — 1,45 atm. nubes de metano / niebla que cubre casi toda la atmósfera de Titán

Plutón — 0,0000005 a 0,00002 atm. atmósfera que se congela cuando Plutón se aleja

○ Con atmósfera
● Sin atmósfera
⌖ Presión atmosférica media en la atmósfera terrestre (atm)

Composición:
- Argón
- Dinitrógeno
- Dihidrógeno
- Dióxido de carbono
- Dioxígeno
- Helio
- Metano
- Monóxido de carbono

temperatura media en la superficie del astro (en °C)

CASI TODOS LOS PLANETAS del Sistema Solar y algunos de sus satélites tienen una atmósfera. **Mercurio** carece de ella y la atmósfera de la **Luna** es insignificante. Estas atmósferas se componen de gases y se mantienen gracias a la atracción gravitatoria. Formadas hace varios miles de millones de años por asteroides y cometas que chocaron contra la superficie de los astros, o por vulcanismo primitivo, su composición y presión evolucionan en función de la masa y la temperatura de la estrella, pero también gracias a aportes endógenos y exógenos de gas. Por ejemplo, en **Venus** (y en parte en **Marte**), el agua que probablemente estuvo presente en el pasado en forma líquida o gaseosa se ha transformado en hidrógeno y oxígeno. La distancia al Sol permite a los astros más lejanos, como **Titán, Tritón** y **Plutón**, mantener una atmósfera a pesar de su débil gravedad. La atmósfera terrestre, de unos 800 km de espesor, debe parte de su composición actual al desarrollo de la vida y a la acumulación de dioxígeno mediante la fotosíntesis. Protege a la **Tierra** de los vientos solares (→ lámina n.º 51) y de la radiación, permite respirar a los seres vivos, estabiliza la temperatura en unos 15 °C gracias al efecto invernadero y forma un escudo contra el impacto de meteoritos o residuos espaciales. ●

Comunicación entre árboles

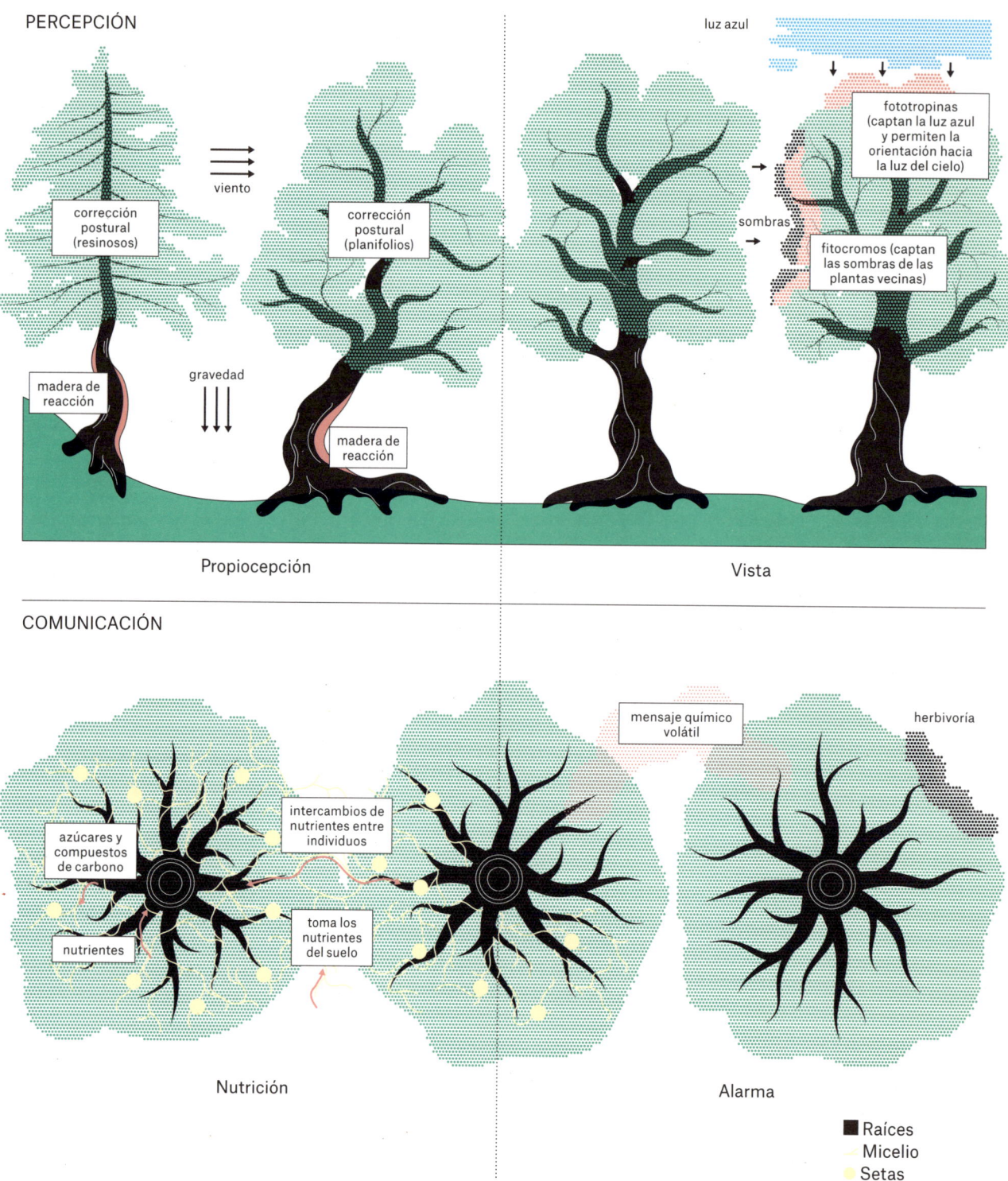

PERCEPCIÓN

luz azul

viento

corrección postural (resinosos)

corrección postural (planifolios)

fototropinas (captan la luz azul y permiten la orientación hacia la luz del cielo)

sombras

fitocromos (captan las sombras de las plantas vecinas)

madera de reacción

gravedad

madera de reacción

Propiocepción

Vista

COMUNICACIÓN

mensaje químico volátil

herbivoría

azúcares y compuestos de carbono

intercambios de nutrientes entre individuos

nutrientes

toma los nutrientes del suelo

Nutrición

Alarma

■ Raíces
Micelio
● Setas

LOS ÁRBOLES SON CAPACES DE «percibir» y «ver»: se comunican e interactúan con su entorno, lo que se traduce en movimientos más o menos visibles en escalas de tiempo breves. En el interior del tronco, las células del cámbium (o «corteza interior») perciben las presiones mecánicas del **viento** y la **gravedad**. Extendidas o acortadas, transmiten al tronco y a las raíces información sobre el crecimiento en diámetro y en altura. Los árboles expuestos al viento se «endurecen» y se curvan, como en el caso de los pinos marítimos. Los **fitocromos** permiten orientar las ramas y el follaje en función de la disponibilidad de **luz**, en relación con las sombras de las plantas circundantes. Estos mecanismos permiten a los árboles crecer «donde lo necesitan» y son esenciales para su supervivencia: sin ellos, ningún árbol sería lo que es.

Los árboles también son capaces de comunicar señales que provocan una respuesta en los individuos vecinos. Mediante el intercambio de nutrientes y carbono, las **raíces** y la red de **micelio** promueven o inhiben el crecimiento de determinados individuos. Los **mensajes químicos volátiles** emitidos al aire dan la **alarma** en caso de agresión (por ejemplo, cuando algún animal se come las hojas). ●

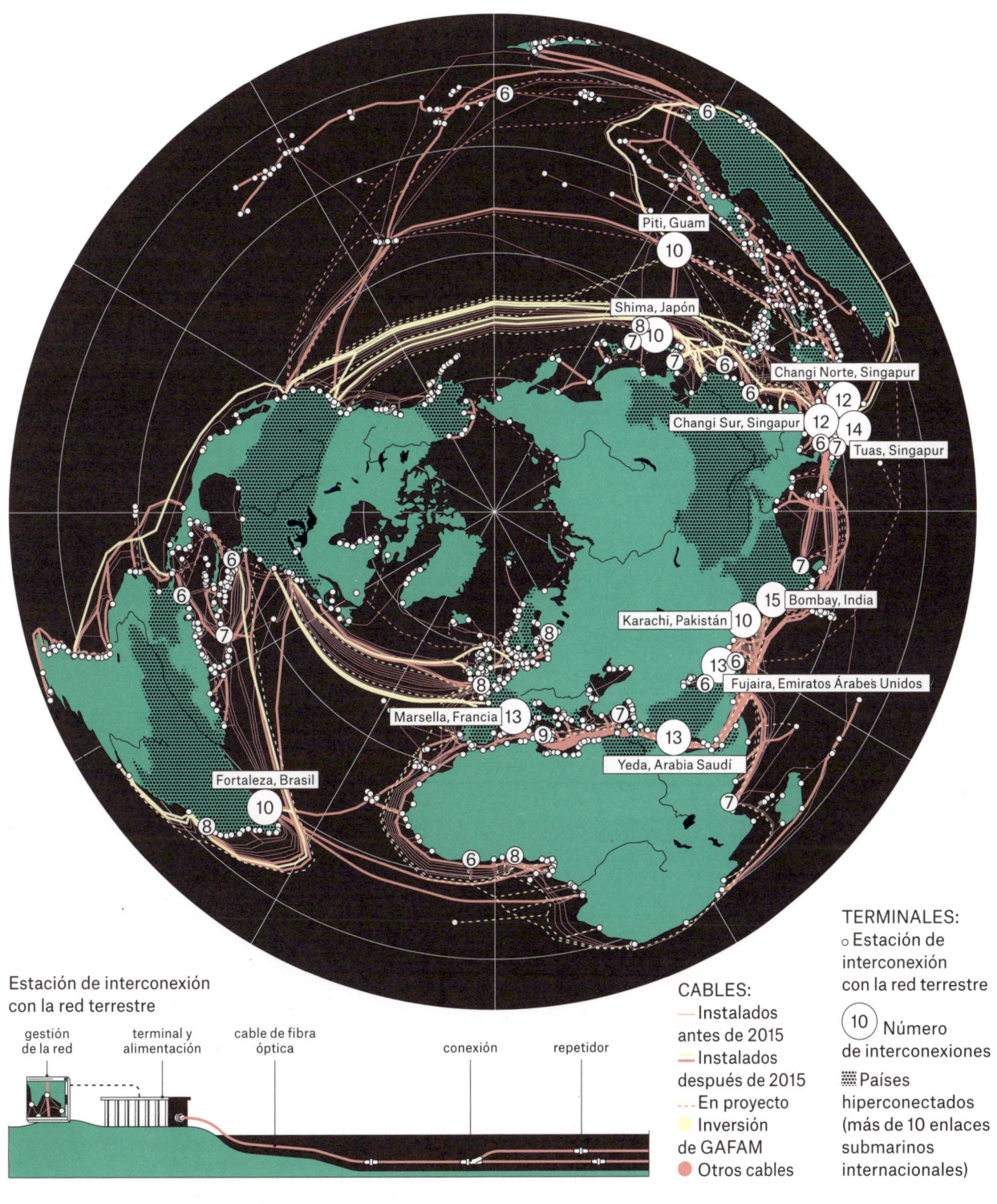

Piti, Guam — 10
Shima, Japón — 8, 7, 10
7
Changi Norte, Singapur — 12
Changi Sur, Singapur — 12, 14
6, 7 — Tuas, Singapur
Bombay, India — 15
Karachi, Pakistán — 10
13, 6
6 — Fujaira, Emiratos Árabes Unidos
Marsella, Francia — 13
Yeda, Arabia Saudí — 13
Fortaleza, Brasil — 10

Estación de interconexión con la red terrestre

gestión de la red | terminal y alimentación | cable de fibra óptica | conexión | repetidor

TERMINALES:
○ Estación de interconexión con la red terrestre

⑩ Número de interconexiones

▦ Países hiperconectados (más de 10 enlaces submarinos internacionales)

CABLES:
— Instalados antes de 2015
— Instalados después de 2015
--- En proyecto
— Inversión de GAFAM
● Otros cables

EL PRIMER CABLE TELEGRÁFICO submarino transatlántico unió la bahía de Foilhommerum (Irlanda) con la de Trinity (Canadá) en 1858. El primer mensaje se transmitió en 67 minutos, en lugar de los 10 días que se tardaba antes en enviarlo por barco entre Europa y Norteamérica. Desde entonces, el número de cables submarinos se ha multiplicado, y el uso de la **fibra óptica** ha provocado una explosión en la cantidad de información que se puede transmitir.

Estos cables submarinos transportan por el lecho marino las redes de internet, telefonía y televisión digital. En 2023, más de 500 cables de un diámetro aproximado de 69 milíme-

tros se extendían a lo largo de 1,4 millones de kilómetros y unían las **terminales**. Estas infraestructuras cruciales y frágiles pueden sufrir daños intencionados o accidentales (cables arrancados por las redes de arrastre de los barcos de pesca, por ejemplo) y provocar cortes con importantes consecuencias económicas e incluso geopolíticas. Además, la adquisición de líneas submarinas estratégicas por parte de algunas empresas privadas, como **GAFAM** (Google, Amazon, Facebook, Apple y Microsoft) en Estados Unidos, que les permite controlar las rutas de datos, es motivo de creciente preocupación. ●

Formación de las tormentas

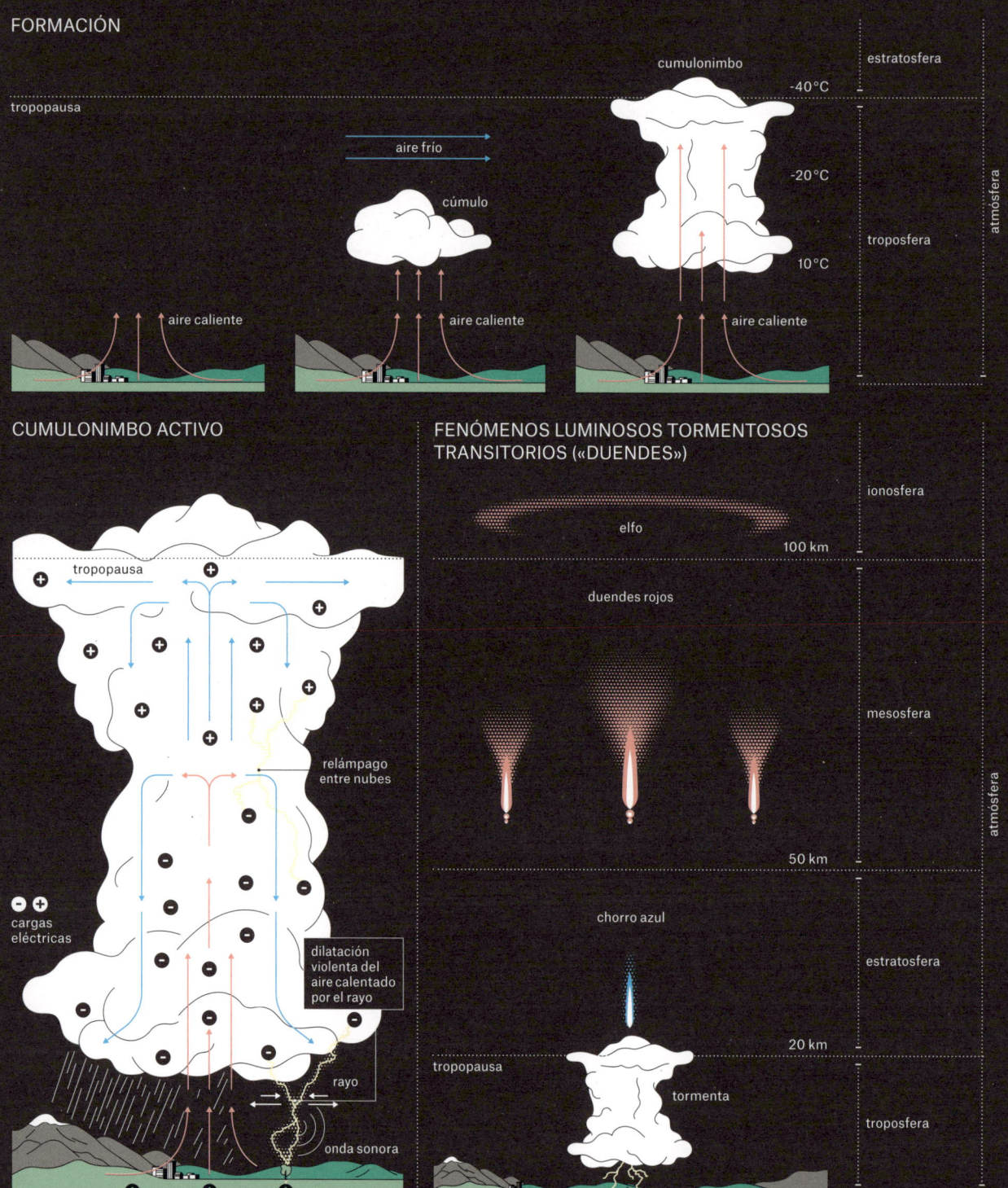

FORMACIÓN

estratosfera

cumulonimbo

−40°C

tropopausa

aire frío

−20°C

cúmulo

troposfera

10°C

aire caliente

aire caliente

aire caliente

atmósfera

CUMULONIMBO ACTIVO

FENÓMENOS LUMINOSOS TORMENTOSOS TRANSITORIOS («DUENDES»)

ionosfera

elfo

100 km

tropopausa

duendes rojos

mesosfera

relámpago entre nubes

cargas eléctricas

50 km

dilatación violenta del aire calentado por el rayo

chorro azul

estratosfera

20 km

rayo

tropopausa

tormenta

onda sonora

troposfera

atmósfera

LAS TORMENTAS SE FORMAN a partir de la inestabilidad atmosférica: un **cúmulo** es el resultado del encuentro entre el aire sobrecalentado en el suelo y el aire más frío en altitud. La nube gana en altura y las gotas de agua más altas se convierten en cristales de hielo. La nube se carga de **actividad eléctrica** y pasa a ser un **cumulonimbo**. Cuando está activo, provoca rayos, lluvia, granizo y, en ocasiones, tornados. El **rayo** es la manifestación de la electricidad atmosférica liberada: las cargas eléctricas presentes en el interior de la nube provocan la aparición de un relámpago que impacta contra el suelo, así como del trueno, la **onda sonora** del rayo que lle-

ga hasta nosotros unos segundos más tarde, ya que la velocidad del sonido es inferior a la de la luz. El tiempo transcurrido entre la percepción del rayo y la del trueno sirve para calcular la distancia que nos separa de la tormenta.

Los fenómenos luminosos transitorios asociados a las tormentas, llamados «**duendes**» y cuyos mecanismos todavía no se conocen bien, se fotografiaron por primera vez en 1989: los **chorros azules** surgen de la parte superior de la nube y pueden alcanzar los 60 km de altura; los **duendes rojos**, con forma de medusa, se producen durante las tormentas potentes y los **elfos** son discos luminosos de 500 km de diámetro. ●

TELARAÑA GEOMÉTRICA (ORBICULAR)

marco

radio

zona libre
centro

espiral no
pegajosa

espiral
pegajosa

Araneidae

Anatomía

centro vacío

centro lleno

Tetragnathidae

Theridiosomatidae

Tipos de centro

TELAS IRREGULARES

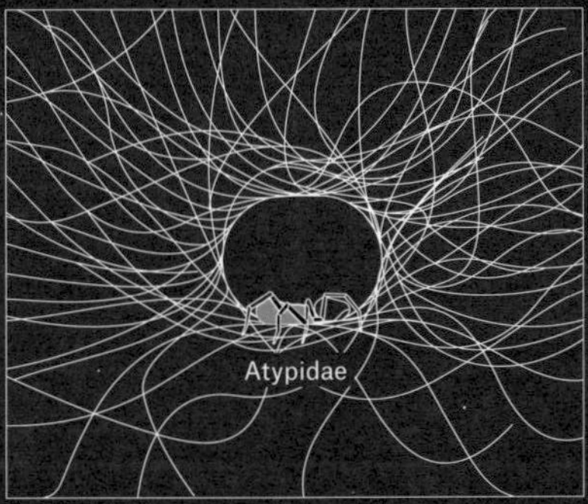

Atypidae

Trampa en tubo

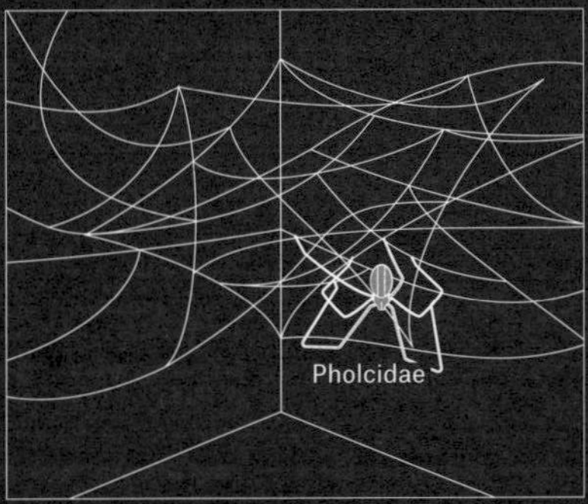

Pholcidae

Trampa de hilos dispersos

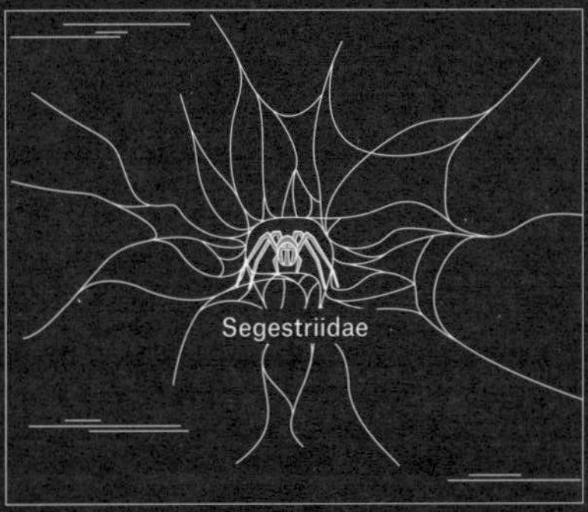

Segestriidae

Trampa en estrella

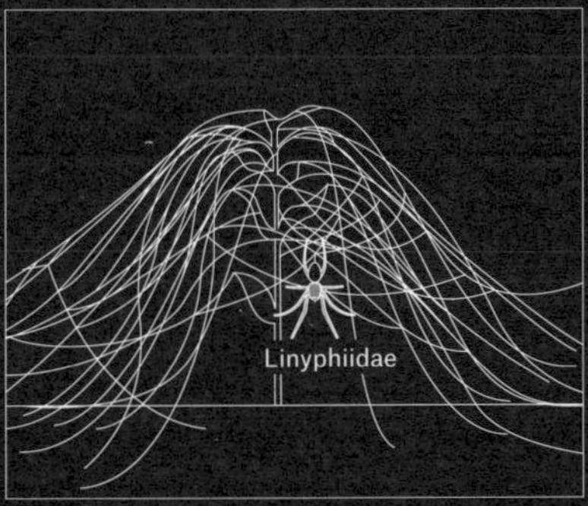

Linyphiidae

Trampa en cúpula

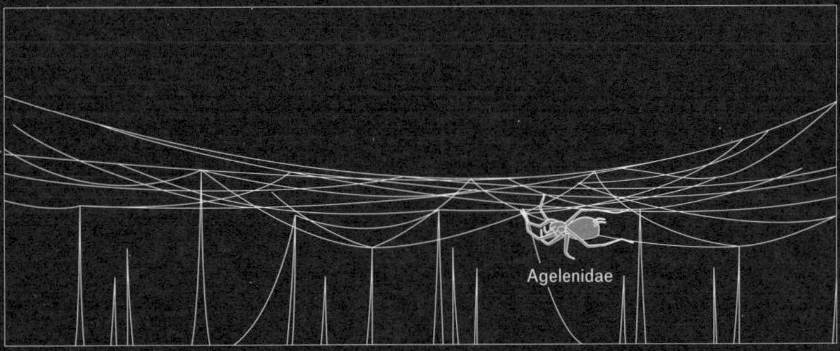

Agelenidae

Trampa en manto

YA ANTES DE LA ERA DE LOS DINOSAURIOS, las arañas fabricaban todo tipo de telarañas extremadamente resistentes. Estas contribuyen a regular la población de insectos, de los que se alimentan ávidamente (hasta 800 millones de toneladas cada año). La forma de estas telarañas, **geométricas** o **irregulares**, depende de la especie de araña, de las condiciones ambientales y de su función (trampa, protección...).

Estas telas se componen de hilos proteínicos que garantizan la resistencia y elasticidad del conjunto de la estructura, lo que da a las arañas su fama de constructoras. En el abdomen tienen varios tipos de glándulas que producen seda líquida, que circula en su organismo y se solidifica una vez expulsada al aire libre. En función de sus necesidades, las arañas son capaces de producir distintos tipos de hilo de seda (seis por término medio). Pueden fabricar un hilo rígido para tejer una telaraña, otro para los nudos, uno pegajoso para atrapar a sus presas, otro para apresarlas, un hilo para formar el capullo protector de sus huevos o incluso un hilo «de seguridad». Lanzado al aire por la araña, este último queda sujeto por los vientos y así evita que se caiga y se pierda. ●

Psicotrópicos naturales

1. Adormidera
Opiáceos

2. Mandrágora
Alcaloides

3. Cáñamo
Tetrahidrocannabiol (THC)

4. Coca
Cocaína

5. Sapo bufo
Bufotenina

6. Amanita matamoscas
Muscímol

7. Peyote
Mescalina

8. Salvia de los adivinos
Salvinorina A

9. Ayahuasca
Dimetiltriptamina (DMT)

NUMEROSOS PSICOTRÓPICOS (sustancias químicas capaces de alterar la función cerebral) se producen de forma natural. **1.** Las propiedades sedantes de la **adormidera**, una planta anual parecida a la amapola, ya se utilizaban en Mesopotamia 4000 años antes de nuestra era. **2.** En la Edad Media, se acusaba a las brujas de cubrirse el cuerpo con **mandrágora** para entrar en trance. **3.** El **cáñamo** fue una de las primeras plantas cultivadas por el hombre en el Neolítico. Más tarde se utilizó en ritos funerarios y de comunicación con los muertos. **4.** Los incas masticaban hojas de **coca** durante las ceremonias rituales. **5.** Secretada por la piel de ciertos sapos, la **bufotenina** se usa en la medicina tradicional china y en los rituales de vudú. **6.** Conocida por los mayas y los indios ojibwe, la **amanita matamoscas** apenas se utiliza como psicodélico debido a su toxicidad y a sus efectos imprevisibles. **7.** El **peyote** es un cactus alucinógeno consumido por los amerindios y chamanes de México. Provoca potentes destellos visuales. **8.** La **salvia de los adivinos** es una planta alucinógena todavía empleada por los mazatecos de México. **9.** La **ayahuasca**, una combinación de varias plantas, es una bebida considerada sagrada por los chamanes amazónicos. ●

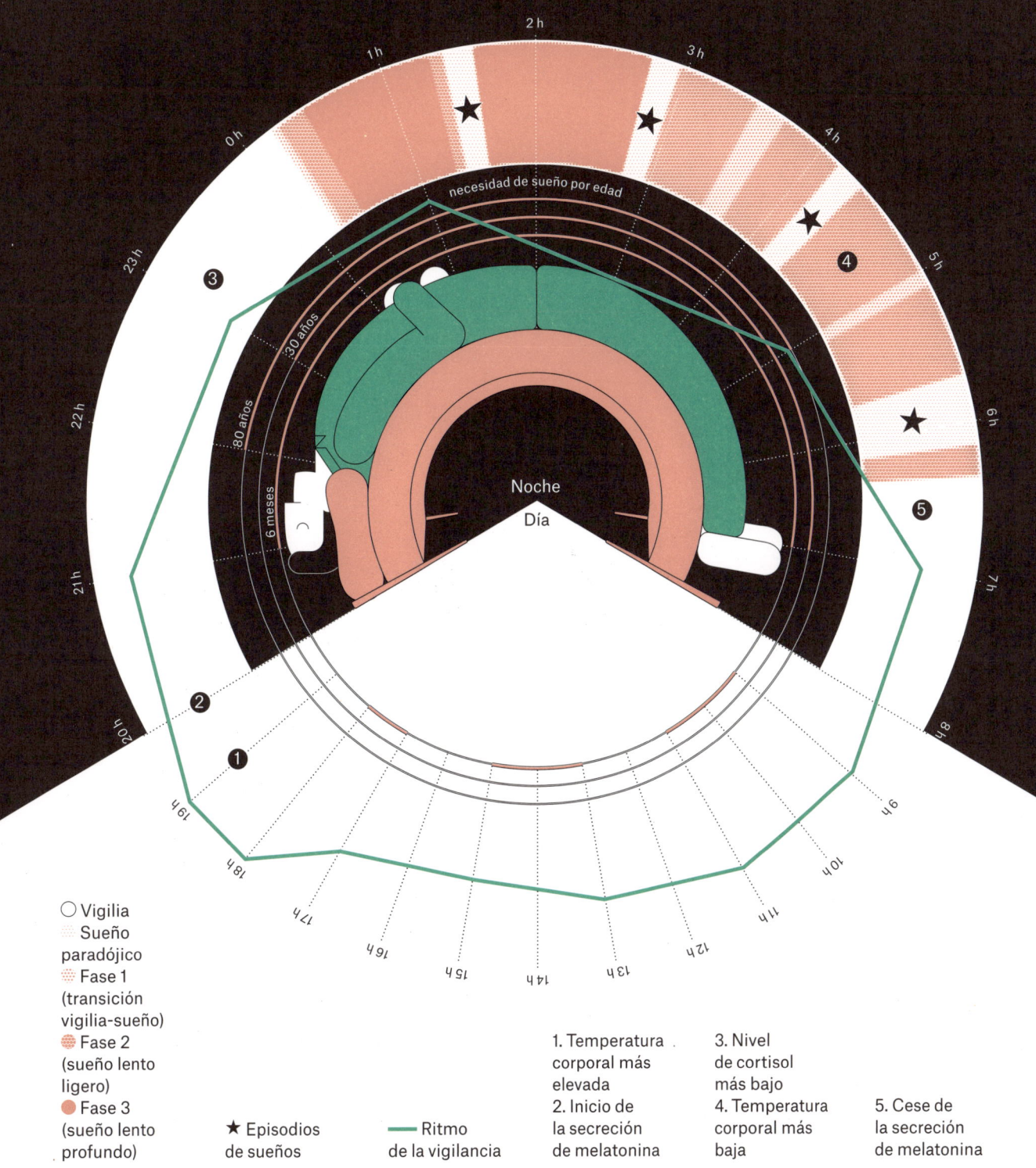

Leyenda:

○ Vigilia

▨ Sueño paradójico

▨ Fase 1 (transición vigilia-sueño)

▨ Fase 2 (sueño lento ligero)

● Fase 3 (sueño lento profundo)

★ Episodios de sueños

— Ritmo de la vigilancia

1. Temperatura corporal más elevada

2. Inicio de la secreción de melatonina

3. Nivel de cortisol más bajo

4. Temperatura corporal más baja

5. Cese de la secreción de melatonina

24 HORAS es la duración del ciclo sueño-vigilia en el ser humano y los animales diurnos, sincronizado con la alternancia del día y la noche y la luz natural. Está regulado en el cerebro, centro del sueño, por el reloj biológico circadiano. Los animales nocturnos, en cambio, tienen un ciclo invertido (→ lámina n.º 79).

Durante el sueño existe un ritmo ultradiano que corresponde a la alternancia entre el sueño **lento** (profundo y reparador) y el sueño **paradójico** (el de los **sueños** y la memoria). A continuación, el cuerpo pasa por diferentes **fases**: la **temperatura corporal** o la acción de hormonas como la **me-**

latonina o el **cortisol** definen el **ritmo de la vigilancia**. Cada noche, el cerebro se activa: sueños, memoria, estado hipnopómpico (semiconsciencia al despertar), e incluso sonambulismo o bruxismo (rechinar de dientes). También se produce la regeneración muscular, la desintoxicación cerebral y la activación del sistema inmunitario. La duración, la calidad y los horarios de sueño también dependen de la **edad** y de lo que haya ocurrido durante el día en términos de actividad física (deporte, consumo de alimentos y estimulantes), mental (actividad cognitiva, emociones...) y ambiental (temperatura, luz, ruido...). ●

Alcantarillado de París

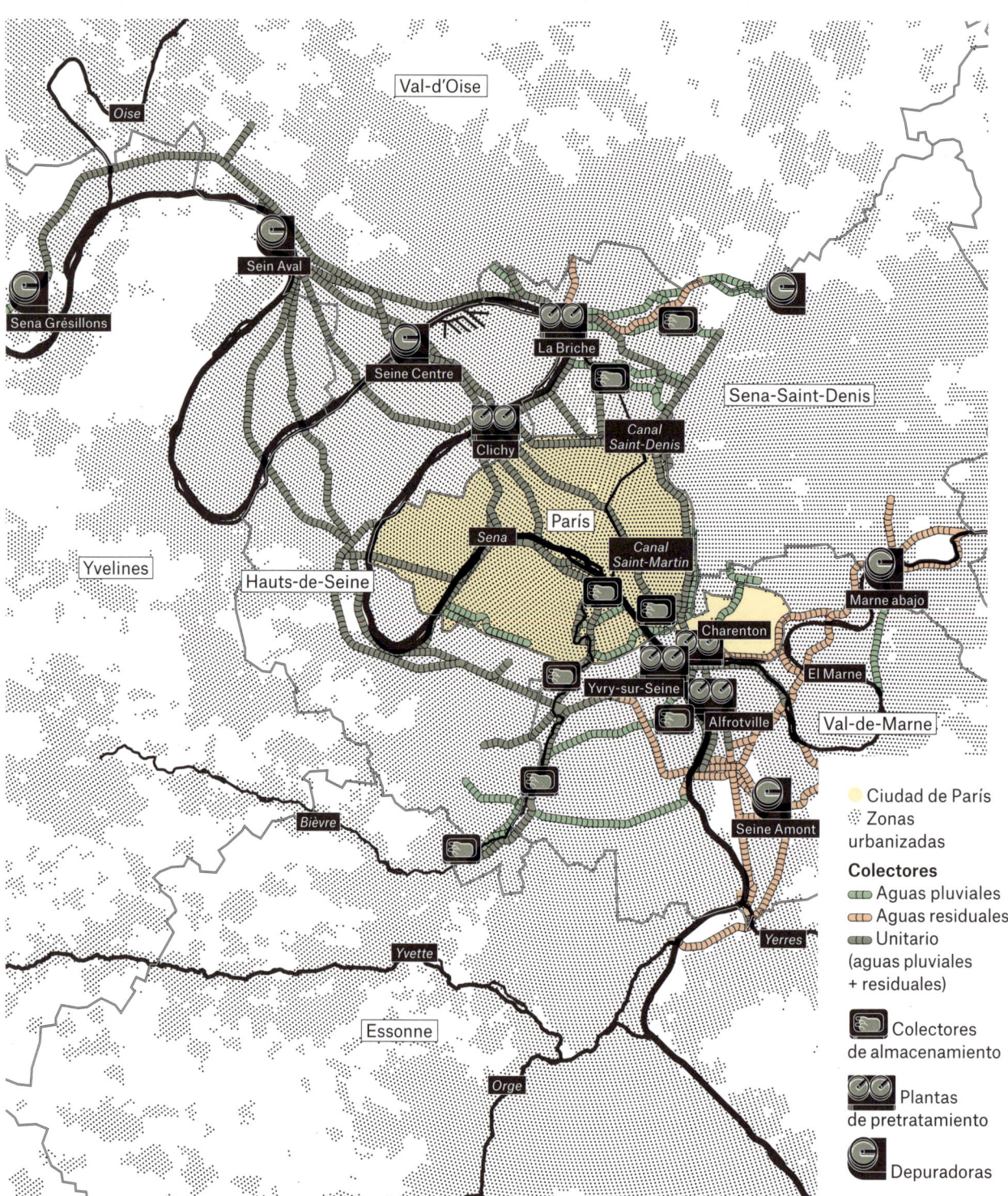

Val-d'Oise

Oise

Sein Aval

Sena Grésillons

Seine Centre

La Briche

Sena-Saint-Denis

Clichy

Canal Saint-Denis

París

Sena

Canal Saint-Martin

Yvelines

Hauts-de-Seine

Marne abajo

Charenton

El Marne

Yvry-sur-Seine

Val-de-Marne

Alfrotville

Bièvre

Seine Amont

Yerres

Essonne

Yvette

Orge

Ciudad de París
Zonas urbanizadas

Colectores
Aguas pluviales
Aguas residuales
Unitario (aguas pluviales + residuales)

Colectores de almacenamiento

Plantas de pretratamiento

Depuradoras

LAS REDES DE ALCANTARILLADO se utilizan desde el tercer milenio a. C. para drenar el agua de lluvia a fin de proteger a las ciudades de las inundaciones y, posteriormente, para verter las aguas residuales. Uno de los primeros sistemas de alcantarillado a gran escala fue el de París, ejemplo de la evolución urbanística surgida de las teorías higienistas que aparecieron en la Europa del siglo XIX a raíz de epidemias como la del cólera. Bajo el impulso del prefecto Haussmann se construyeron canalizaciones bajo todas las calles y se conectaron los edificios a ellas. París recoge las **aguas pluviales** y las **residuales** en una **red unitaria**, y no en un sistema de redes separadas. En 1930 se construyeron las primeras **depuradoras** en los ríos **Sena** y **Marne**, aguas **arriba** y **abajo** de la ciudad. La red actual, de 2600 km de longitud, funciona por gravedad, a través de **colectores**, y transporta cada día 2,3 millones de m³ de aguas residuales, que son tratadas y vertidas después al Sena. Estas aguas se clasifican según su grado de contaminación y peligrosidad: las «aguas grises» están ligeramente contaminadas; las «aguas negras», tóxicas y con materias fecales, deben ser tratadas. «Las alcantarillas son la conciencia de la ciudad. Todo converge hacia ellas, todo se enfrenta en ellas», Víctor Hugo, *Los miserables,* 1862. ●

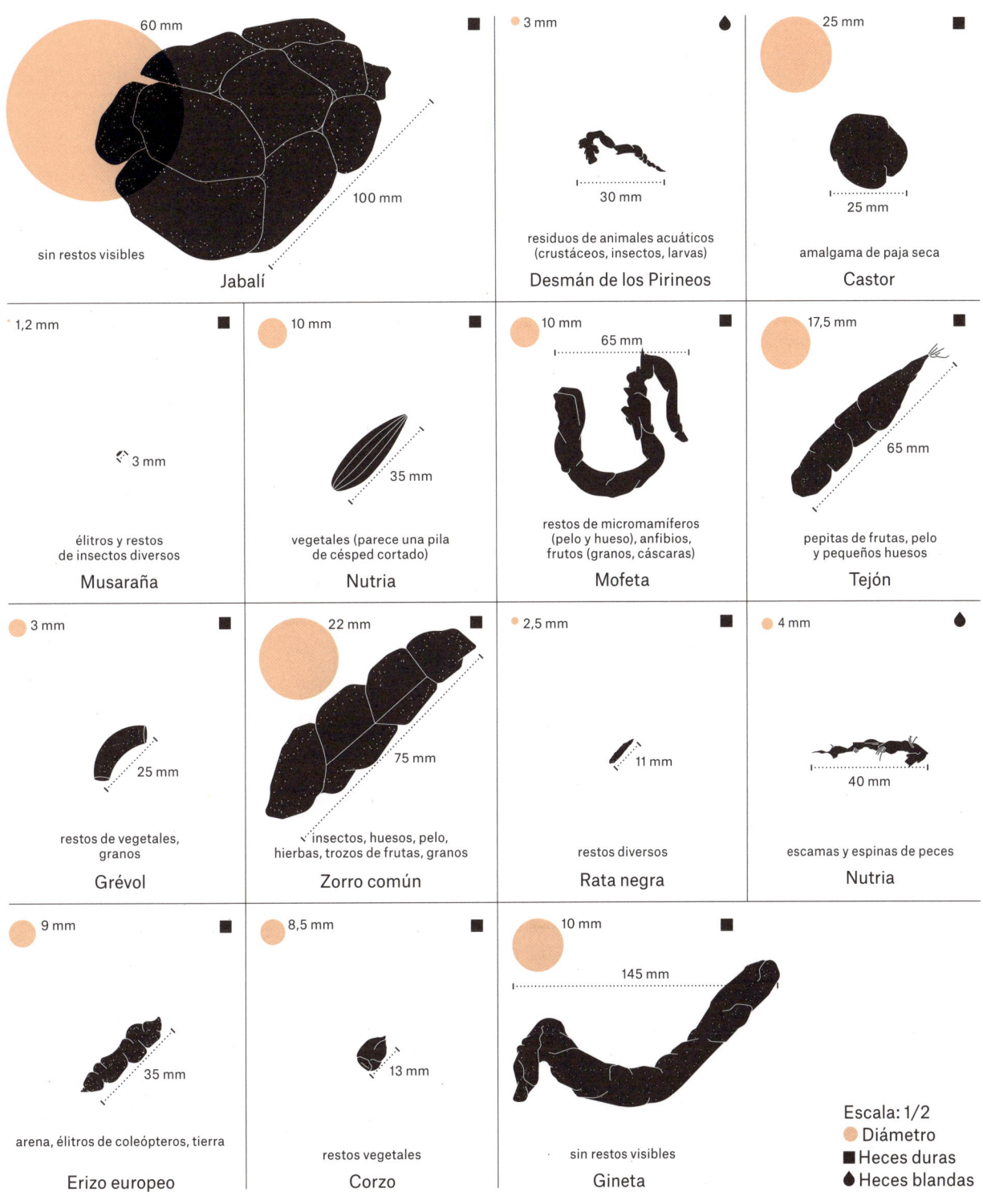

Jabalí — 60 mm / 100 mm — sin restos visibles

Desmán de los Pirineos — 3 mm / 30 mm — residuos de animales acuáticos (crustáceos, insectos, larvas)

Castor — 25 mm / 25 mm — amalgama de paja seca

Musaraña — 1,2 mm / 3 mm — élitros y restos de insectos diversos

Nutria — 10 mm / 35 mm — vegetales (parece una pila de césped cortado)

Mofeta — 10 mm / 65 mm — restos de micromamíferos (pelo y hueso), anfibios, frutos (granos, cáscaras)

Tejón — 17,5 mm / 65 mm — pepitas de frutas, pelo y pequeños huesos

Grévol — 3 mm / 25 mm — restos de vegetales, granos

Zorro común — 22 mm / 75 mm — insectos, huesos, pelo, hierbas, trozos de frutas, granos

Rata negra — 2,5 mm / 11 mm — restos diversos

Nutria — 4 mm / 40 mm — escamas y espinas de peces

Erizo europeo — 9 mm / 35 mm — arena, élitros de coleópteros, tierra

Corzo — 8,5 mm / 13 mm — restos vegetales

Gineta — 10 mm / 145 mm — sin restos visibles

Escala: 1/2
● Diámetro
■ Heces duras
◆ Heces blandas

COMO OCURRE CON LAS HUELLAS (→ lámina n.º 1), el **tamaño**, la **consistencia**, el color y la **forma** de las materias fecales pueden ayudar a determinar la identidad de un animal y proporcionan pruebas de su estado: podemos saber si ha estado sometido a estrés, si se encuentra en período de apareamiento, si es joven o si se halla al final de su vida. Testimonios directos de las dietas y sus variaciones, los excrementos sólidos permiten reconstruir los comportamientos (alimentarios, sociales, etcétera) de distintas especies.

La materia fecal también evidencia estrategias específicas de cada especie: los felinos la entierran para protegerse de los depredadores; los **zorros** la utilizan para marcar su territorio; algunos herbívoros, como los conejos, consumen los nutrientes que no han digerido por completo; los **tejones** construyen «retretes» cavando fosas poco profundas fuera de su territorio; las **nutrias** depositan sus excrementos en lugares estratégicos para señalar su presencia a sus congéneres. Por último, algunos insectos conocidos como «coprófagos», como las moscas, los escarabajos peloteros y las cucarachas, se alimentan de excrementos. ●

Pigmentos naturales

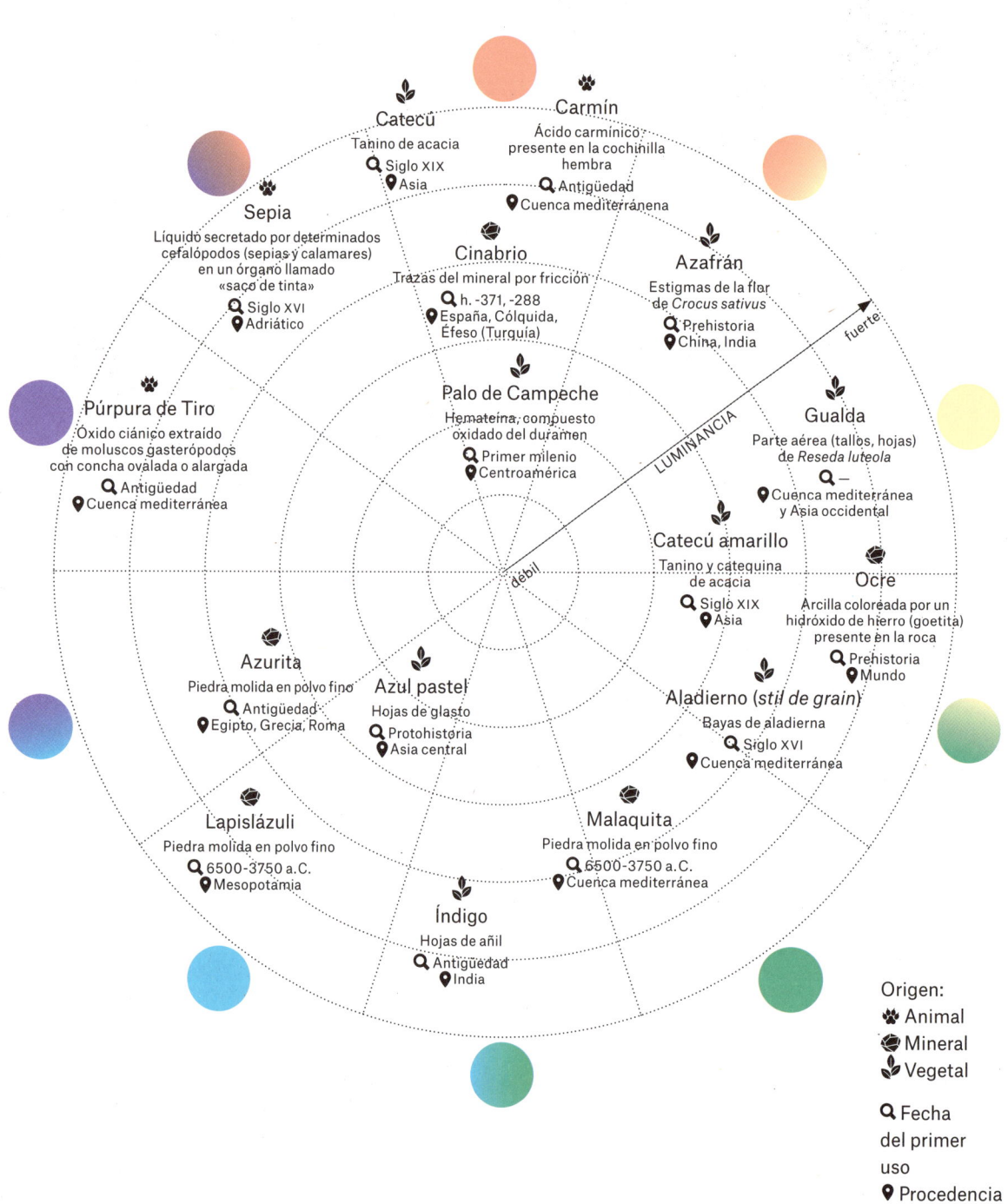

Catecú
Tanino de acacia
🔍 Siglo XIX
📍 Asia

Carmín
Ácido carmínico
presente en la cochinilla
hembra
🔍 Antigüedad
📍 Cuenca mediterránea

Sepia
Líquido secretado por determinados
cefalópodos (sepias y calamares)
en un órgano llamado
«saco de tinta»
🔍 Siglo XVI
📍 Adriático

Cinabrio
Trazas del mineral por fricción
🔍 h. -371, -288
📍 España, Cólquida,
Éfeso (Turquía)

Azafrán
Estigmas de la flor
de *Crocus sativus*
🔍 Prehistoria
📍 China, India

Púrpura de Tiro
Óxido ciánico extraído
de moluscos gasterópodos
con concha ovalada o alargada
🔍 Antigüedad
📍 Cuenca mediterránea

Palo de Campeche
Hemateína, compuesto
oxidado del duramen
🔍 Primer milenio
📍 Centroamérica

Gualda
Parte aérea (tallos, hojas)
de *Reseda luteola*
🔍 —
📍 Cuenca mediterránea
y Asia occidental

LUMINANCIA

fuerte

débil

Catecú amarillo
Tanino y catequina
de acacia
🔍 Siglo XIX
📍 Asia

Ocre
Arcilla coloreada por un
hidróxido de hierro (goetita)
presente en la roca
🔍 Prehistoria
📍 Mundo

Azurita
Piedra molida en polvo fino
🔍 Antigüedad
📍 Egipto, Grecia, Roma

Azul pastel
Hojas de glasto
🔍 Protohistoria
📍 Asia central

Aladierno (*stil de grain*)
Bayas de aladierna
🔍 Siglo XVI
📍 Cuenca mediterránea

Lapislázuli
Piedra molida en polvo fino
🔍 6500-3750 a.C.
📍 Mesopotamia

Malaquita
Piedra molida en polvo fino
🔍 6500-3750 a.C.
📍 Cuenca mediterránea

Índigo
Hojas de añil
🔍 Antigüedad
📍 India

Origen:
🐾 Animal
🪨 Mineral
🌿 Vegetal

🔍 Fecha
del primer
uso
📍 Procedencia

LA HUMANIDAD UTILIZA PIGMENTOS (polvos colorantes elaborados a partir de minerales, plantas o animales) desde la prehistoria. La finura y la forma de sus granos (esferoidales, laminares, en forma de aguja o sin forma definida) influyen en su poder colorante. El **ocre**, derivado de la arcilla, fue el primer pigmento utilizado en las pinturas rupestres. El **carmín**, por su parte, procede de la molienda de cochinillas, insectos de la familia de los coleópteros. Este método se utiliza desde hace miles de años en Sudamérica y Europa. El **catecú**, extraído de la acacia, aporta un pigmento marrón rojizo y un tinte caqui; se utilizó en la segunda mitad del siglo XIX para redes de pesca y velas de barcos en Europa y Extremo Oriente, dándoles su color marrón rojizo. Los cefalópodos segregan la **sepia** (tinta) con un órgano llamado «saco de tinta». La parte glandular de ese órgano produce el pigmento, mientras que otra parte forma la tinta, que estos animales utilizan como medio de defensa y que los humanos empleamos en la cocina o en el arte como colorante negro. En la actualidad, la mayoría de los pigmentos se sintetizan en el laboratorio. ●

DISTANCIA DEL HORIZONTE

$$d = \sqrt{(2\,h\,R + h^2)}$$

d = distancia del horizonte

R = radio de la Tierra (6371 km)

h = altura del observador

APLANAMIENTO DEL SOL PONIENTE

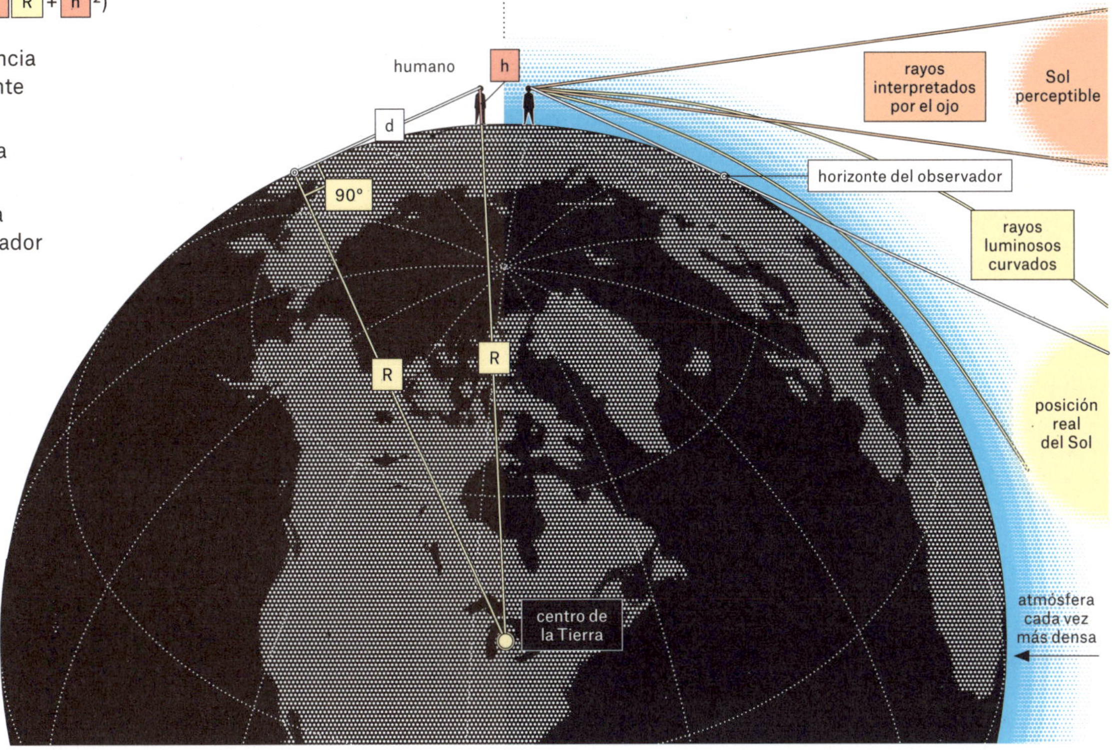

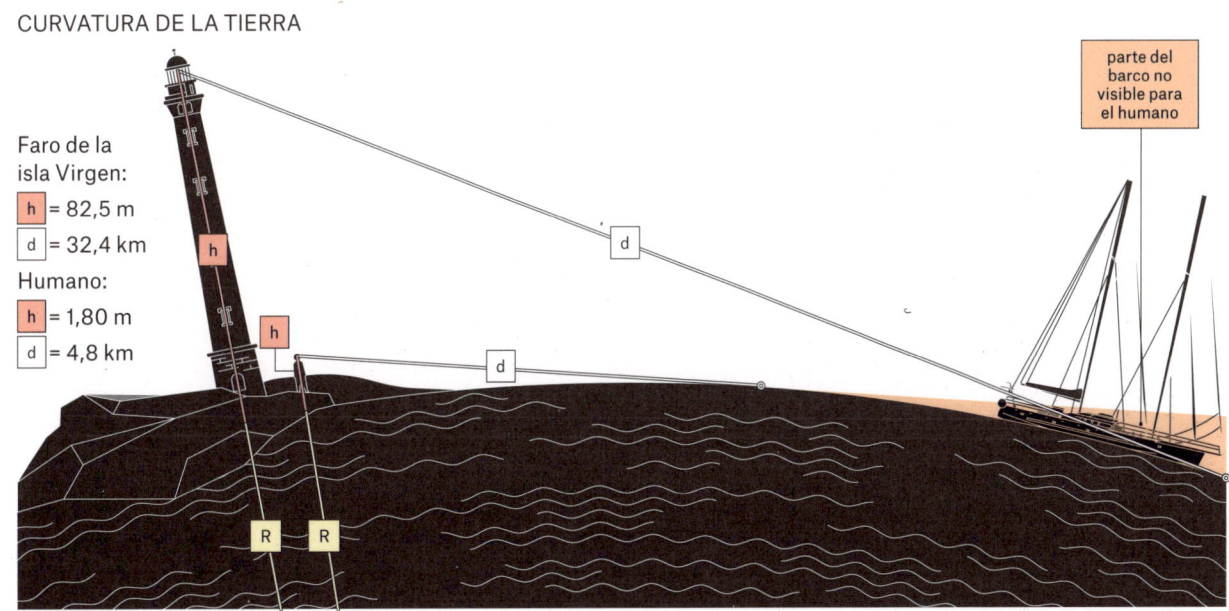

humano

h

rayos interpretados por el ojo

Sol perceptible

horizonte del observador

rayos luminosos curvados

posición real del Sol

atmósfera cada vez más densa

90°

d

R

R

centro de la Tierra

CURVATURA DE LA TIERRA

parte del barco no visible para el humano

Faro de la isla Virgen:

h = 82,5 m

d = 32,4 km

Humano:

h = 1,80 m

d = 4,8 km

h

h

h

d

d

R R

EL HORIZONTE, LA LÍNEA de demarcación entre el cielo y la tierra, o entre el cielo y el mar, es un lugar de unión y desaparición, el límite físico de nuestra percepción visual. Nos permite percibir la **curvatura de la Tierra**, sobre todo desde la cima de una montaña. Cuanto más **alto** se encuentra el **observador**, más lejos está el horizonte y más fácil resulta apreciar que la Tierra es redonda. Esta curvatura es imposible de contemplar a baja altura, ya que la distancia del horizonte perceptible es demasiado pequeña para hacerla visible. Sin embargo, se puede demostrar. Frente al océano, por ejemplo, el fenómeno del «descenso» del horizonte provoca una sensación visual de pendiente descendente hacia mar abierto: desde la costa, todavía es posible ver a lo lejos el mástil de un **barco**, pero no su casco. Por este motivo, los puestos de observación esenciales para la vigilancia costera, como los **faros**, se encuentran a gran altura.

A medida que el **Sol** desciende hacia el horizonte, los rayos de luz atraviesan una capa de aire cada vez más densa y entonces se curvan: es el fenómeno de la refracción. Nosotros vemos la puesta de sol, pero en realidad ya está por debajo del horizonte y parece aplanado. ●

La nube de Oort

DEPÓSITOS DE COMETAS

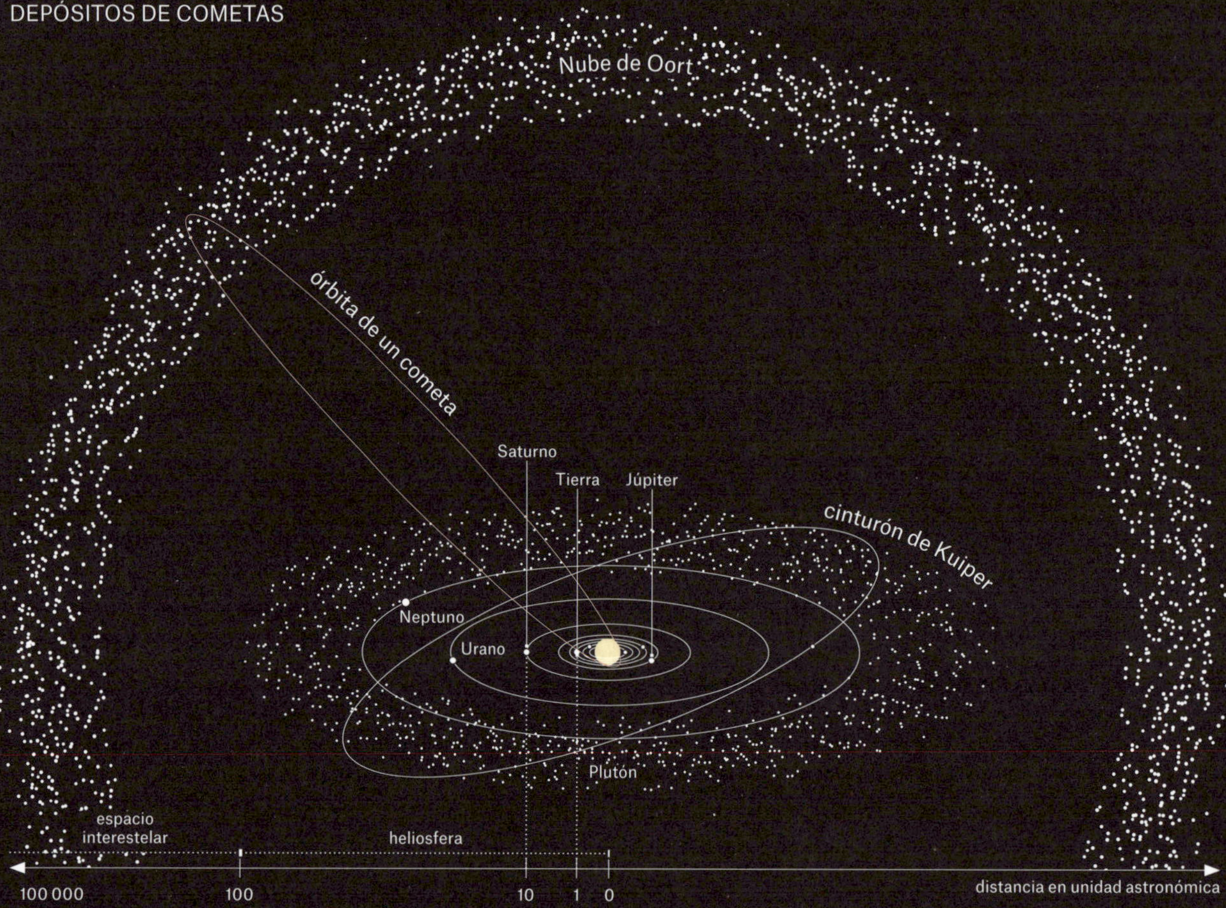

Nube de Oort

órbita de un cometa

Saturno

Tierra · Júpiter

cinturón de Kuiper

Neptuno

Urano

Plutón

espacio interestelar · heliosfera

distancia en unidad astronómica

100 000 · 100 · 10 · 1 · 0

DESARROLLO DE UN COMETA

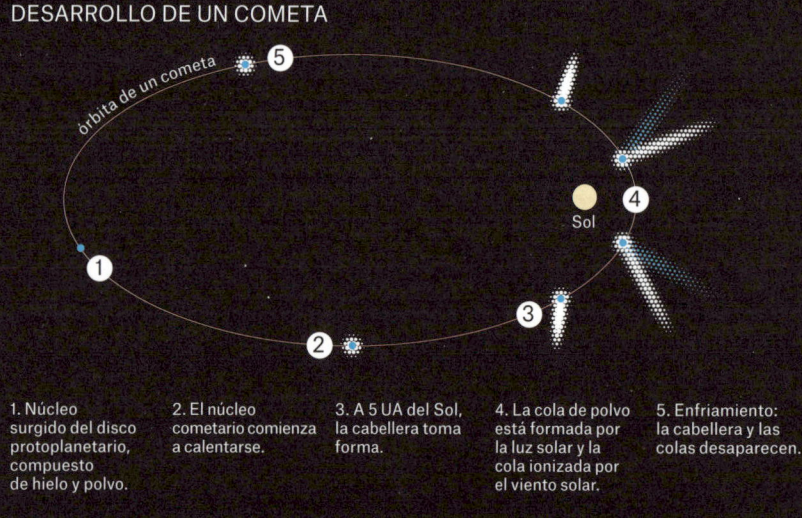

órbita de un cometa

5

1

2

3

4

Sol

1. Núcleo surgido del disco protoplanetario, compuesto de hielo y polvo.

2. El núcleo cometario comienza a calentarse.

3. A 5 UA del Sol, la cabellera toma forma.

4. La cola de polvo está formada por la luz solar y la cola ionizada por el viento solar.

5. Enfriamiento: la cabellera y las colas desaparecen.

ANATOMÍA DE UN COMETA

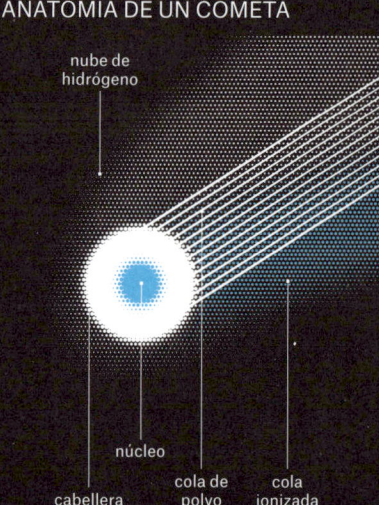

nube de hidrógeno

núcleo

cabellera

cola de polvo

cola ionizada

LOS COMETAS, DIMINUTOS cuerpos celestes, están compuestos por un **núcleo de hielo**, de una atmósfera brillante llamada «**cabellera**» y de una **cola de polvo y gas ionizado**. En el Sistema Solar, proceden de dos «depósitos»: el **cinturón de Kuiper** y la **nube de Oort**. Situado más allá de la órbita de **Neptuno**, el cinturón de Kuiper contiene pequeños cuerpos, restos de la formación del Sistema Solar, 20 veces más anchos y de 20 a 200 veces más grandes que los del cinturón de asteroides. No se han realizado observaciones directas de la **nube de Oort**, pero los cálculos de las **órbitas de los cometas** (durante las cuales adquieren, y después pierden, la cabellera y la cola) sugieren que existe un inmenso complejo de **núcleos** cometarios situado en el borde del Sistema Solar, a 100 000 UA (unidad astronómica correspondiente a la distancia entre la **Tierra** y el **Sol**) de la Tierra, mucho más allá de las órbitas de los planetas. En su interior, varios miles de millones de núcleos cometarios son los restos del disco que rodeaba al Sol en el momento de su formación hace 4600 millones de años (→ lámina n.º 29). Al ser perturbados por otras estrellas, estos núcleos serían expulsados hacia el interior de nuestro Sistema Solar para formar los cometas que observamos. ●

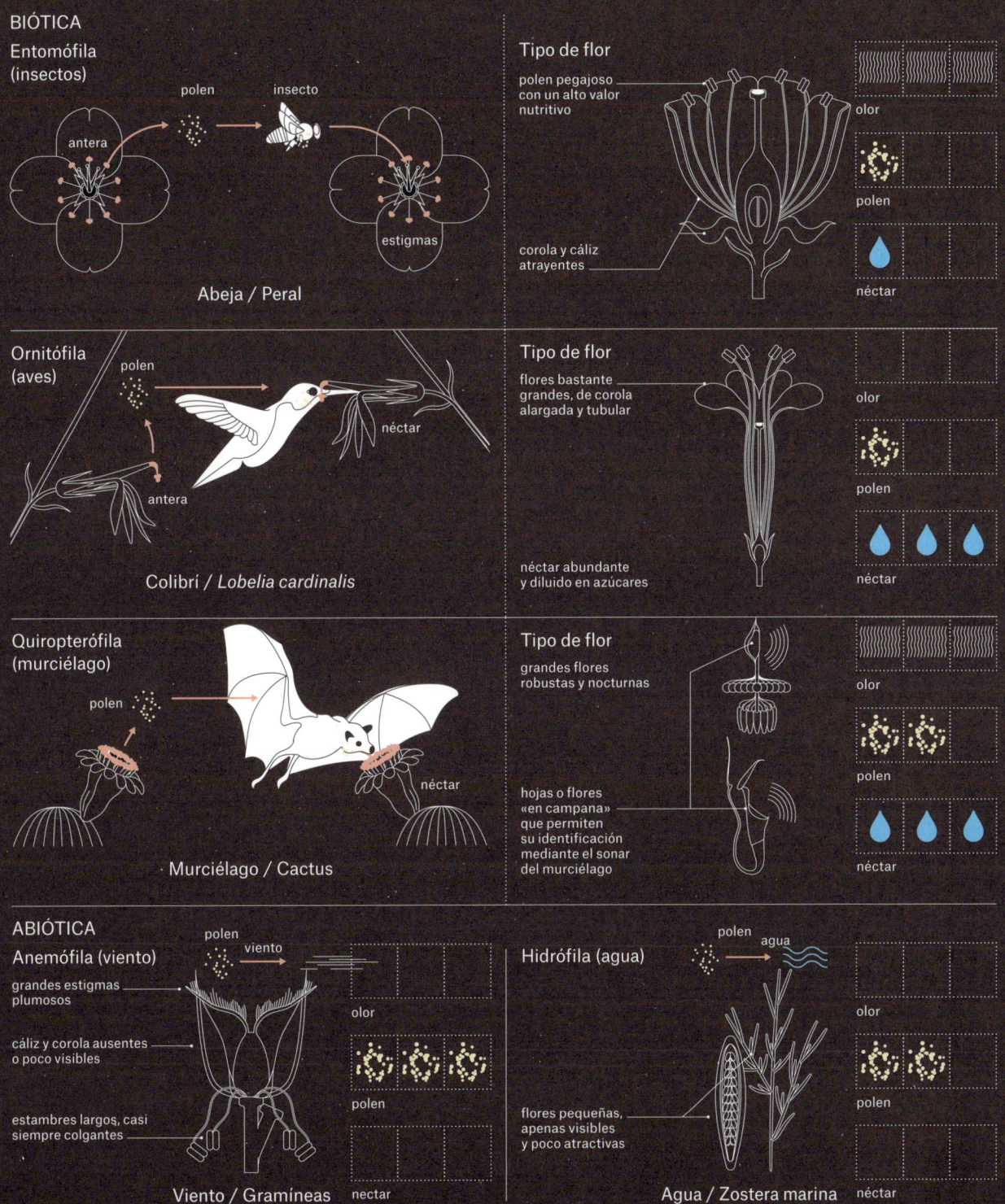

BIÓTICA

Entomófila (insectos)

polen — insecto — antera — estigmas

Abeja / Peral

Tipo de flor

polen pegajoso con un alto valor nutritivo

corola y cáliz atrayentes

olor · polen · néctar

Ornitófila (aves)

polen — néctar — antera

Colibrí / *Lobelia cardinalis*

Tipo de flor

flores bastante grandes, de corola alargada y tubular

néctar abundante y diluido en azúcares

olor · polen · néctar

Quiropterófila (murciélago)

polen — néctar

Murciélago / Cactus

Tipo de flor

grandes flores robustas y nocturnas

hojas o flores «en campana» que permiten su identificación mediante el sonar del murciélago

olor · polen · néctar

ABIÓTICA

Anemófila (viento)

polen — viento

grandes estigmas plumosos

cáliz y corola ausentes o poco visibles

estambres largos, casi siempre colgantes

Viento / Gramíneas

olor · polen · nectar

Hidrófila (agua)

polen — agua

flores pequeñas, apenas visibles y poco atractivas

Agua / Zostera marina

olor · polen · néctar

FORMADO POR MINÚSCULOS GRANOS de 10 a 150 micras de diámetro, el polen de las plantas con semilla está contenido en el extremo de los estambres, la **antera**. Es el elemento móvil que permite la fecundación del pistilo, el aparato reproductor femenino que termina en el **estigma,** de una flor vecina. Al ser inmóviles, las plantas han desarrollado estrategias reproductivas en las que intervienen especies animales (**polinización biótica**) y otros vectores naturales como el **viento** o el **agua** (**polinización abiótica**). La morfología de la **flor**, su **olor** y la cantidad de **polen** y de **néctar** se adaptan a estas estrategias diversas. Por ejemplo, a las **abejas** les atraen las flores azules y amarillas, pero no las rojas. Las flores rojas tubulares con néctar abundante resultan más atractivas para las **aves**. Los **murciélagos**, animales nocturnos (→ lámina n.º 79), encuentran más fácilmente las flores blancas en la oscuridad. Estas estrategias generales son las más frecuentes, pero existen numerosas interacciones entre plantas y polinizadores que no responden a ellas. Las interacciones entre plantas y animales evolucionan así hacia una relación mutualista: las plantas alimentan a los polinizadores con su néctar (azúcares) y polen (proteínas); a cambio, los polinizadores transportan el polen hasta otra planta

LECHUZA

orejas

bárbulas

Visión
Gran agudeza visual
y visión binocular que
le permite apreciar
mejor las distancias,
los relieves y los
movimientos. Puede
girar la cabeza 270 °.

**Vuelo y
desplazamientos
silenciosos**
Las plumas
de las alas tienen
pequeñas bárbulas
aterciopeladas y
las garras cuentan con
almohadillas gruesas.

almohadillas

Oído
Posición asimétrica
de las orejas
(la derecha más alta
que la izquierda) que
le permite situarse por
triangulación. Ondas
sonoras amplificadas
por la forma del disco
facial.

disco
facial

270°

ANACONDA

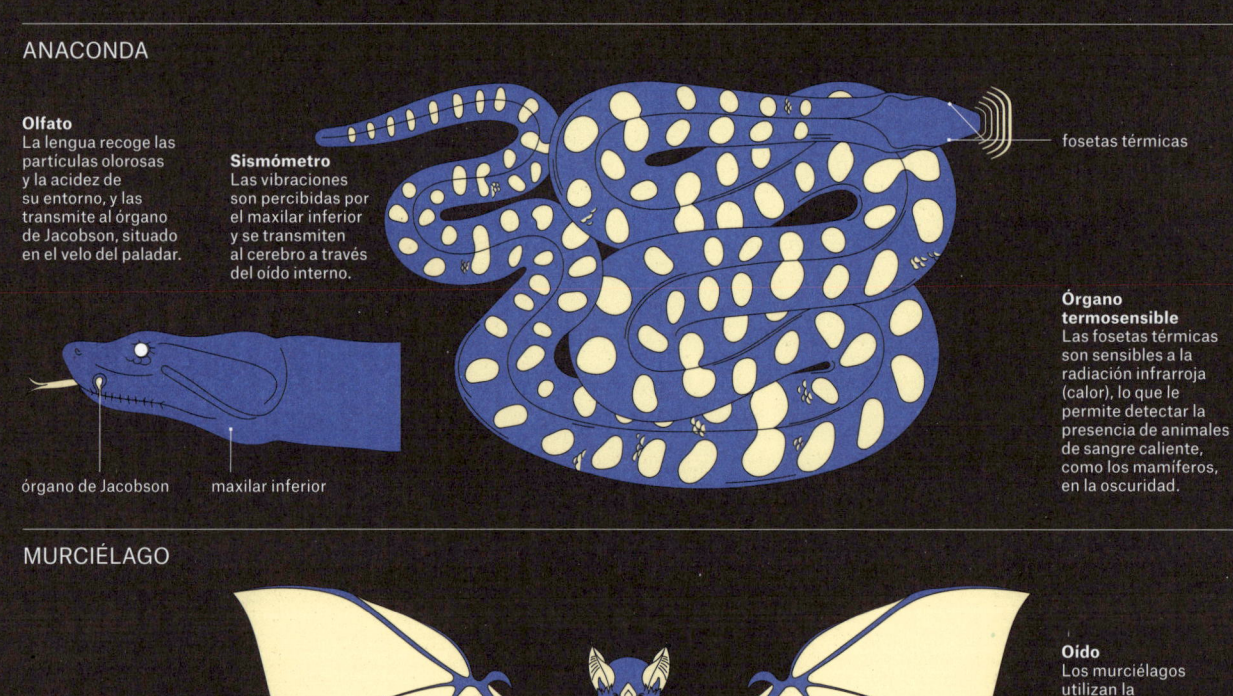

Olfato
La lengua recoge las
partículas olorosas
y la acidez de
su entorno, y las
transmite al órgano
de Jacobson, situado
en el velo del paladar.

Sismómetro
Las vibraciones
son percibidas
por el maxilar inferior
y se transmiten
al cerebro a través
del oído interno.

fosetas térmicas

**Órgano
termosensible**
Las fosetas térmicas
son sensibles a la
radiación infrarroja
(calor), lo que le
permite detectar la
presencia de animales
de sangre caliente,
como los mamíferos,
en la oscuridad.

órgano de Jacobson   maxilar inferior

MURCIÉLAGO

Olfato
Se halla muy presente
en las estrategias
reproductivas, ya
que la producción de
saliva, excrementos,
orina, esperma y
costras forma parte
de los sistemas
utilizados para atraer
a una pareja. Este
sentido permite a las
crías reconocer a su
madre en la colonia.

Oído
Los murciélagos
utilizan la
ecolocalización:
emiten ultrasonidos
a través de sus
cuerdas vocales,
lo que les permite
orientarse por
la noche, cazar y
apreciar distancias,
volúmenes y texturas.

ecolocalización

VIVIR DE NOCHE conlleva ciertas ventajas evolutivas, como la posibilidad de escapar de los depredadores, limitar la competencia por los recursos con las especies diurnas o aprovechar las temperaturas más suaves. Para adaptarse a la oscuridad, los animales nocturnos han desarrollado características especiales para sobrevivir, orientarse, cazar o detectar peligros. Su **visión** nocturna es mucho mejor que la de los seres humanos. Algunas cuentan con una sensibilidad a la **radiación infrarroja** que les permite detectar el calor para identificar y localizar a sus presas. Un agudo sentido del **oído** y el **olfato** les ayuda a detectar movimientos apenas perceptibles.

En la actualidad, muchas especies nocturnas se ven amenazadas por la contaminación lumínica (→ lámina n.º 58) que, entre otras cosas, provoca una disminución de su hábitat y de sus zonas de caza.

Debemos distinguir entre los animales estrictamente nocturnos y los crepusculares (como los gatos y numerosos insectos), que salen antes del amanecer y al anochecer. ●

1. Ba
Antiguo Egipto

2. Yūrei
Japón

3. Dorlis
Caribe

4. La dama blanca
Europa

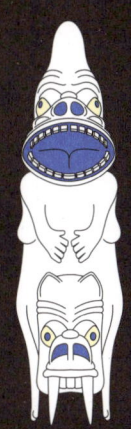

5. Tupilak
Groenlandia

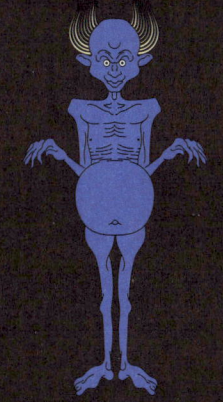

6. Fantasma hambriento
China

7. La Llorona
México

8. Madam Koi Koi
Nigeria

9. Mae Nak Phra Khanong (Phi)
Tailandia

LOS FANTASMAS Y OTROS ESPÍRITUS vengativos son parte integrante de numerosos folclores, y sus leyendas se transmiten de generación en generación. **1.** Fuerza transformadora en el antiguo Egipto, **Ba** simboliza el momento en que el alma del difunto abandona el cuerpo para dirigirse al más allá. **2.** En Japón, la **yūrei** nace de una muerte repentina. Ante la imposiblidad de hallar reposo, el alma difunta se transforma en un espectro vengativo. **3.** En Martinica, el **dorlis** es una criatura masculina que entra a hurtadillas en las casas por la noche y agrede sexualmente a las mujeres dormidas que encuentra. **4.** Mitad hada, mitad bruja, la **dama blanca** habita los bosques de Europa y América o recorre las carreteras en forma de autoestopista fantasma. **5.** Según las leyendas inuit, el **tupilak** es invocado por un brujo para matar a una persona concreta. **6.** Cada año, los **fantasmas hambrientos** regresan al mundo de los vivos para alimentarse y visitar a sus seres queridos. **7.** Tras ahogar a sus hijos, la **Llorona** vaga por las orillas de lagos y ríos con un llanto sobrecogedor. **8.** El espíritu de **Madam Koi Koi**, una antigua profesora, ronda los dormitorios y los pasillos de internados y escuelas. **9. Mae Nak** es el fantasma de una mujer que murió al dar a luz mientras esperaba a su marido, que había partido a la guerra. •

Fuegos artificiales

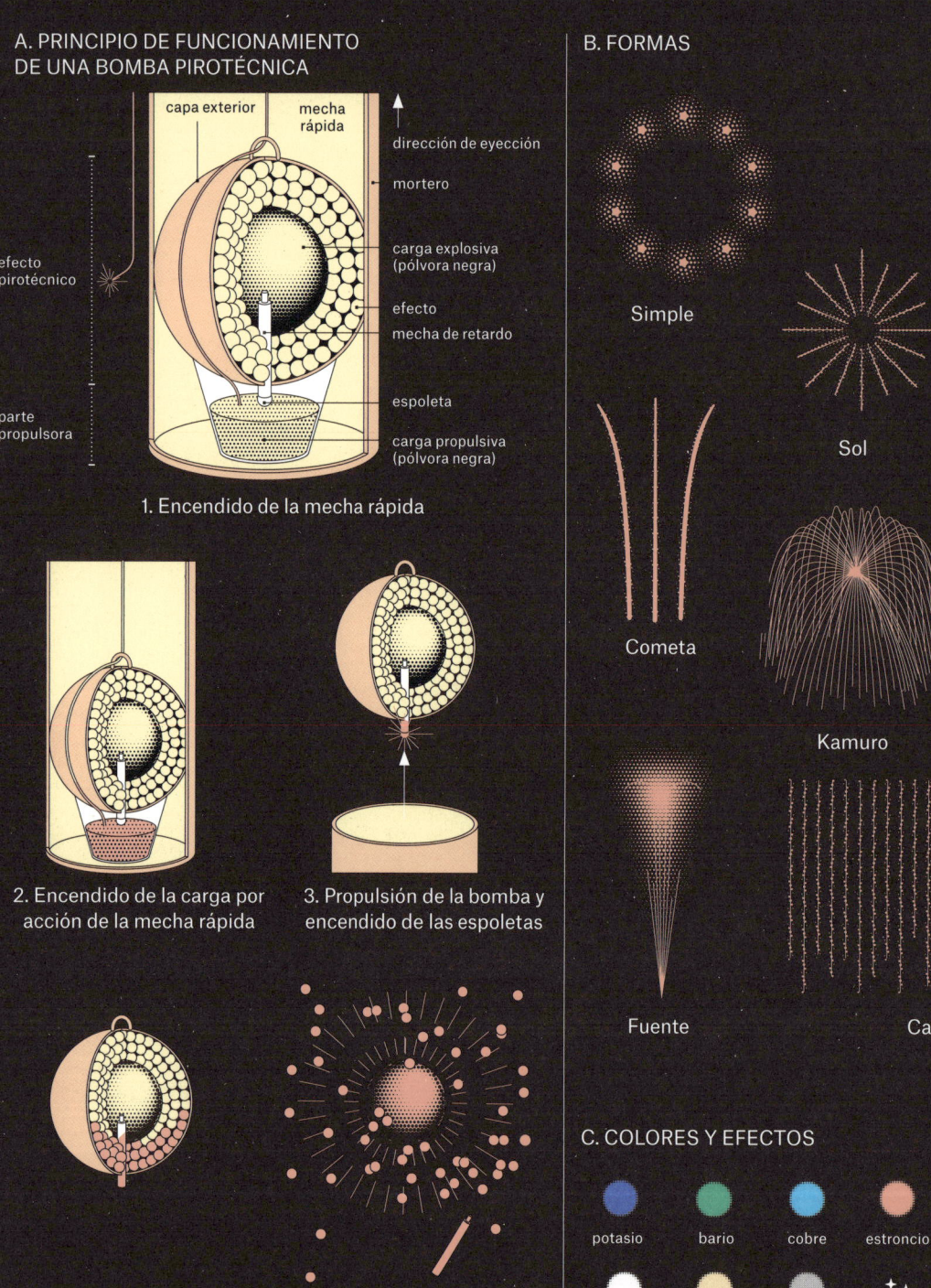

A. PRINCIPIO DE FUNCIONAMIENTO DE UNA BOMBA PIROTÉCNICA

capa exterior — mecha rápida

dirección de eyección

mortero

carga explosiva (pólvora negra)

efecto

mecha de retardo

espoleta

carga propulsiva (pólvora negra)

efecto pirotécnico

parte propulsora

1. Encendido de la mecha rápida

2. Encendido de la carga por acción de la mecha rápida

3. Propulsión de la bomba y encendido de las espoletas

4. Encendido de los efectos y de la mecha de retardo por acción de las espoletas

5. Explosión del artificio que permite la dispersión de los efectos pirotécnicos

B. FORMAS

Simple

Peonía

Sol

Cometa

Vela

Kamuro

Fuente

Cascada

C. COLORES Y EFECTOS

potasio — bario — cobre — estroncio — calcio — sodio

magnesio, aluminio — hierro, carbono, azufre — titanio, aluminio — antimonio — zinc — aluminio

EL DESCUBRIMIENTO DE LA PÓLVORA NEGRA, mezcla deflagrante de azufre, nitrato potásico y carbón vegetal, se atribuye a los chinos en el siglo IX. Los tubos de bambú rellenos de **pólvora negra** se consideran las primeras armas de fuego. Sustituida en 1886 por la pólvora piroxilada, mucho más eficaz y también conocida como «pólvora blanca» o «pólvora sin humo», la pólvora negra ya solo se utiliza para armas antiguas, petardos y fuegos artificiales.

Desde el desarrollo de la pirotecnia, en el siglo XIX, el principio de la **bomba pirotécnica** sigue siendo el mismo (**A**), pero los avances en la composición y la estructura del explosivo han permitido crear una gran variedad de **formas** (**B**), **colores** y **efectos** (**C**) en el momento de la explosión. Acompañados casi siempre de bailes y música, los espectáculos pirotécnicos se asocian a diversos acontecimientos festivos (Año Nuevo, fiestas nacionales, etcétera). Sin embargo, aunque su impacto medioambiental es mucho menor que el de otras emisiones antrópicas, no es desdeñable: los grandes espectáculos pirotécnicos provocan picos de contaminación que pueden durar varios días, y liberan metales tóxicos y no degradables a la atmósfera. ●

Mapa del cielo

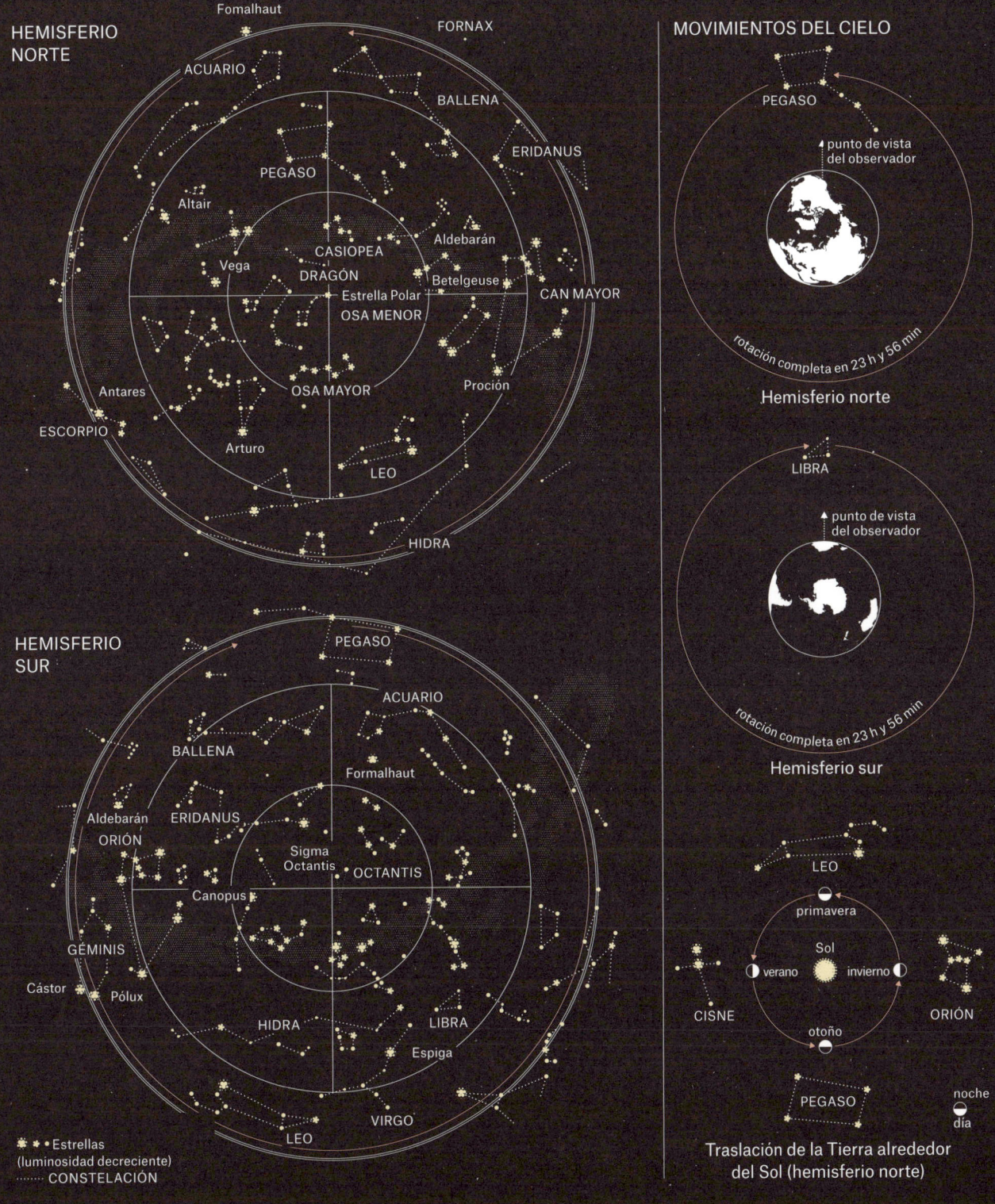

HEMISFERIO NORTE

Fomalhaut · FORNAX · ACUARIO · BALLENA · ERIDANUS · PEGASO · Altair · Aldebarán · Vega · CASIOPEA · DRAGÓN · Betelgeuse · Estrella Polar · CAN MAYOR · OSA MENOR · Antares · OSA MAYOR · Proción · ESCORPIO · Arturo · LEO · HIDRA

HEMISFERIO SUR

PEGASO · ACUARIO · BALLENA · Formalhaut · Aldebarán · ERIDANUS · ORIÓN · Sigma Octantis · Canopus · OCTANTIS · GÉMINIS · Cástor · Pólux · HIDRA · LIBRA · Espiga · VIRGO · LEO

Estrellas
(luminosidad decreciente)
CONSTELACIÓN

MOVIMIENTOS DEL CIELO

PEGASO
punto de vista del observador
rotación completa en 23 h y 56 min
Hemisferio norte

LIBRA
punto de vista del observador
rotación completa en 23 h y 56 min
Hemisferio sur

LEO · primavera · Sol · verano · invierno · CISNE · otoño · ORIÓN · PEGASO · noche · día

Traslación de la Tierra alrededor
del Sol (hemisferio norte)

EN EL CIELO NOCTURNO, una **constelación** es un grupo de **estrellas** unidas por líneas imaginarias. La primera referencia a gran escala a las constelaciones fue la de Hiparco de Nicea en el siglo II a.C. Asociadas en muchos casos a mitos, como el de la Osa Mayor (→ lámina n.º 37), las constelaciones se mueven según las horas de la noche, trazando así los **movimientos del cielo**. Dado que la Tierra es esférica, solo podemos observar una mitad del cielo. Esto significa que las constelaciones del hemisferio norte permanecen invisibles para un observador del hemisferio sur, y viceversa. Algunas constelaciones salen por el este y se ponen por el oeste; otras,

en cambio, nunca pasan por debajo del horizonte: son las constelaciones circumpolares. En los mapas celestes, la **estrella Polar** se sitúa en el centro y corresponde al Polo Norte. Del mismo modo, **Sigma Octantis** se sitúa lo más cerca posible del Polo Sur. La traslación de la Tierra alrededor del Sol influye en la visibilidad de ciertas constelaciones: según la estación, es posible observar la constelación del **Cisne** o de **Leo**. Desde 1925, la Unión Astronómica Internacional divide el cielo en 88 constelaciones con límites precisos: 44 en el **hemisferio norte** (boreales) y otras 44 en el **hemisferio sur** (australes). ●

Paloma mensajera

EXPERIMENTO DE LA MAGNETORRECEPCIÓN (Walcott, 1980)

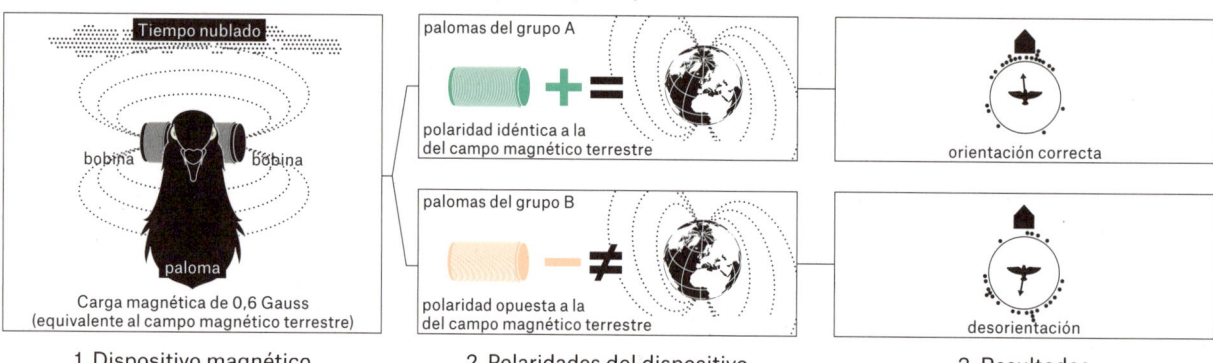

Tiempo nublado

bobina   bobina

paloma

Carga magnética de 0,6 Gauss
(equivalente al campo magnético terrestre)

1. Dispositivo magnético

palomas del grupo A

polaridad idéntica a la
del campo magnético terrestre

palomas del grupo B

polaridad opuesta a la
del campo magnético terrestre

2. Polaridades del dispositivo

orientación correcta

desorientación

3. Resultados

🦅 Lugar de despegue 🏠 Palomar · Dirección de una paloma → Dirección media de las palomas

EXPERIMENTO DE LA GRAVEDAD TERRESTRE (Karevsky *et al.*, 1985)

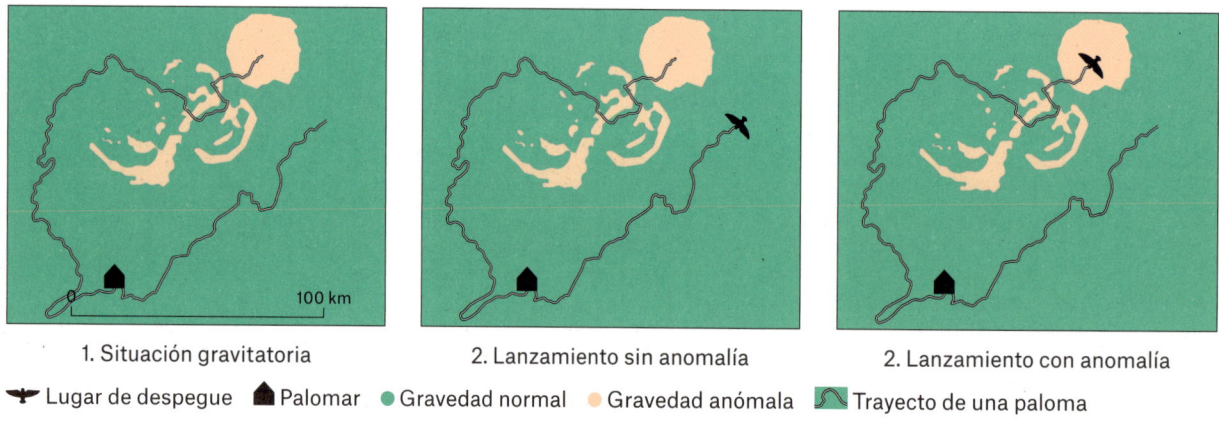

100 km

1. Situación gravitatoria

2. Lanzamiento sin anomalía

2. Lanzamiento con anomalía

🦅 Lugar de despegue 🏠 Palomar ● Gravedad normal ● Gravedad anómala 〰 Trayecto de una paloma

EXPERIMENTO DEL OLFATO (Gagliardo *et al.*, 2020)

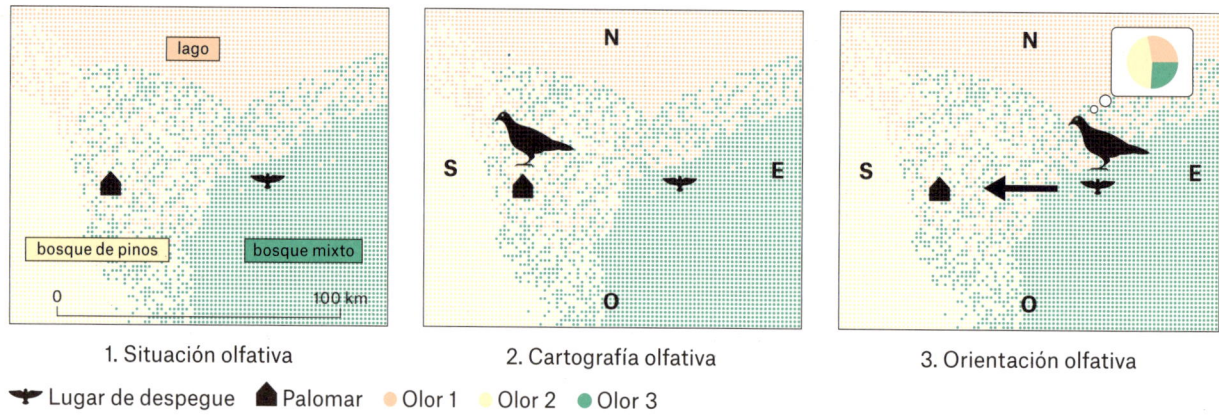

lago

bosque de pinos   bosque mixto

0   100 km

1. Situación olfativa

N

S   E

O

2. Cartografía olfativa

N

S   E

O

3. Orientación olfativa

🦅 Lugar de despegue 🏠 Palomar ● Olor 1 ● Olor 2 ● Olor 3

UNA PALOMA SOLO SE DESPLAZA en una dirección: la de su **palomar**. La capacidad de estas aves para recorrer varios cientos de kilómetros con precisión ha sido utilizada por las fuerzas armadas con el fin de transmitir mensajes del terreno a los cuarteles generales. Gracias a su eficaz memoria, las palomas son capaces de trazar el equivalente de un mapa mental en el que la posición del Sol y las estrellas les sirve de guía.

Aunque todavía existen algunos misterios en torno a sus mecanismos de orientación, varios experimentos científicos han permitido aportar algunas precisiones. El experimento de la **magnetorrecepción** demostró que, como las aves migratorias, las palomas se orientan gracias al campo magnético de la Tierra (➔ lámina n.º 97). Durante mucho tiempo se pensó que esta sensibilidad se explicaba por la presencia de pequeños cristales de magnetita (un óxido de hierro) en sus picos, pero después esta teoría se puso en duda, ya que estos cristales no están conectados en realidad al sistema nervioso. Experimentos más recientes han demostrado también que las palomas son sensibles a la **gravedad terrestre** y que pueden memorizar toda una **cartografía olfativa** de su entorno. ●

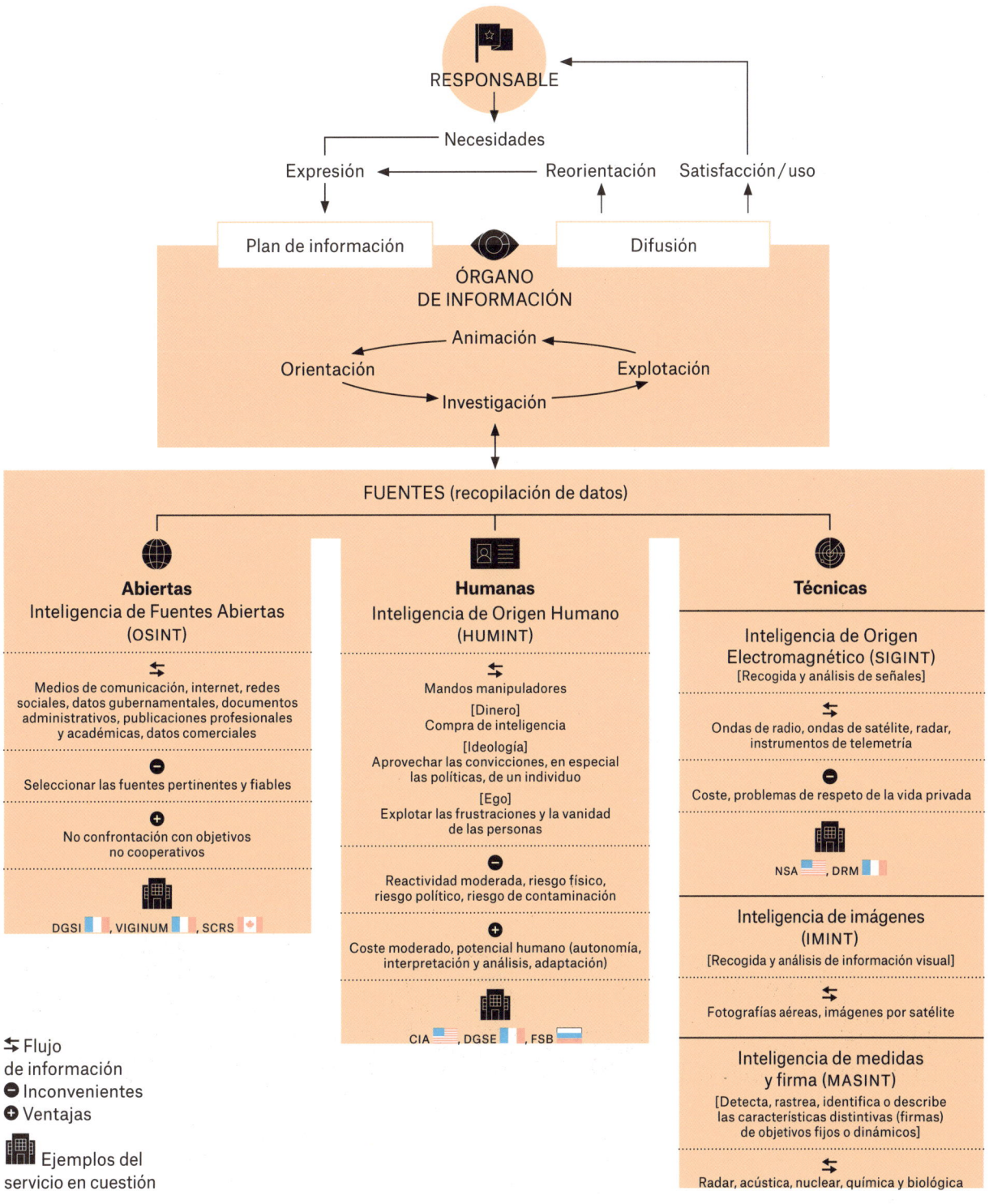

Flujo de información (⇄) Flujo de información
(⊖) Inconvenientes
(⊕) Ventajas

Ejemplos del servicio en cuestión

«OJOS Y OÍDOS EN TODAS PARTES» es una definición rudimentaria de la inteligencia, desarrollada a lo largo de los siglos junto con las estrategias militares. El término hace referencia a los métodos de recopilación, evaluación y análisis de datos útiles para tomar decisiones geoestratégicas, económicas o militares. Este método comienza con la petición de un **responsable**, a la que una **agencia de inteligencia** intenta responder con el empleo de diferentes tipos de **fuentes**, la mayoría de las cuales son de dominio público. Las **fuentes abiertas** (artículos de prensa, informes administrativos o publicaciones en línea) imponen su tratamiento como único

límite operativo debido a la inflación del número de estos datos, también conocidos como *big data* (→ lámina n.º 108). Las **fuentes humanas** han alimentado las llamadas ficciones de «espionaje», con sus agentes secretos y sus infiltraciones, mientras que la utilización de **fuentes técnicas** plantea cuestiones éticas. El denunciante y exanalista de la Agencia de Seguridad Nacional de Estados Unidos (NSA) Edward Snowden reveló en 2013 la existencia de un enorme sistema de vigilancia telefónica y electrónica desarrollado por su empleador. Se trata de la mayor filtración en la historia de los servicios secretos estadounidenses. •

Supervivencia en un entorno hostil

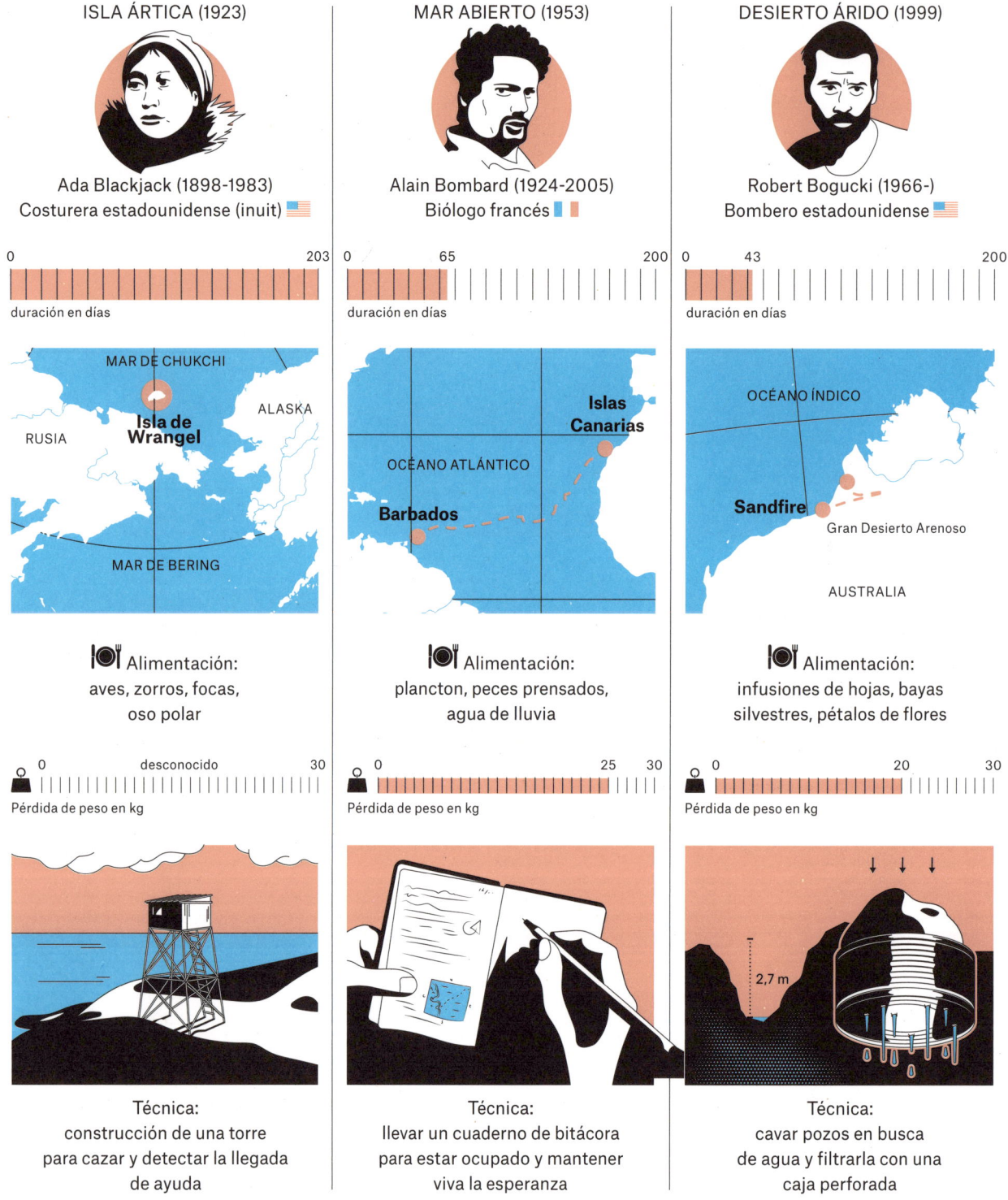

ISLA ÁRTICA (1923)

Ada Blackjack (1898-1983)
Costurera estadounidense (inuit) 🇺🇸

0   203

duración en días

MAR DE CHUKCHI
ALASKA
Isla de Wrangel
RUSIA
MAR DE BERING

🍽 Alimentación:
aves, zorros, focas,
oso polar

0   desconocido   30

Pérdida de peso en kg

Técnica:
construcción de una torre
para cazar y detectar la llegada
de ayuda

MAR ABIERTO (1953)

Alain Bombard (1924-2005)
Biólogo francés 🇫🇷

0   65   200

duración en días

Islas Canarias
OCÉANO ATLÁNTICO
Barbados

🍽 Alimentación:
plancton, peces prensados,
agua de lluvia

0   25   30

Pérdida de peso en kg

Técnica:
llevar un cuaderno de bitácora
para estar ocupado y mantener
viva la esperanza

DESIERTO ÁRIDO (1999)

Robert Bogucki (1966-)
Bombero estadounidense 🇺🇸

0   43   200

duración en días

OCÉANO ÍNDICO
Sandfire
Gran Desierto Arenoso
AUSTRALIA

🍽 Alimentación:
infusiones de hojas, bayas
silvestres, pétalos de flores

0   20   30

Pérdida de peso en kg

2,7 m

Técnica:
cavar pozos en busca
de agua y filtrarla con una
caja perforada

EN UNA SITUACIÓN DE SUPERVIVENCIA es preciso encontrar un refugio seguro y adecuado, y aprender a cazar y recolectar, a calentarse o a purificar el agua.

La expedición de cuatro exploradores anglosajones y la costurera nativa **Ada Blackjack** se lanzó a la conquista de la isla de Wrangel, en el océano Ártico. Al agotarse las provisiones, Blackjack quedó al cuidado de un enfermo (que murió cinco meses más tarde) mientras los demás partían en busca de ayuda. Nunca regresaron, pero Blackjack sobrevivió unos seis meses y medio antes de ser rescatada. **Alain Bombard**, médico y biólogo, organizó su propia travesía del océano Atlántico a bordo de una balsa neumática. El objetivo de su experimento consistía en demostrar que los náufragos podían sobrevivir en el mar. Para ello, estableció algunas reglas: comer pescado y plancton; beber pequeñas cantidades de agua de mar, de lluvia o extraída de peces prensados; establecer un horario para marcar un ritmo a sus días, y tener cuidado con los peces espada, los tiburones y, sobre todo, con la desesperación. El bombero estadounidense **Robert Bogucki** partió en bicicleta y se perdió en el desierto australiano. Durante los 43 días que anduvo errando, escarbó en la arena en busca de agua, se alimentó de plantas y perdió 20 kg. ●

Domesticación del fuego

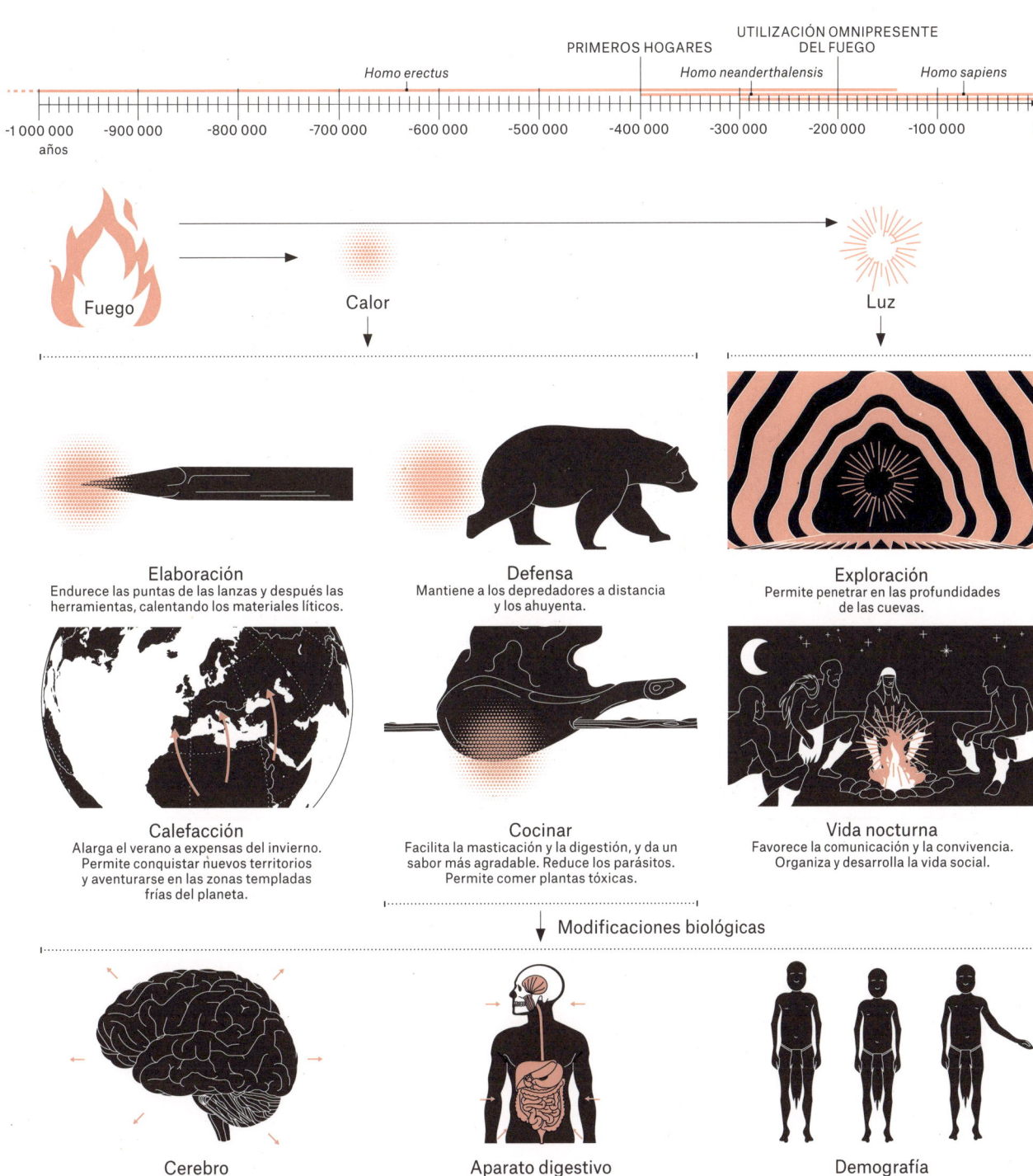

PRIMEROS HOGARES

UTILIZACIÓN OMNIPRESENTE DEL FUEGO

Homo erectus

Homo neanderthalensis

Homo sapiens

-1 000 000 · -900 000 · -800 000 · -700 000 · -600 000 · -500 000 · -400 000 · -300 000 · -200 000 · -100 000 · 0

años

Fuego → Calor → Luz

Elaboración
Endurece las puntas de las lanzas y después las herramientas, calentando los materiales líticos.

Defensa
Mantiene a los depredadores a distancia y los ahuyenta.

Exploración
Permite penetrar en las profundidades de las cuevas.

Calefacción
Alarga el verano a expensas del invierno. Permite conquistar nuevos territorios y aventurarse en las zonas templadas frías del planeta.

Cocinar
Facilita la masticación y la digestión, y da un sabor más agradable. Reduce los parásitos. Permite comer plantas tóxicas.

Vida nocturna
Favorece la comunicación y la convivencia. Organiza y desarrolla la vida social.

Modificaciones biológicas

Cerebro
Favorece la fase final del crecimiento del cerebro, el órgano que consume más energía.

Aparato digestivo
Reduce el tamaño del aparato masticatorio (dientes y maxilar) y del tubo digestivo.

Demografía
Favorece el destete precoz de los lactantes, lo que permite a las madres tener más hijos.

EN LA CUEVA DE SWARTKRANS, en Sudáfrica, se hallaron 270 huesos quemados. Aquellos primeros vestigios del fuego, datados hace entre 1 y 1,5 millones de años, atestiguan un uso inicialmente incontrolado del fuego por parte del género *Homo*, sin duda a partir de incendios naturales. De hecho, en ese yacimiento no se hallaron rastros de hogares ni de carbón vegetal. Datamos la aparición de **hogares** cuidados a partir de **-400 000 años**. Esta domesticación del fuego provocó una serie de cambios en el comportamiento humano al «alargar los días», ahuyentar a los **depredadores** y fomentar la **vida social** y artística, y la **exploración** de nuevos **territorios**.

En China, en el yacimiento de Zhoukoudian, donde se encontraron huesos de *Homo erectus*, los cadáveres de animales y la ceniza indican el uso del fuego para **cocinar.** En Marruecos, el yacimiento de Jebel, ocupado por *Homo sapiens*, reveló hojas de sílex calentadas que evidencian la **elaboración de herramientas**. En Francia, se cree que un nódulo ferroso golpeado por un sílex en el yacimiento de Menez Dregan es el encendedor más antiguo. Estos cambios de comportamiento tuvieron un impacto en la biología de las especies humanas, como el crecimiento del **cerebro**, la reducción del **tubo digestivo** y el crecimiento **demográfico**. •

Medición del tiempo

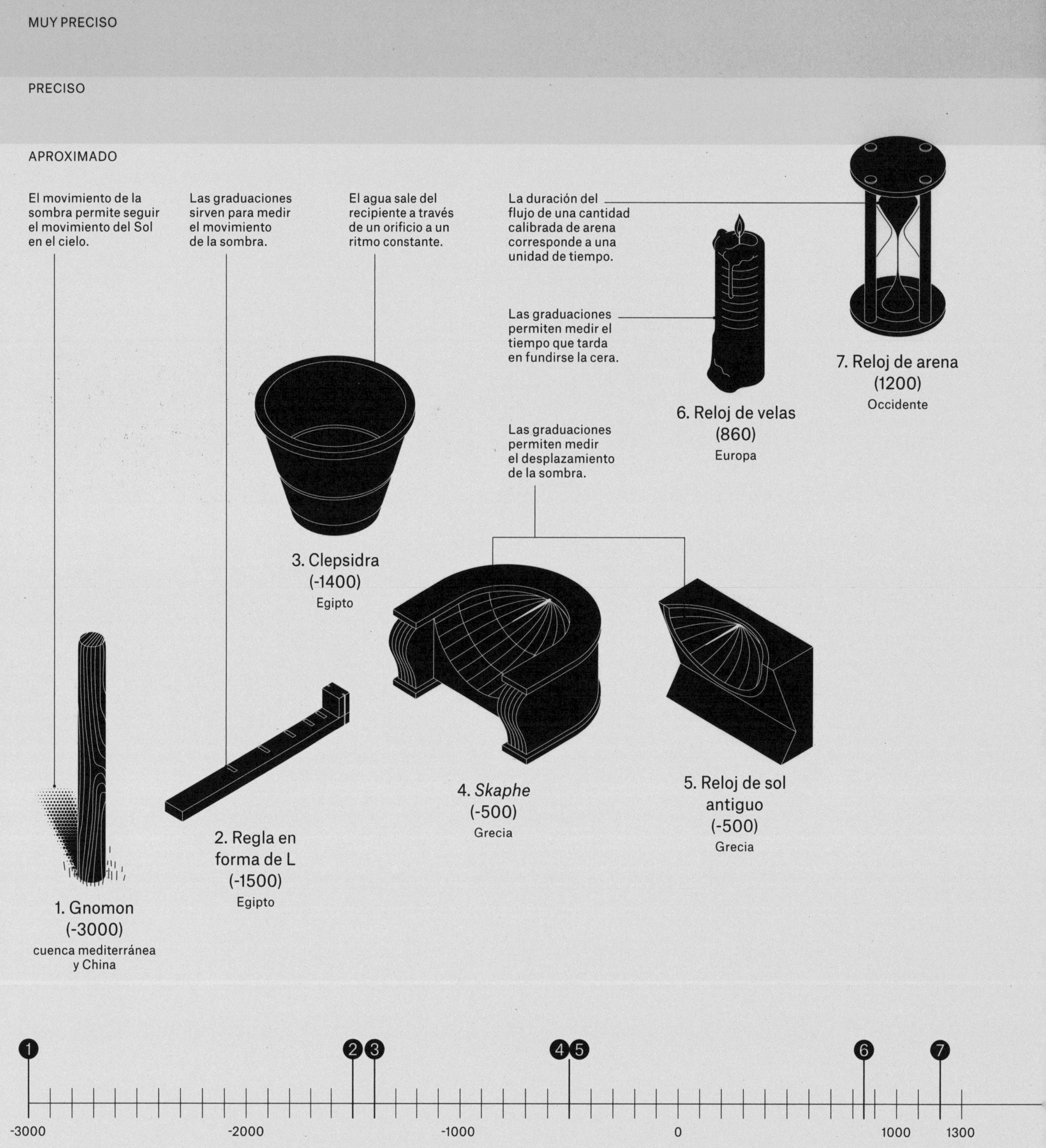

MUY PRECISO

PRECISO

APROXIMADO

El movimiento de la sombra permite seguir el movimiento del Sol en el cielo.

Las graduaciones sirven para medir el movimiento de la sombra.

El agua sale del recipiente a través de un orificio a un ritmo constante.

La duración del flujo de una cantidad calibrada de arena corresponde a una unidad de tiempo.

Las graduaciones permiten medir el tiempo que tarda en fundirse la cera.

Las graduaciones permiten medir el desplazamiento de la sombra.

3. Clepsidra
(-1400)
Egipto

7. Reloj de arena
(1200)
Occidente

6. Reloj de velas
(860)
Europa

4. *Skaphe*
(-500)
Grecia

5. Reloj de sol antiguo
(-500)
Grecia

2. Regla en forma de L
(-1500)
Egipto

1. Gnomon
(-3000)
cuenca mediterránea y China

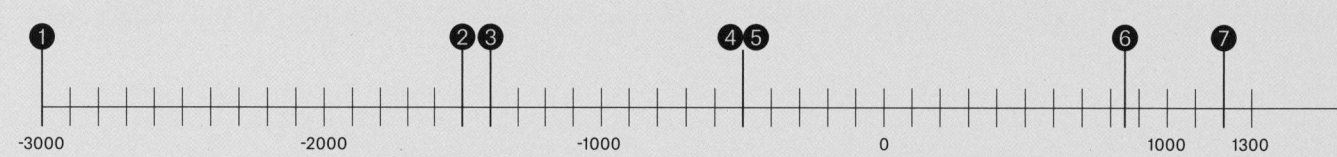

1			2 3		4 5		6	7
-3000		-2000		-1000		0	1000	1300

CUANTIFICAR EL TIEMPO, es decir, medirlo dividiéndolo en **unidades**, ha sido una de las principales preocupaciones de la humanidad para organizar las sociedades desde las primeras civilizaciones. El tiempo social, económico o incluso religioso requiere referencias comunes, medidas con instrumentos. Los más antiguos que se conocen, que datan del año 3000 a. C., se basan en fenómenos naturales periódicos como el **movimiento del Sol y las sombras** sobre el suelo (**1, 2, 4, 5**), los ciclos de las estaciones y de la Luna, el **flujo del agua** (**3**) o **arena** (**7**), o la fusión de la cera de una **vela** (**6**). Aunque el término «reloj» se utiliza desde la Antigüedad, en particular para el reloj de agua (que es una **clepsidra** con un indicador horario acoplado), el reloj moderno apareció con la mecanización en 1300. Los relojes con *foliot* (**8**), de **péndulo** (**9**) y, más tarde, con **muelle espiral** (**10**) permitieron precisar un poco más la medición del tiempo. En la segunda mitad del siglo XX, con la llegada de la electrónica, los reguladores mecánicos fueron sustituidos por el **cuarzo**, un cristal que oscila a una frecuencia precisa cuando recibe un estímulo eléctrico (**11, 13**), y por el **átomo** (**12**), cuya frecuencia emitida por la transición entre dos niveles de energía es inmutable y se utiliza para la definición moderna del segundo.

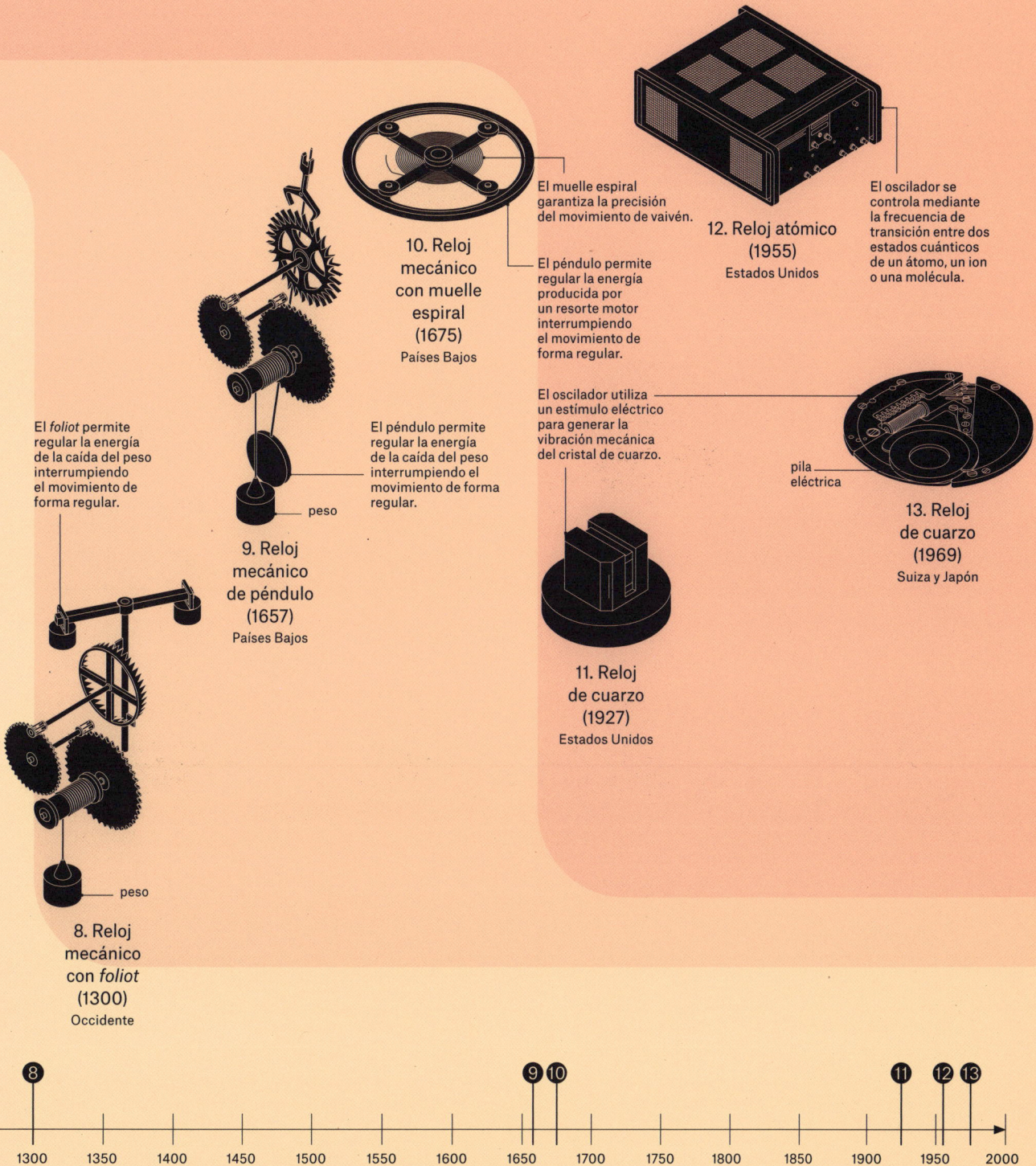

El muelle espiral garantiza la precisión del movimiento de vaivén.

10. Reloj mecánico con muelle espiral (1675)
Países Bajos

El péndulo permite regular la energía producida por un resorte motor interrumpiendo el movimiento de forma regular.

12. Reloj atómico (1955)
Estados Unidos

El oscilador se controla mediante la frecuencia de transición entre dos estados cuánticos de un átomo, un ion o una molécula.

El foliot permite regular la energía de la caída del peso interrumpiendo el movimiento de forma regular.

El péndulo permite regular la energía de la caída del peso interrumpiendo el movimiento de forma regular.

El oscilador utiliza un estímulo eléctrico para generar la vibración mecánica del cristal de cuarzo.

pila eléctrica

13. Reloj de cuarzo (1969)
Suiza y Japón

peso

9. Reloj mecánico de péndulo (1657)
Países Bajos

11. Reloj de cuarzo (1927)
Estados Unidos

peso

8. Reloj mecánico con foliot (1300)
Occidente

8   9 10   11 12 13

1300 1350 1400 1450 1500 1550 1600 1650 1700 1750 1800 1850 1900 1950 2000

«Vemos sobre la mesa la vela y el reloj de arena, dos objetos que expresan el tiempo del hombre en estilos totalmente diferentes. La llama es un reloj de arena que corre hacia lo alto. Más liviana que la arena, que se desmorona, la llama construye su forma, como si el tiempo mismo estuviera siempre ocupado. Llama y reloj de arena expresan, en la meditación apacible, la comunión del tiempo ligero con el tiempo pesado. [...] Me gustaría soñar con el tiempo, con la duración que transcurre y la duración que huye, si pudiera reunir en mi pieza imaginaria la vela y el reloj de arena».

Gaston Bachelard, *La llama de una vela*, 1961 ●

Gigantismo en la era de los dinosaurios

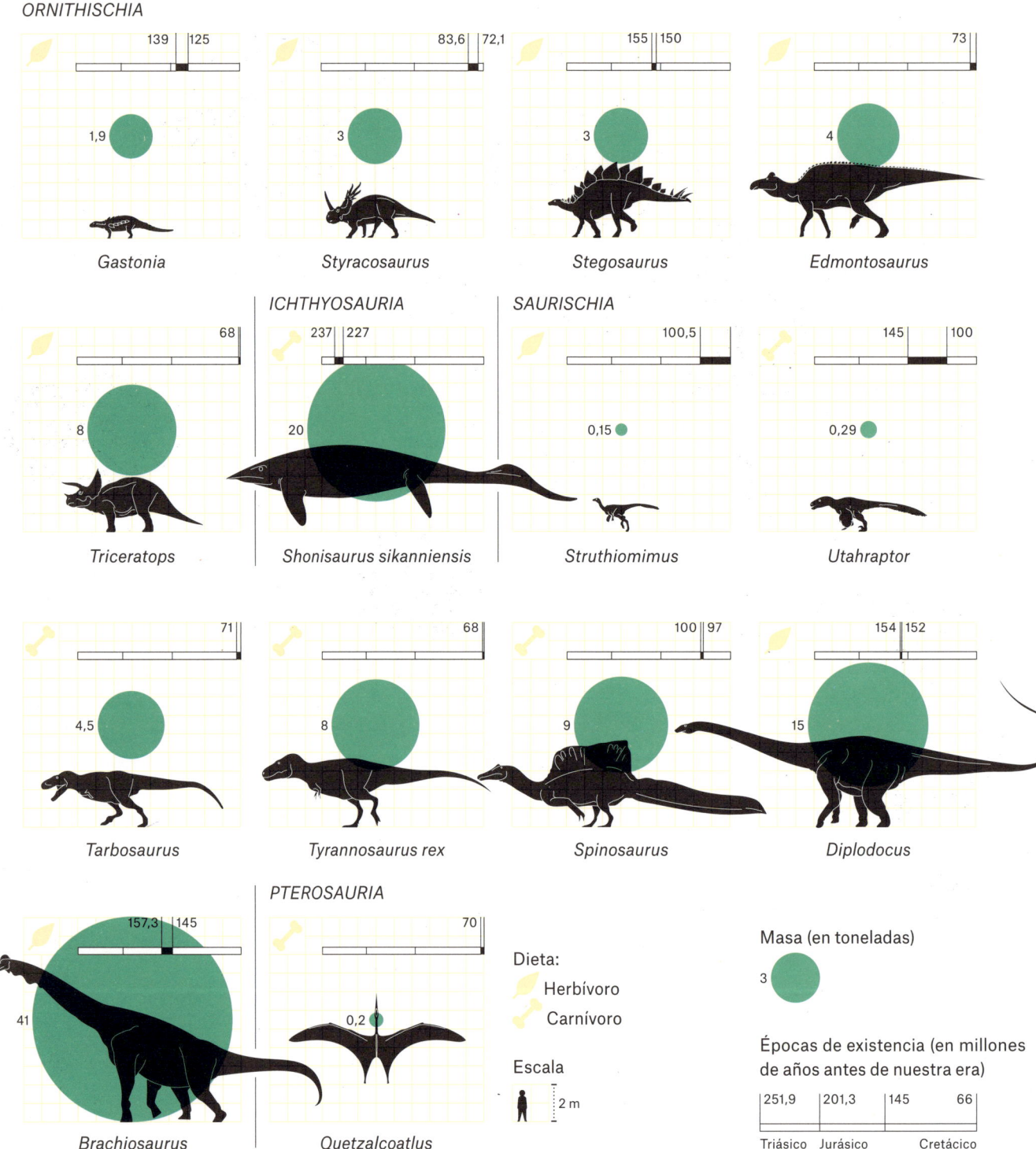

«LAGARTO TERRIBLE» es la etimología de *Dinosauria*, introducido por el paleontólogo inglés Richard Owen en 1842 en el transcurso de su estudio de los fósiles de varios vertebrados de gran tamaño desaparecidos a finales del **Cretácico**, hace 66 millones de años (→ lámina n.º 114). Estos animales terrestres, bípedos o cuadrúpedos, **carnívoros** o **herbívoros**, presentaban numerosas especificidades evolutivas, como cuernos, crestas o plumas, pero destacan principalmente por su tamaño: su peso podía superar las 70 toneladas y llegaban a medir hasta 30 m de altura. Existen dos órdenes de dinosaurios según la forma de sus huesos pélvicos: *Ornithischia* y *Saurischia*. Entre estos últimos, los herbívoros saurópodos como *Diplodocus* y *Brachiosaurus* alcanzaron alturas récord. Fue la cantidad de alimento disponible en lo alto de los árboles lo que permitió la evolución de esas especies. Entre los reptiles contemporáneos de los dinosaurios destacan el orden *Ichthyosauria*, que habitaba en los océanos, y *Pterosauria*, los primeros vertebrados voladores, con alas membranosas (en algunos casos recubiertas de plumón) y una envergadura de hasta 12 m. ●

Vuelo de las aves

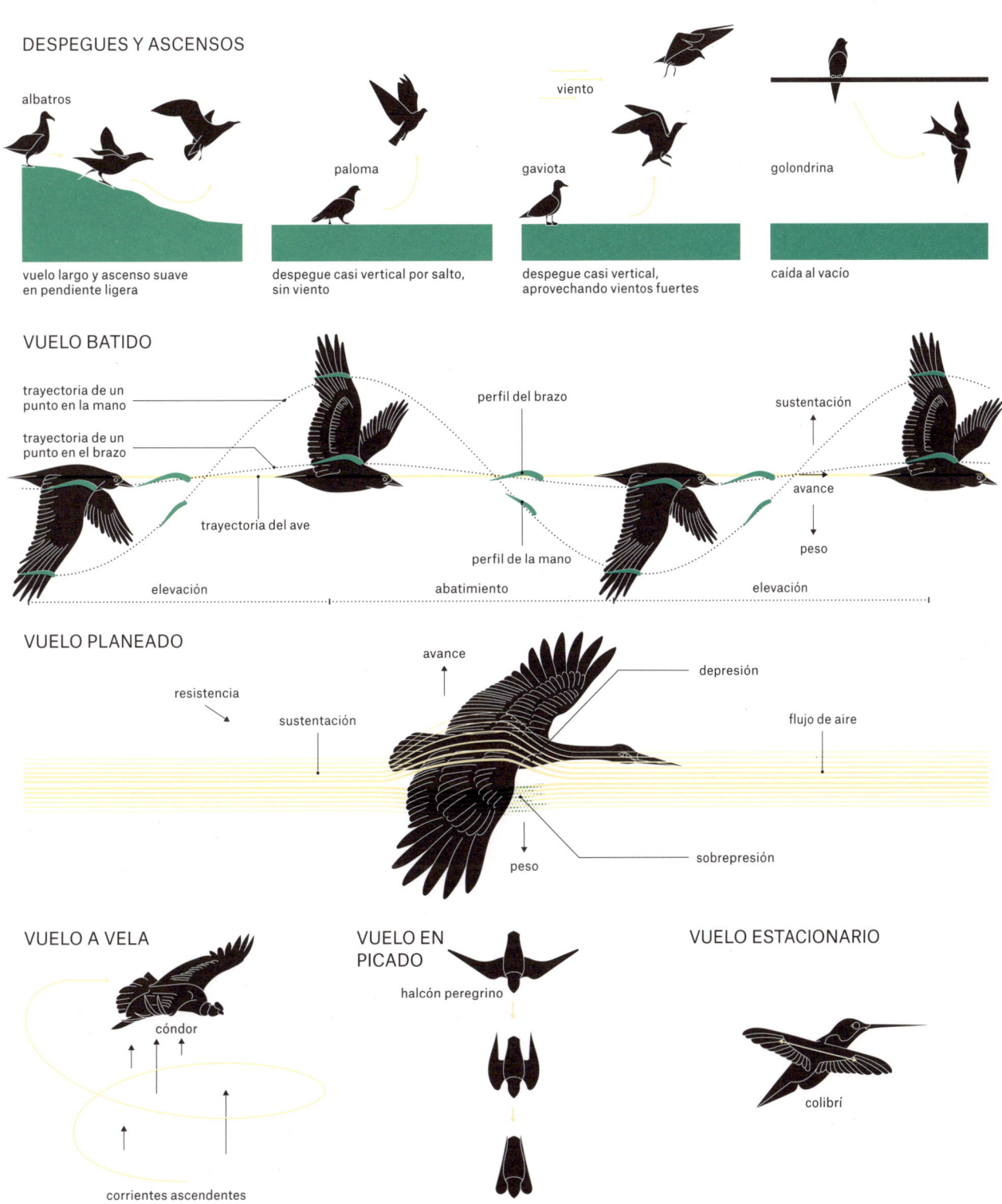

DESPEGUES Y ASCENSOS

albatros

vuelo largo y ascenso suave
en pendiente ligera

paloma

despegue casi vertical por salto,
sin viento

viento

gaviota

despegue casi vertical,
aprovechando vientos fuertes

golondrina

caída al vacío

VUELO BATIDO

trayectoria de un
punto en la mano

trayectoria de un
punto en el brazo

trayectoria del ave

perfil del brazo

perfil de la mano

sustentación

avance

peso

elevación

abatimiento

elevación

VUELO PLANEADO

resistencia

sustentación

avance

depresión

flujo de aire

peso

sobrepresión

VUELO A VELA

cóndor

corrientes ascendentes

VUELO EN PICADO

halcón peregrino

VUELO ESTACIONARIO

colibrí

«HE DIVIDIDO EL TRATADO DE LAS AVES en cuatro libros: el primero trata del vuelo por batir de alas (vuelo a remos); el segundo, del vuelo por el favor del viento (vuelo planeado); el tercero, del vuelo en general de murciélagos, peces e insectos; el cuarto, del vuelo artificial», escribió Leonardo da Vinci en una nota sobre un tratado que nunca vería la luz. Lo que sí se conserva es su *Códice* sobre el vuelo de las aves, de 1505, en el que describe los estudios acerca de su famosa máquina voladora (que nunca llegó a funcionar). Las alas permiten volar a la mayoría de las aves gracias a sus remeras. Fijadas a lo largo de las extremidades superiores, estas plumas largas y finas hacen posible el **despegue**, el **ascenso** y la **sustentación** durante el vuelo. La forma específica de las alas es característica de cada especie y constituye también una técnica de identificación, como el canto (→ lámina n.º 32) o las huellas (→ lámina n.º 1). Esta forma está adaptada a un tipo de vuelo preferente (**batido, planeado, en picado, a vela** o **estacionario**) y a un uso particular. El **cóndor** utiliza el vuelo a vela para recorrer un gran territorio en busca de carroña sin gastar energía. El **halcón peregrino** aprovecha la velocidad de su picado para cazar otras aves. El **colibrí** recoge el néctar de las flores (→ lámina n.º 78) en vuelo estacionario. •

Morfología de los glaciares

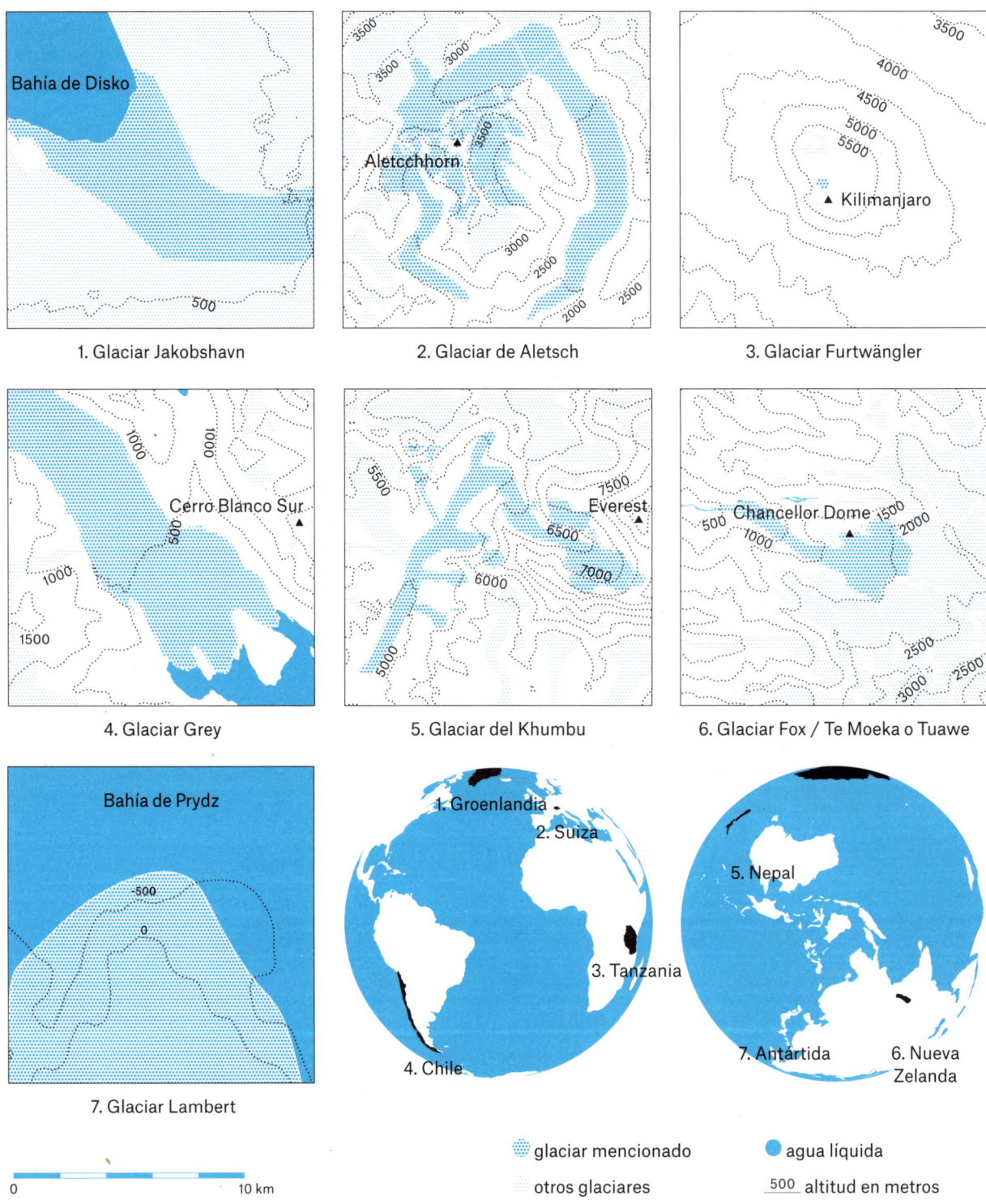

1. Glaciar Jakobshavn

2. Glaciar de Aletsch

3. Glaciar Furtwängler

4. Glaciar Grey

5. Glaciar del Khumbu

6. Glaciar Fox / Te Moeka o Tuawe

7. Glaciar Lambert

1. Groenlandia
2. Suiza
3. Tanzania
4. Chile
5. Nepal
6. Nueva Zelanda
7. Antártida

glaciar mencionado — agua líquida
otros glaciares — 500 altitud en metros

0 ———— 10 km

TANTO SI SE ENCUENTRAN EN LA LÍNEA COSTERA (**1** y **4**) como si no, si miden 40 000 km² como en la **Antártida** (**7**), o 0,011 km² como en la cima del **Kilimanjaro** (**3**), los glaciares son masas compactas de hielo acumuladas durante miles de años de precipitaciones en forma de nieve. Las capas anuales se densifican y se convierten en hielo bajo su propio peso. Numerosos glaciares se encuentran en lo alto de las montañas, pero también pueden cubrir superficies planas, como en **Groenlandia** (**1**), donde forman un casquete glaciar. Destacan dos zonas típicas: la zona de acumulación, donde se encuentran las nieves eternas, y la zona de ablación, que termina en el frente del glaciar. Estos enormes ríos de hielo fluyen como una pasta por las laderas bajo el efecto de la gravedad.

El cambio climático está provocando el retroceso de la mayoría de los glaciares, a veces de forma espectacular, por fracturación y formación de icebergs cuando desembocan en lagos, como en **Chile** (**4**), o en el océano Antártico (**7**). Otros se mantienen relativamente estables, como en **Suiza** (**2**), o avanzan (casos excepcionales), como el **glaciar Fox** en **Nueva Zelanda** (**6**). •

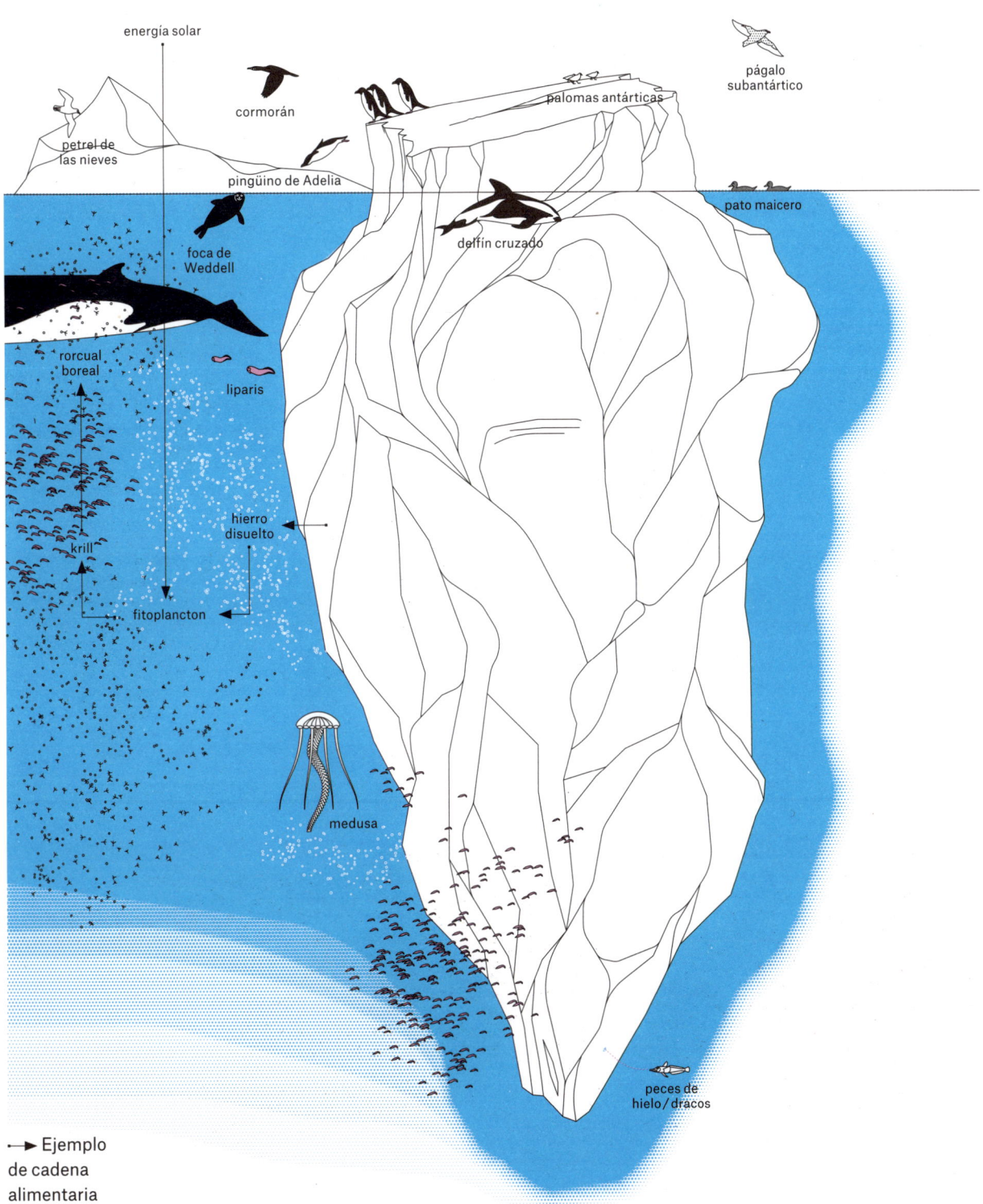

energía solar

cormorán

págalo
subantártico

palomas antárticas

petrel de
las nieves

pingüino de Adelia

pato maicero

foca de
Weddell

delfín cruzado

rorcual
boreal

liparis

krill

hierro
disuelto

fitoplancton

medusa

peces de
hielo / dracos

→ Ejemplo
de cadena
alimentaria

«A UNOS 62° DE LATITUD SUR, avistamos los primeros ice-bergs. [...] El descenso de las temperaturas me incomodó de manera considerable después de nuestro largo viaje por los trópicos, pero procuré hacer acopio de ánimo para afrontar rigores peores», escribió Howard Phillips Lovecraft en *En las montañas de la locura*, en 1936.

Bloques de hielo desprendidos del casquete polar que cubre el continente: miles de icebergs flotan en el océano Antártico. Los del Ártico proceden principalmente de los gla-ciares que fluyen hacia el mar. Este océano es rico en nutrien-tes (nitratos, fosfatos, etcétera), así como en **hierro** acumu-lado durante la fusión de las capas de hielo y disuelto en la **estela** de los icebergs. Ese hierro favorece el crecimiento del **fitoplancton**, base de las **cadenas alimentarias** antárticas (→ lámina n.º 19). Además, el 75-90 por ciento de los icebergs sumergidos recibe el efecto de las corrientes oceánicas que se arremolinan y chocan con el hielo, formando pequeñas oquedades que sirven de refugio a los animales marinos atraí-dos por los nutrientes, el hierro y las algas (→ lámina n.º 92). La estabilidad del medio (la temperatura y la salinidad ape-nas varían con las estaciones) hace de la Antártida un hábitat para numerosas especies marinas y aéreas. ●

Algas

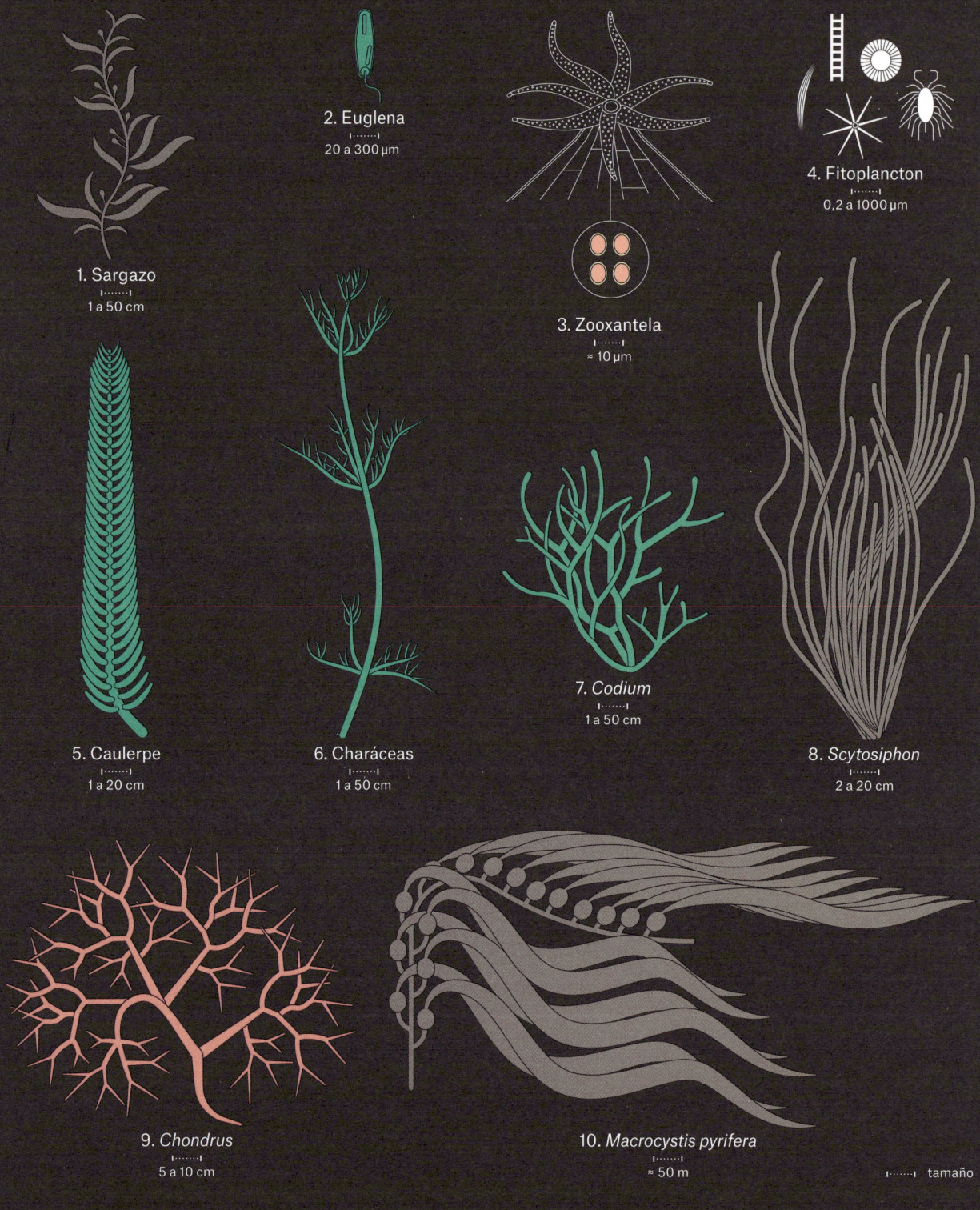

2. Euglena
20 a 300 μm

4. Fitoplancton
0,2 a 1000 μm

1. Sargazo
1 a 50 cm

3. Zooxantela
≈ 10 μm

5. Caulerpe
1 a 20 cm

6. Charáceas
1 a 50 cm

7. *Codium*
1 a 50 cm

8. *Scytosiphon*
2 a 20 cm

9. *Chondrus*
5 a 10 cm

10. *Macrocystis pyrifera*
≈ 50 m

tamaño

LAS ALGAS SON una variedad de organismos acuáticos capaces de realizar la fotosíntesis, y a menudo constituyen la base de las cadenas tróficas (→ lámina 19). Las **algas pardas** (**1**, **8**, **10**), abundantes en aguas frías y templadas, forman bosques submarinos que desempeñan un papel crucial en los ecosistemas costeros. Se explotan como materia prima industrial. Entre ellas, el **sargazo** (**1**) se mantiene en la superficie mediante flotadores conocidos como neumatocitos. ***Macrocystis pyrifera*** (**10**), por su parte, se adhiere sistemáticamente al lecho marino mediante ganchos. Las **algas verdes** (**2**, **6**, **7**) y las **algas rojas** son las más parecidas a las plantas terrestres. Las algas rojas (**9**) habrían aparecido hace 1400 millones de años. También existe una gran variedad de microalgas, como las **euglenas** (**2**), que viven principalmente en la superficie de aguas estancadas y en ocasiones se utilizan como biocombustibles, o las **zooxantelas** (**3**), de color marrón dorado, que viven en simbiosis con los corales, de los que absorben el CO_2 que liberan. El **fitoplancton** (**4**) es el conjunto de microalgas unicelulares que flotan en las capas superficiales del mar. Cuando se desarrollan en grandes cantidades, las algas provocan fenómenos de aguas rojas y mareas verdes o marrones. •

Manglares

PERFIL DE UN MANGLAR
(Guadalupe)

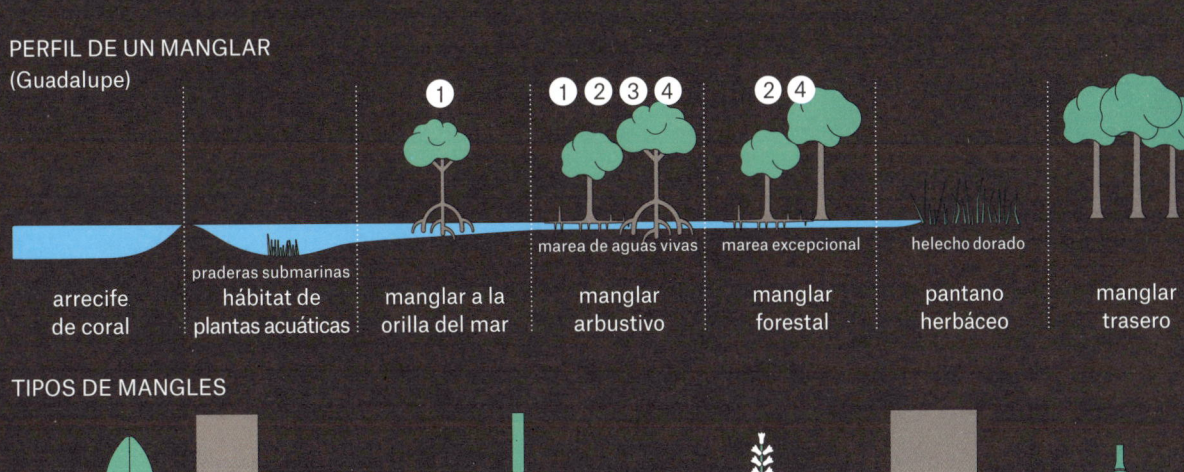

| arrecife de coral | praderas submarinas hábitat de plantas acuáticas | manglar a la orilla del mar | marea de aguás vivas manglar arbustivo | marea excepcional manglar forestal | helecho dorado pantano herbáceo | manglar trasero |

TIPOS DE MANGLES

raíces zancudas: filtran la sal

1. Mangle rojo (*Rhizophora mangle*)

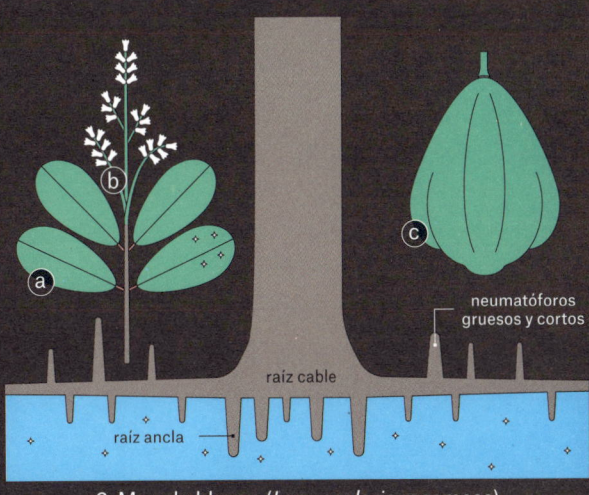

neumatóforos gruesos y cortos

raíz cable

raíz ancla

2. Mangle blanco (*Laguncularia racemosa*)

neumatóforos finos y alargados

3. Mangle negro (*Avicennia germinans*)

raíces contrafuerte

4. Mangle gris (*Conocarpus erectus*)

a. Hoja
b. Flor
c. Fruto
✛ Sal

ENTRE TIERRA Y MAR, entre **pantanos** y **arrecifes de coral**, los manglares se desarrollan en las aguas salobres costeras de las zonas tropicales o subtropicales. Formados principalmente por mangles, cubren un total de 150000 km² de superficie terrestre pantanosa e inundada. Estos bosques semisumergidos, con sus **praderas submarinas** y sus **raíces aéreas**, albergan ricos ecosistemas poblados por crustáceos, aves e insectos. La madera muerta, que se descompone muy lentamente porque el suelo está húmedo y es pobre en oxígeno, constituye una impresionante reserva de carbono. Según un estudio publicado en *Nature* en 2011, algunos manglares de Indonesia almacenan más de 1000 toneladas de carbono por hectárea. Los distintos tipos de **mangles** están adaptados al medio acuático gracias a sus raíces aéreas, **zancudas** o **neumatóforos**, que les permiten respirar y filtrar la **sal** del agua costera. La naturaleza inhóspita de los manglares continúa alimentando mitos y curiosidades: proveedores de hojas para uso medicinal o refugios de los esclavos guadalupeños que resistieron a los colonos, así como escondites de los *djinns* (genios), criaturas sobrenaturales de la tradición árabe-musulmana. ●

La química del amor

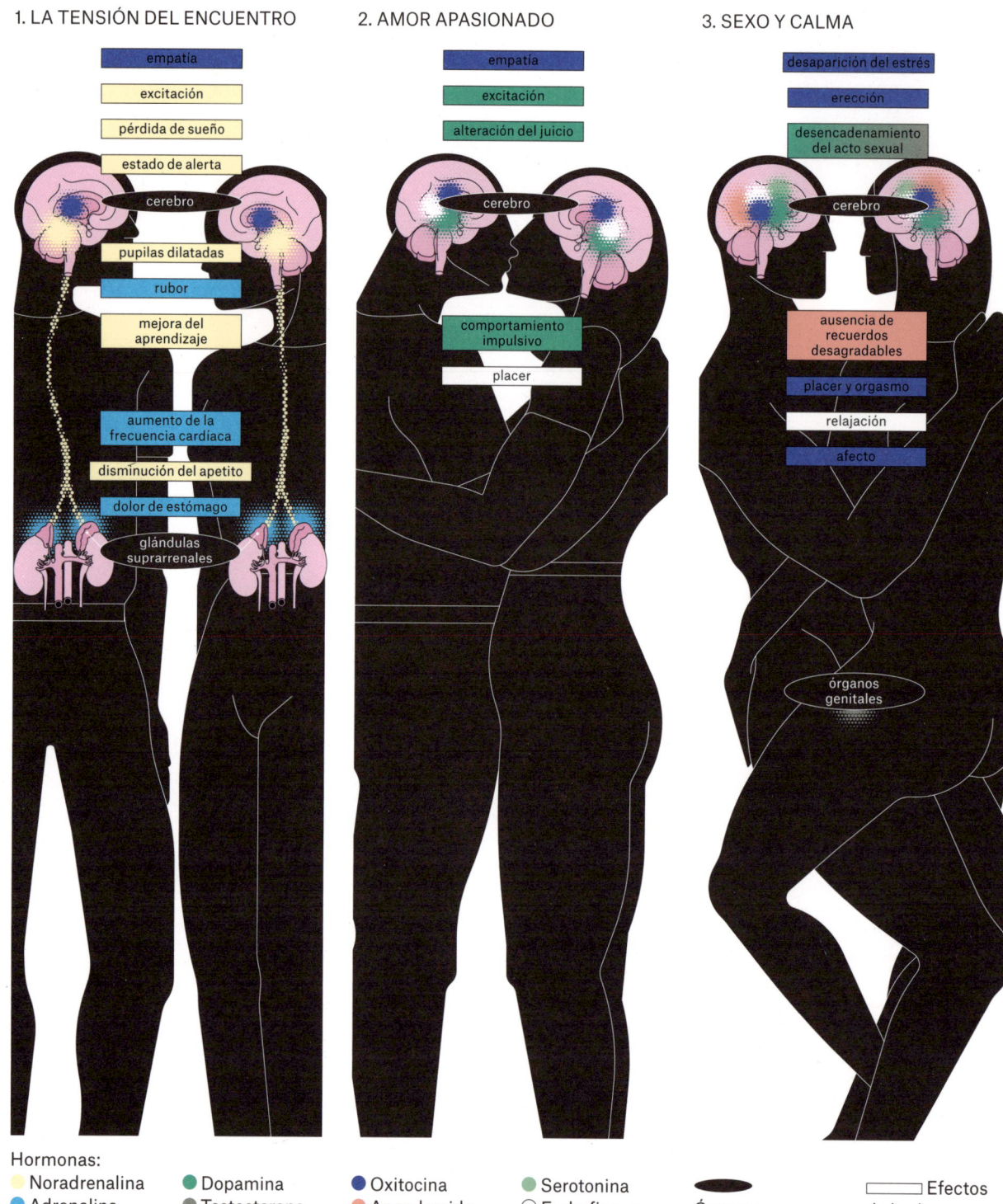

1. LA TENSIÓN DEL ENCUENTRO

- empatía
- excitación
- pérdida de sueño
- estado de alerta
- cerebro
- pupilas dilatadas
- rubor
- mejora del aprendizaje
- aumento de la frecuencia cardíaca
- disminución del apetito
- dolor de estómago
- glándulas suprarrenales

2. AMOR APASIONADO

- empatía
- excitación
- alteración del juicio
- cerebro
- comportamiento impulsivo
- placer

3. SEXO Y CALMA

- desaparición del estrés
- erección
- desencadenamiento del acto sexual
- cerebro
- ausencia de recuerdos desagradables
- placer y orgasmo
- relajación
- afecto
- órganos genitales

Hormonas:

- ● Noradrenalina
- ● Adrenalina
- ● Dopamina
- ● Testosterona
- ● Oxitocina
- ● Anandamida
- ● Serotonina
- ○ Endorfina
- ⬭ Órganos
- ▭ Efectos de las hormonas

«LOS DEMÁS tardan semanas y meses en llegar a amar. [...] Llámeme loco, pero créame. Un solo parpadeo de ella, [...] fue la gloria y la primavera y el sol y el mar tibio y su transparencia junto a la orilla y mi juventud recobrada, y nació el mundo», escribió Albert Cohen en *Bella del Señor* (1968). Amor a primera vista, romance, platónico, pasional o espiritual, el amor nunca deja de inspirar a los artistas y de fascinar a sociólogos y psicólogos. Pero también es una cuestión de química: en el **cerebro** se activan vías neuronales, similares a las responsables de la empatía (→ lámina n.º 16), que ponen en funcionamiento un cóctel detonante de **hormonas**. El en-

cuentro desencadena la liberación de hormonas del **estrés**, responsables del sudor en las manos y de la aceleración del latido cardíaco. A continuación, aumenta la **excitación** bajo el efecto de la **dopamina**, la «hormona del placer», también presente en los comportamientos adictivos provocados por las drogas o el alcohol. Así, puede conducir a un «estado de abstinencia» y **comportamientos** alterados, en ocasiones obsesivos. Durante el **acto sexual** se despliega una nueva química que culmina en la **calma** tras el orgasmo, cuando la presión sanguínea y los **ritmos cardíaco** y respiratorio recuperan sus valores normales. ●

Higuera estranguladora

1. GERMINACIÓN

ave frugívora

semillas en las materias fecales

germinación en altura

2. DESARROLLO RADICULAR

desarrollo radicular aéreo y hacia el suelo

acceso a abundantes nutrientes

nutrientes obtenidos del sustrato aéreo

soldadura de las raíces aéreas a medida que crecen

crecimiento acelerado debido a las raíces subterráneas

3. ENTRAMADO DE RAÍCES

frutos nutritivos de carne tierna

diámetro del huésped

huésped asfixiado

consumo de la madera muerta del huésped

autoportancia de la higuera

raíces subterráneas en simbiosis micorrícia

● Higuera estranguladora
━━ Evolución de la higuera

Árbol huésped
Árbol huésped muerto

LAS SEMILLAS DE LOS FRUTOS de la higuera estranguladora son transportadas por la **materia fecal** (→ lámina n.º 74) de las **aves** tropicales. Esas semillas caen sobre un árbol y allí germinan. Este fenómeno aparentemente inofensivo es, en realidad, el resultado de una increíble adaptación de las diferentes especies de higueras del género *Ficus*. El dosel (la capa superior de la selva), denso en las zonas tropicales, ofrece poca luz a la vegetación más baja. Para sobrevivir y garantizar una exposición suficiente al sol, la higuera estranguladora hace que sus frutos sean lo más apetitosos, nutritivos y coloridos posible a fin de satisfacer a la fauna que dispersa sus semillas. Estas plantas son «hemiepífitas»: tras la **germinación,** desarrollan sus **raíces aéreas** hacia el suelo, enrollándose alrededor del tronco y las ramas de su **huésped,** y extrayendo abundantes **nutrientes** tanto del árbol como del suelo. Al formar poco a poco su **entramado de raíces,** la higuera estranguladora crece como un parásito y acaba asfixiando sin opción al árbol que abraza. No es raro encontrarse con esas higueras en muros o edificios. Por ejemplo, son las que se han apoderado de las ruinas de los templos de Angkor, en Camboya. ●

Olas

FORMACIÓN

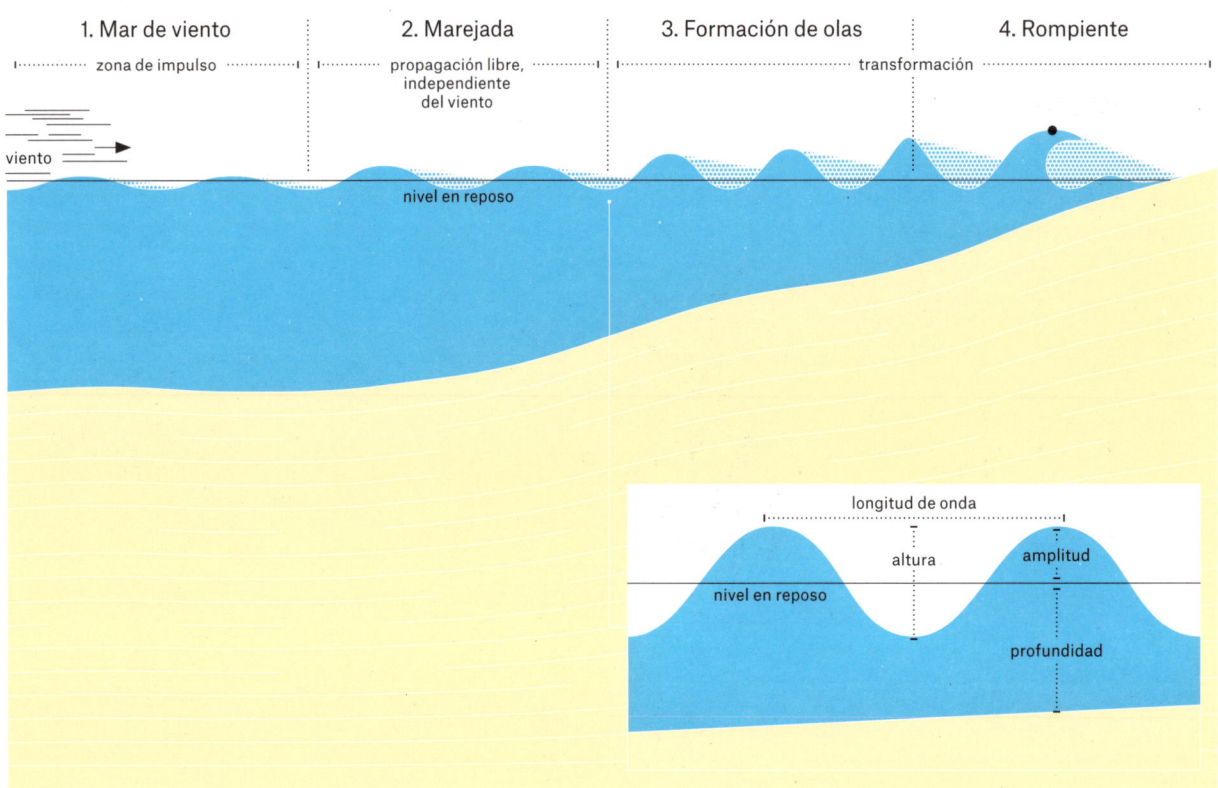

1. Mar de viento — zona de impulso
2. Marejada — propagación libre, independiente del viento
3. Formación de olas — transformación
4. Rompiente

viento

nivel en reposo

longitud de onda
altura
amplitud
nivel en reposo
profundidad

TIPOS DE ROMPIENTE

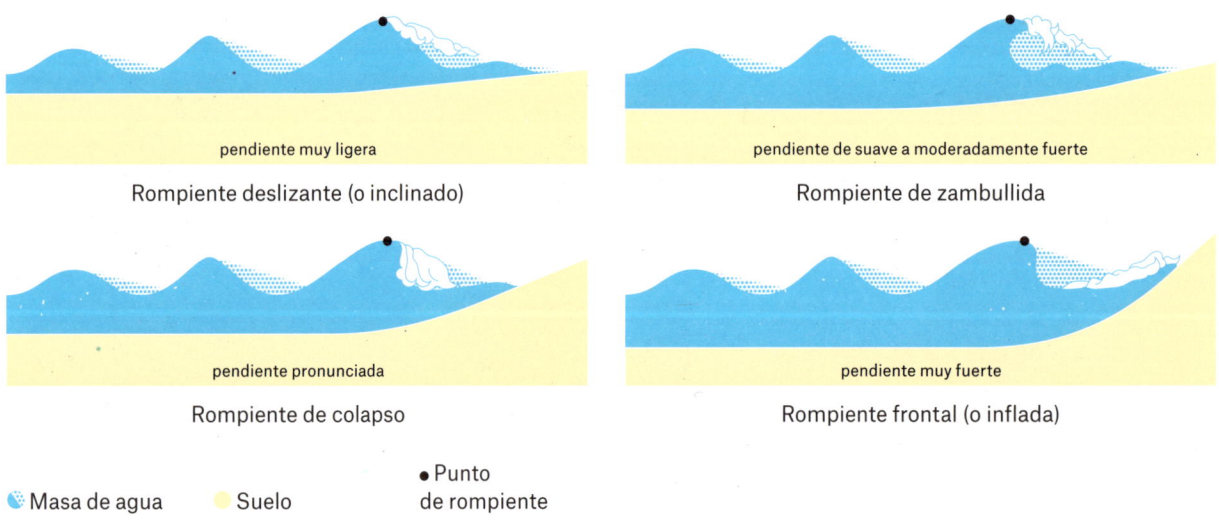

pendiente muy ligera
Rompiente deslizante (o inclinado)

pendiente de suave a moderadamente fuerte
Rompiente de zambullida

pendiente pronunciada
Rompiente de colapso

pendiente muy fuerte
Rompiente frontal (o inflada)

🌊 Masa de agua   Suelo   ● Punto de rompiente

«¡EL MAR, EL MAR, siempre vuelve sobre sí!». Con estas palabras describió Paul Valéry las **ondulaciones** del mar, que se repiten sin cesar. Imprevisibles, a veces mortales y destructoras, las olas se forman casi siempre por la **fuerza del viento** (→ lámina n.º 18) que, al transferir su energía a la superficie de una **masa de agua**, provoca ondulaciones irregulares (el **mar de viento**) que se dispersan en todas direcciones. Si el viento sopla el tiempo suficiente en la superficie, el mar de viento crece, gana en potencia y velocidad, y puede convertirse en marejada. La marejada puede propagarse a grandes distancias (varios miles de kilómetros) sin necesi-

dad de viento para mantenerse. Cuando el oleaje llega a la **costa**, se producen varios tipos de **rompientes** según la forma de las olas. Esas «rupturas» que transforman la ola dependen de la **profundidad** y la **pendiente** del **fondo marino** que se encuentra con la tierra. No obstante, el viento no es la única fuente posible de las olas que llegan a nuestras costas. También pueden tener su origen en otros fenómenos naturales, como, por ejemplo, los terremotos, las erupciones volcánicas y las caídas de meteoritos. Cuando las olas generadas de ese modo son muy altas, se conocen como maremotos o tsunamis. ●

MAGNETOSFERA

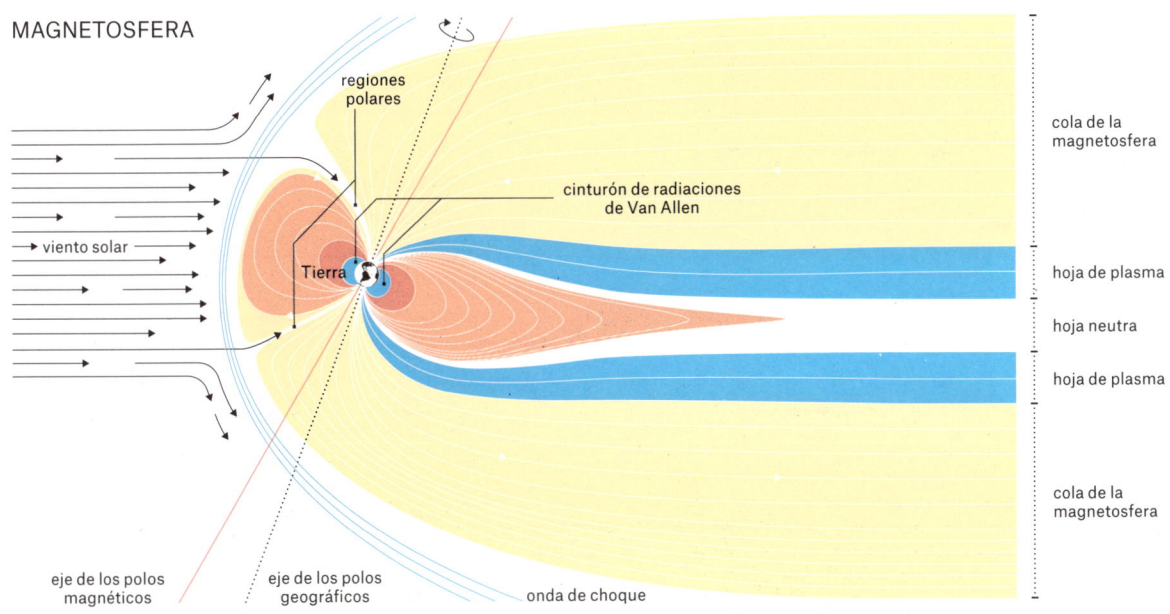

MOVIMIENTO DE LOS POLOS MAGNÉTICOS

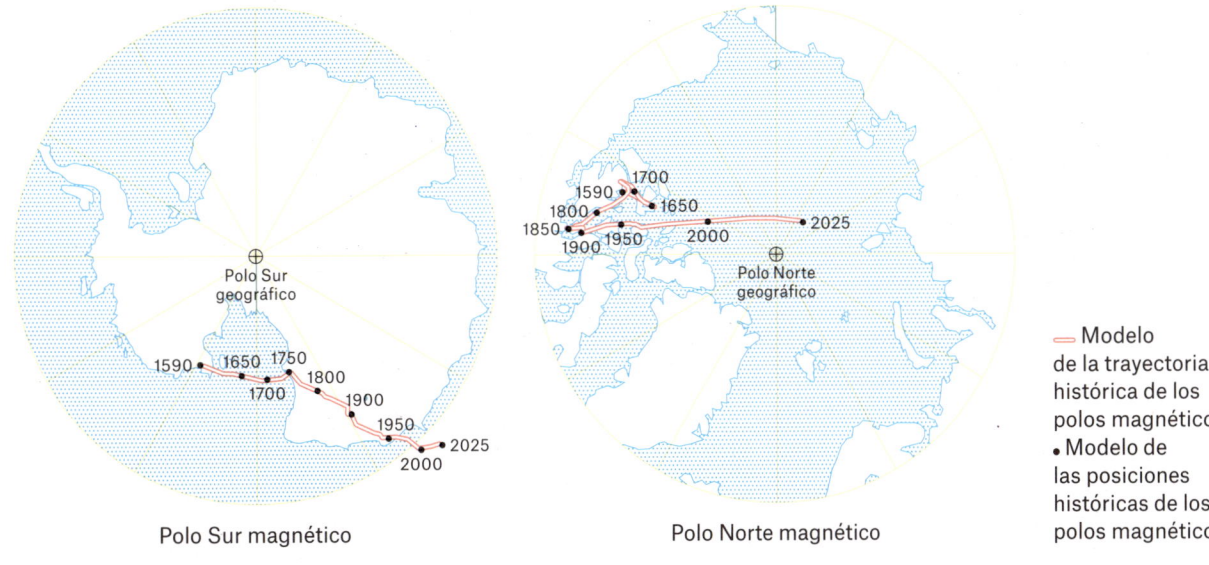

Polo Sur magnético

Polo Norte magnético

— Modelo de la trayectoria histórica de los polos magnéticos
• Modelo de las posiciones históricas de los polos magnéticos

INVERSIONES DE LOS POLOS MAGNÉTICOS

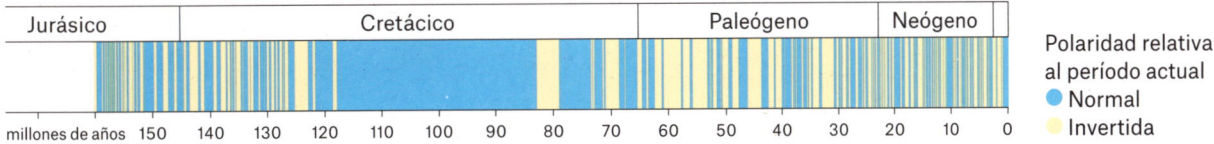

Polaridad relativa al período actual
● Normal
Invertida

EL CAMPO MAGNÉTICO TERRESTRE actúa como un escudo que genera una envoltura protectora alrededor de la Tierra llamada **magnetosfera**. Situada por encima de la ionosfera, a más de 800 km de altitud, desvía el plasma solar nocivo para la vida. La acción del **viento solar** deforma la magnetosfera, que adopta el aspecto de la cola de un cometa. Las auroras boreales, que iluminan el cielo nocturno con velos entre verdes y rosados en los polos, constituyen la manifestación visible de partículas cargadas de plasma solar (→ lámina n.º 51) que llegan a la atmósfera a través de las **regiones polares**. Es en el corazón de la Tierra donde se halla el origen de su magnetismo, bajo el manto terrestre, en el núcleo externo. Está formado por una aleación líquida de hierro, con una pequeña cantidad de níquel y otros elementos más ligeros, y es impulsada por movimientos de convección. Estos movimientos se asocian al enfriamiento secular de la Tierra y también están condicionados por su rotación. Crean un efecto de dinamo que induce un campo magnético variable en el tiempo, con polos magnéticos que se desplazan a lo largo de los años. A escala de unos pocos milenios, ciertas variaciones pueden incluso conducir a una **inversión** de los polos magnéticos. ●

Ensayos nucleares

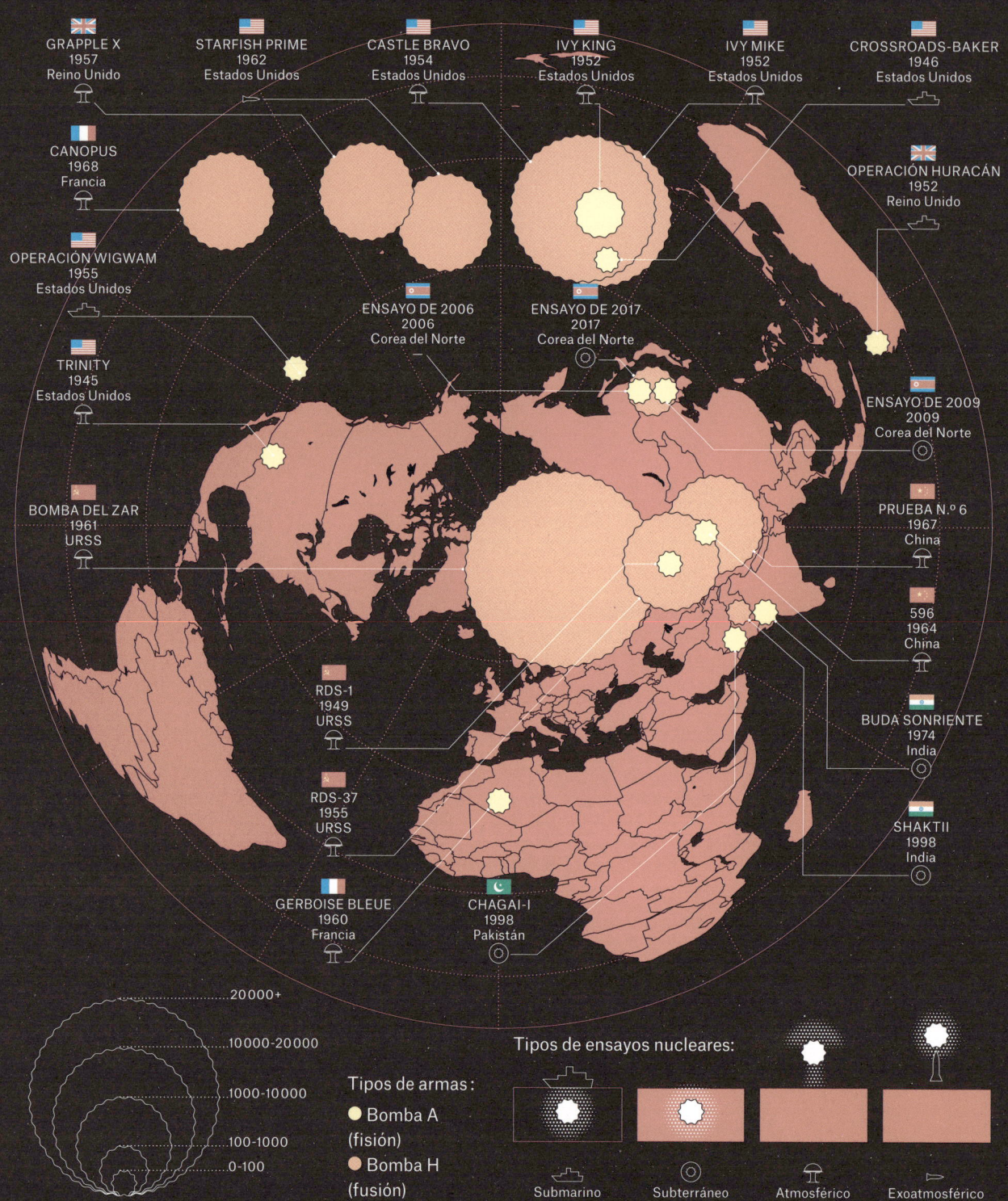

GRAPPLE X
1957
Reino Unido

STARFISH PRIME
1962
Estados Unidos

CASTLE BRAVO
1954
Estados Unidos

IVY KING
1952
Estados Unidos

IVY MIKE
1952
Estados Unidos

CROSSROADS-BAKER
1946
Estados Unidos

CANOPUS
1968
Francia

OPERACIÓN HURACÁN
1952
Reino Unido

OPERACIÓN WIGWAM
1955
Estados Unidos

ENSAYO DE 2006
2006
Corea del Norte

ENSAYO DE 2017
2017
Corea del Norte

ENSAYO DE 2009
2009
Corea del Norte

TRINITY
1945
Estados Unidos

BOMBA DEL ZAR
1961
URSS

PRUEBA N.º 6
1967
China

596
1964
China

RDS-1
1949
URSS

BUDA SONRIENTE
1974
India

RDS-37
1955
URSS

SHAKTII
1998
India

GERBOISE BLEUE
1960
Francia

CHAGAI-I
1998
Pakistán

20000+
10000-20000
1000-10000
100-1000
0-100

Tipos de armas:
- Bomba A (fisión)
- Bomba H (fusión)

Tipos de ensayos nucleares:

Submarino · Subterráneo · Atmosférico · Exoatmosférico

EN 1945, LAS BOMBAS de Hiroshima y Nagasaki (con una potencia respectiva de 0,015 y 0,021 megatones de TNT) fueron las primeras de una loca carrera armamentística nuclear entre Estados Unidos, la URSS y sus respectivos aliados durante la Guerra Fría. Desde entonces, todos los países con armas nucleares han realizado ensayos para probar su arsenal a base de **bombas A** (fisión) o **H** (fusión). Desde 1945, solo ocho países han realizado más de 2050 ensayos nucleares: Estados Unidos, la URSS, Reino Unido, Francia, China, India, Pakistán y Corea del Norte. Estos ensayos (realizados bajo el agua, bajo tierra o en la atmósfera) no están exentos

de peligro. Las cenizas radiactivas de estas explosiones continúan teniendo repercusiones en las poblaciones (cáncer, malformaciones, abortos, etcétera) y en el medio ambiente.

En 1996, Naciones Unidas estableció el Tratado de Prohibición Completa de Ensayos Nucleares (TPCEN). Cinco potencias nucleares lo firmaron, pero no lo han ratificado: Estados Unidos, China, Egipto, Irán e Israel. Corea del Norte, India y Pakistán no lo han firmado ni ratificado. ●

ANATOMÍA

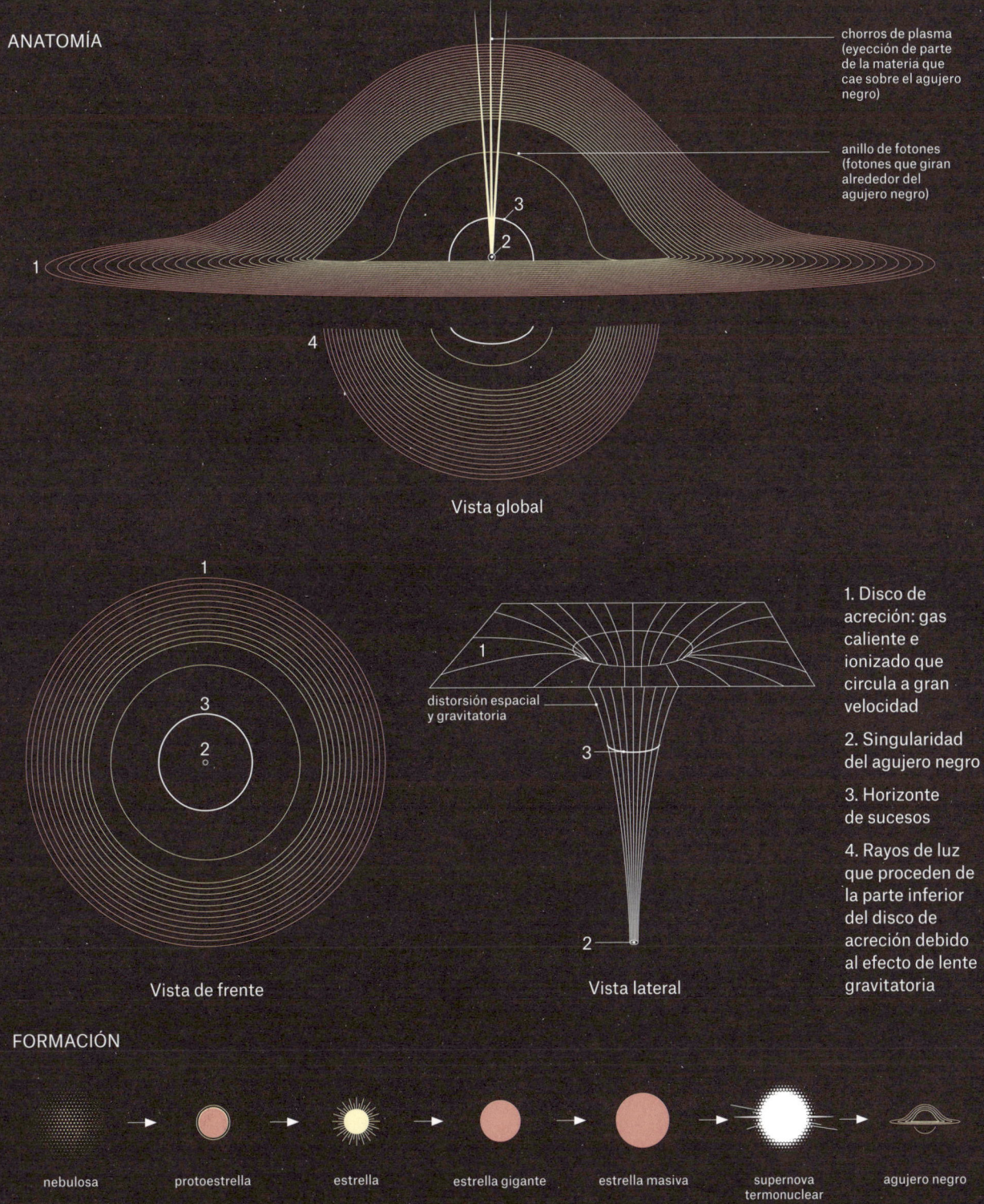

chorros de plasma
(eyección de parte
de la materia que
cae sobre el agujero
negro)

anillo de fotones
(fotones que giran
alrededor del
agujero negro)

Vista global

Vista de frente

distorsión espacial
y gravitatoria

Vista lateral

1. Disco de acreción: gas caliente e ionizado que circula a gran velocidad

2. Singularidad del agujero negro

3. Horizonte de sucesos

4. Rayos de luz que proceden de la parte inferior del disco de acreción debido al efecto de lente gravitatoria

FORMACIÓN

nebulosa — protoestrella — estrella — estrella gigante — estrella masiva — supernova termonuclear — agujero negro

LOS **AGUJEROS NEGROS**, que todavía ocultan muchos misterios, son objetos celestes supermasivos creados por un colapso gravitatorio total, por ejemplo, tras una **supernova** termonuclear (la explosión cataclísmica de una **estrella masiva**, al menos ocho veces más pesada que el Sol). Bajo el efecto de la gravitación, siguen colapsando sobre sí mismas hasta que su masa se concentra en un punto, la «**singularidad gravitatoria**», donde las leyes físicas de la relatividad general dejan de aplicarse y la gravedad pasa a ser infinita. La periferia esférica del agujero negro, denominada «**horizonte de sucesos**», solo es detectable en negativo, allí donde la luz des-

aparece en medio de un sector muy luminoso poblado por un gran número de estrellas. A su alrededor, el **disco de acreción** es la zona donde la materia gira alrededor del agujero negro, antes de caer en él en espiral. Se distingue entre agujeros negros estelares (resultado del colapso de una estrella masiva) y agujeros negros supermasivos, de origen incierto, situados en el centro de las galaxias y cuya masa puede variar entre varios millones y varios miles de millones respecto a la del Sol. Una vez capturada por un agujero negro, no hay partícula o luz que pueda escapar. •

Fósiles

1. Estromatolitos

3,5 Ga, Pilbara (Australia),
contienen restos de materia orgánica

2. Bosque petrificado de Lesbos

18 Ma, Lesbos (Grecia),
madera petrificada

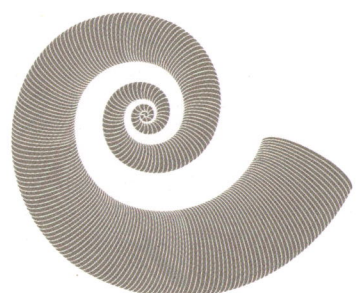

3. Ammonites

250 Ma, —,
fósil de concha

4. Foraminíferos

540 Ma, fondos marinos,
microfósil

5. *Asteriacites*

251 Ma, Europa,
icnofósil

6. Yarkov

20 380 años, Khataganda (Siberia),
«fósil perfecto» conservado en hielo

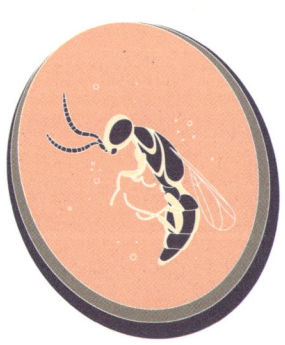

7. Avispa cuco

99 Ma, Birmania,
resina fósil de insecto incrustada en ámbar

8. *Ginkgo biloba*

contemporáneo, regiones templadas,
«fósil viviente»

9. Nautilo

contemporáneo, océano Pacífico,
«fósil viviente»

TRAS SU MUERTE, los restos sólidos de un organismo vivo (animal o vegetal), despojados rápidamente de sus partes blandas y cubiertos por varias capas de sedimentos, se transforman en roca mediante el proceso de fosilización. Los **estromatolitos** son los fósiles más antiguos conocidos, por lo que constituyen la huella de las primeras formas de vida (**1**). Las cenizas volcánicas y los flujos de lodo solidificaron los **bosques** (**2**). La **concha** univalva de los **ammonites** es característica de estos moluscos cefalópodos que datan del período Devónico (**3**). Los **microfósiles** reciben ese nombre por su tamaño. Se encuentran principalmente en los fondos marinos (**4**). Cuando se trata de una huella o un rastro antiguo de la actividad de un ser vivo, se habla de **icnofósiles** (**5**). El término «fósil» se utiliza en ocasiones en expresiones más generales que se refieren a los restos de antiguas formas de vida. El término «**fósil perfecto**» (**6**, **7**) hace referencia a los organismos excepcionalmente bien conservados en un material como el hielo o el ámbar. En cuanto al término «**fósil viviente**», hace referencia a especies que siguen vivas y que han evolucionado muy poco o nada respecto a sus antepasados lejanos, como *Ginkgo biloba* (**8**) o el **nautilo**, con fósiles que se remontan al Cámbrico (**9**). ●

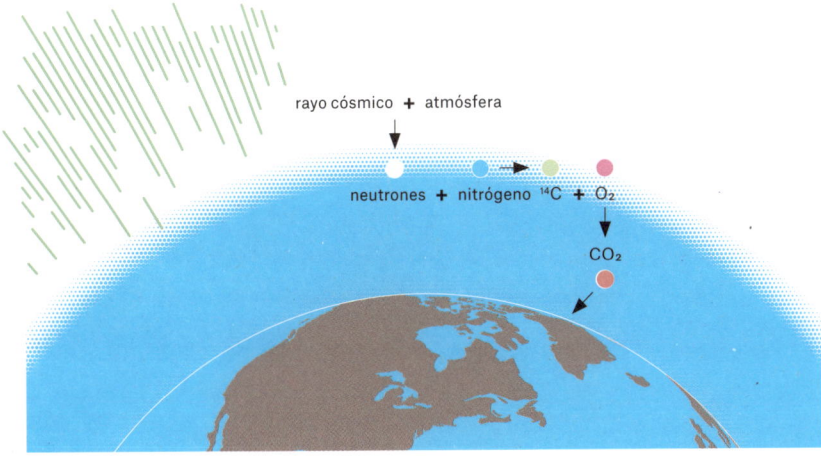

1. Formación del carbono 14

2. Estructura del átomo de carbono 14

8 neutrones

6 electrones

6 protones

3. Asimilación por los organismos vivos

4. La asimilación se detiene

5. Disminución relativa de la tasa de ^{14}C en el transcurso del tiempo

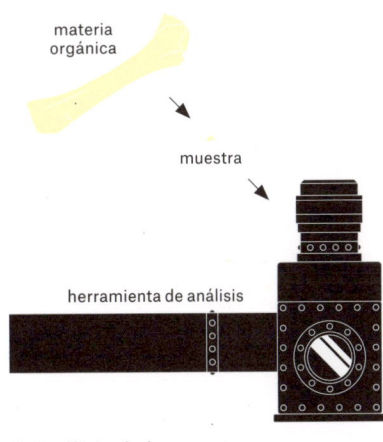

6. Análisis de la muestra

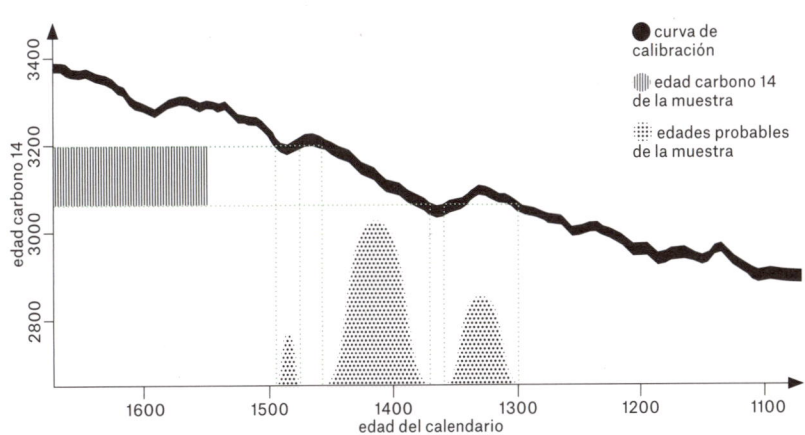

7. Curva de calibración y datación

FECHAR LA MADERA de una tumba egipcia es lo que el físico estadounidense Willard Frank Libby consiguió hacer por primera vez en 1949. El científico acababa de descubrir el método de datación por carbono 14. Formado en la **atmósfera (1)**, este isótopo radiactivo natural del carbono (**2**) es asimilado por los **organismos** durante su vida (**3**). Tras su **muerte (4)**, la materia orgánica conserva tres elementos útiles: carbono 12, carbono 13 y carbono 14. Mientras que los niveles de carbono 12 y carbono 13 permanecen estables, el **nivel de carbono 14 disminuye** a la mitad cada **5730 años**, un período que los científicos denominan **período de semidesintegración**, hasta llegar a cero (**5**). Este fenómeno permite datar las muestras. Con la ayuda de **herramientas de análisis (6)**, los investigadores miden la radiactividad de la **muestra** para datarla y, a continuación, corrigen el resultado utilizando una **curva de calibración y datación (7)**. Esta técnica, que le valió a Libby el Premio Nobel de Química en 1960, presenta algunas limitaciones: solo se puede aplicar a muestras de menos de 50 000 años y que fuesen de seres vivos. Por lo tanto, no es posible datar la materia mineral mediante este método. ●

Historia de los robots

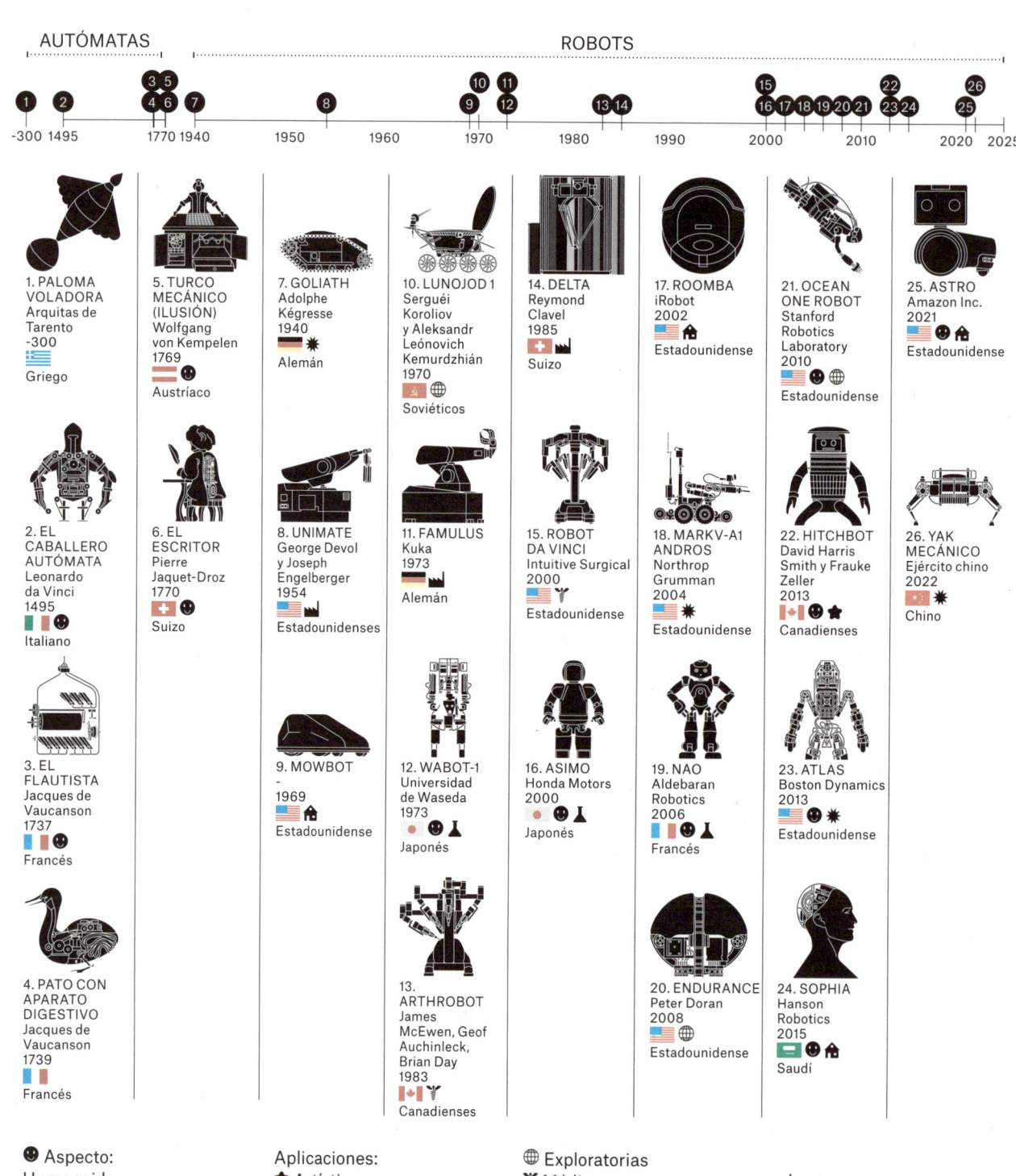

AUTÓMATAS — ROBOTS

1. PALOMA VOLADORA Arquitas de Tarento -300 Griego

2. EL CABALLERO AUTÓMATA Leonardo da Vinci 1495 Italiano

3. EL FLAUTISTA Jacques de Vaucanson 1737 Francés

4. PATO CON APARATO DIGESTIVO Jacques de Vaucanson 1739 Francés

5. TURCO MECÁNICO (ILUSIÓN) Wolfgang von Kempelen 1769 Austríaco

6. EL ESCRITOR Pierre Jaquet-Droz 1770 Suizo

7. GOLIATH Adolphe Kégresse 1940 Alemán

8. UNIMATE George Devol y Joseph Engelberger 1954 Estadounidenses

9. MOWBOT - 1969 Estadounidense

10. LUNOJOD 1 Serguéi Koroliov y Aleksandr Leónovich Kemurdzhián 1970 Soviéticos

11. FAMULUS Kuka 1973 Alemán

12. WABOT-1 Universidad de Waseda 1973 Japonés

13. ARTHROBOT James McEwen, Geof Auchinleck, Brian Day 1983 Canadienses

14. DELTA Reymond Clavel 1985 Suizo

15. ROBOT DA VINCI Intuitive Surgical 2000 Estadounidense

16. ASIMO Honda Motors 2000 Japonés

17. ROOMBA iRobot 2002 Estadounidense

18. MARKV-A1 ANDROS Northrop Grumman 2004 Estadounidense

19. NAO Aldebaran Robotics 2006 Francés

20. ENDURANCE Peter Doran 2008 Estadounidense

21. OCEAN ONE ROBOT Stanford Robotics Laboratory 2010 Estadounidense

22. HITCHBOT David Harris Smith y Frauke Zeller 2013 Canadienses

23. ATLAS Boston Dynamics 2013 Estadounidense

24. SOPHIA Hanson Robotics 2015 Saudí

25. ASTRO Amazon Inc. 2021 Estadounidense

26. YAK MECÁNICO Ejército chino 2022 Chino

☺ Aspecto: Humanoide o antropomorfo

Aplicaciones:
✿ Artísticas
🏠 Domésticas
⊕ Exploratorias
⚕ Médicas
✳ Militares
⚒ Industriales
⚗ Científicas

PARA RECIBIR EL CALIFICATIVO DE «ROBOT», un dispositivo debe ser capaz de realizar tareas de manera automática y de responder a su entorno. Desde la Antigüedad, y durante siglos, tales objetos se han diseñado y programado de forma exclusivamente mecánica: hablamos de los **autómatas**. A partir de la segunda mitad del siglo XX, la combinación de informática y electrónica hizo posible programar un objeto para que actuase de manera independiente del control humano. Tanto si su aplicación es **artística** como **doméstica**, **exploratoria**, **médica**, **militar**, **industrial** o **científica**, el **robot** puede sustituir al gesto humano. Ahora, la inteligencia artificial permite que el objeto actúe imitando las capacidades cognitivas de un humano. «Intento que cada día sea una experiencia enriquecedora que me permita aprender una y otra vez», responde sonriente **Sophia (24)** a una periodista que le pregunta por su utilización del tiempo. Porque es cierto que sabe aprender, además de asentir, poner los ojos en blanco y hacer muecas. Diseñada para hacer compañía a las personas mayores, la ginoide (término utilizado para describir un robot con apariencia **humanoide** femenina) está considerada una de las más inteligentes de su tipo. ●

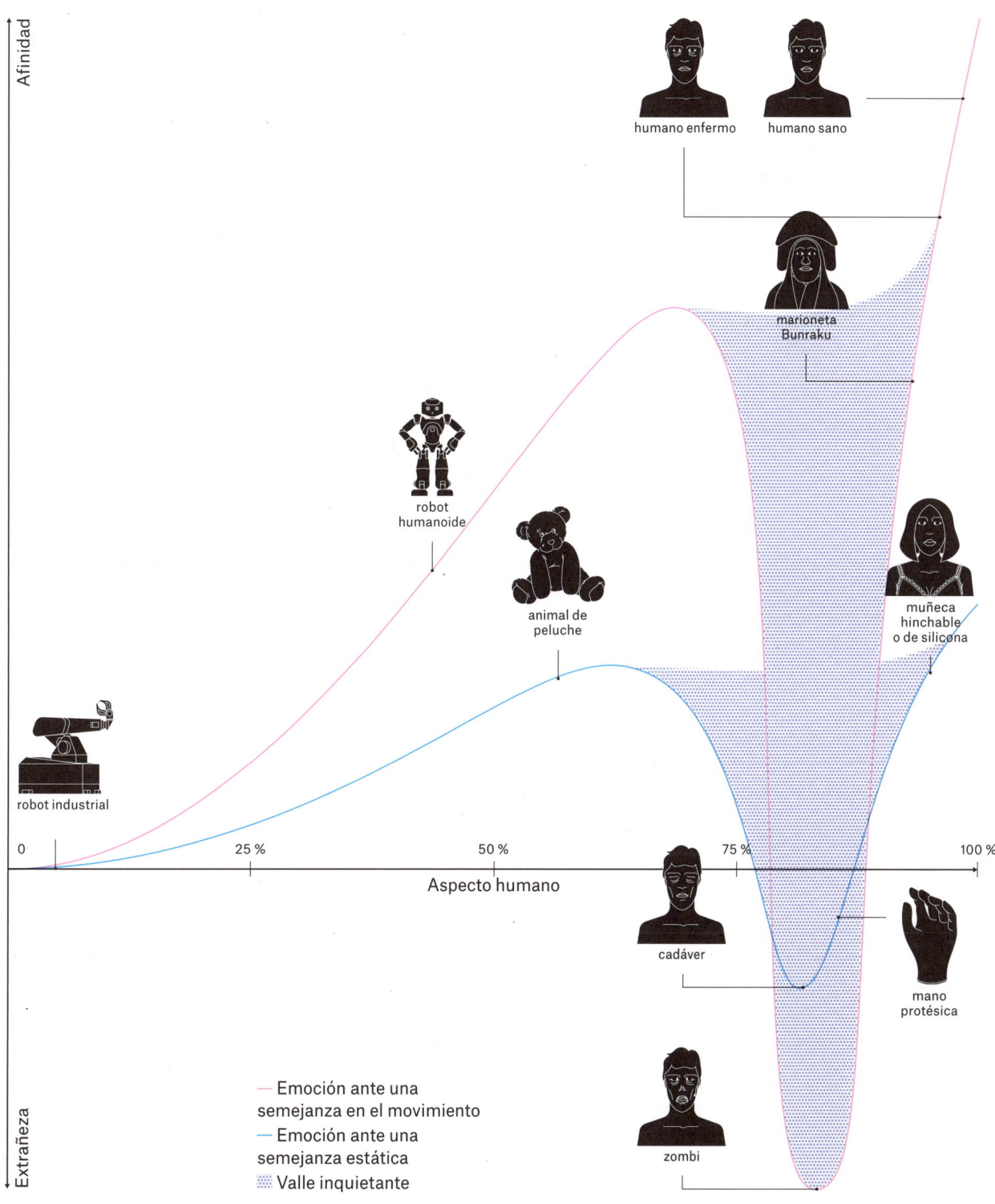

Afinidad

humano enfermo · humano sano

marioneta Bunraku

robot humanoide

animal de peluche

muñeca hinchable o de silicona

robot industrial

0 · 25 % · 50 % · 75 % · 100 %

Aspecto humano

cadáver

mano protésica

zombi

Extrañeza

— Emoción ante una semejanza en el movimiento
— Emoción ante una semejanza estática
▨ Valle inquietante

LAS MUÑECAS HINCHABLES o de silicona, muy populares en Japón (donde se inventaron), satisfacen los deseos físicos de sus dueños. Sin embargo, al margen de cualquier consideración ética o moral, resultan inquietantes. El miedo a ciertos objetos en **movimiento** o a figuras **estáticas**, como las muñecas, fue conceptualizado en 1970 por el robotista japonés Masahiro Mori. Según Mori, cuanto mayor es el **parecido** entre un objeto (robot humanoide, muñeca hinchable, etcétera) y un **ser humano**, más rechazo provoca; las semejanzas desestabilizan y los marcadores de diferencias son fuente de inquietud. Entre esas diferencias, Masahiro Mori señala que puede tratarse del movimiento de los objetos **humanoides** (cuyos gestos suelen ser más lentos que los de los humanos) o, en el caso de los objetos estáticos, de características morfológicas como una piel demasiado lisa, rasgos inexpresivos o una tez pálida. Por el contrario, la apariencia de un **robot industrial** no provoca inquietud. Representada en un gráfico, la **curva de las emociones** positivas o negativas que despiertan diversos objetos en función de sus semejanzas antropomórficas puede ayudarnos a identificar esa zona de malestar conocida como valle inquietante. ●

Límites de la Tierra

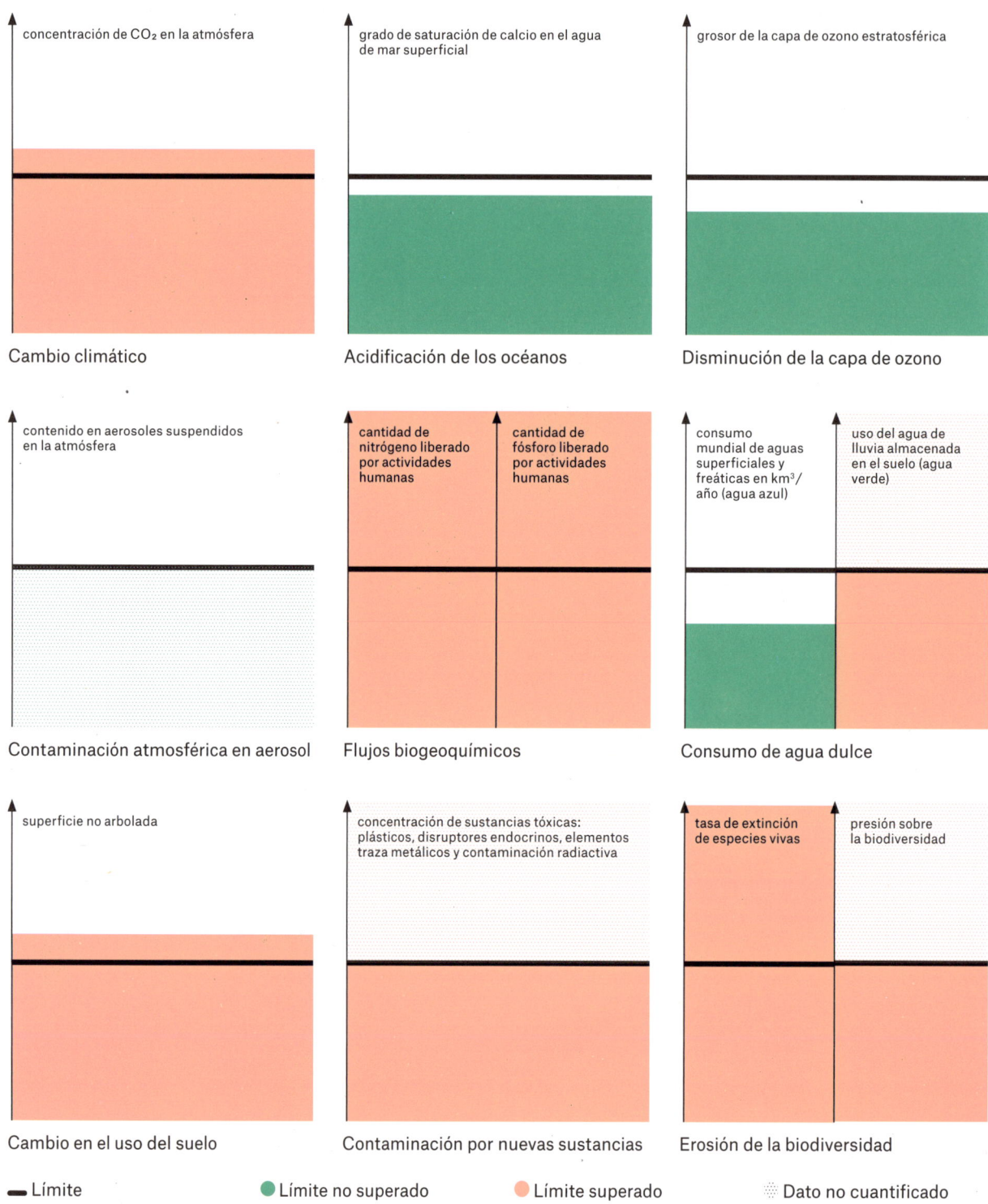

concentración de CO₂ en la atmósfera

Cambio climático

grado de saturación de calcio en el agua de mar superficial

Acidificación de los océanos

grosor de la capa de ozono estratosférica

Disminución de la capa de ozono

contenido en aerosoles suspendidos en la atmósfera

Contaminación atmosférica en aerosol

cantidad de nitrógeno liberado por actividades humanas

cantidad de fósforo liberado por actividades humanas

Flujos biogeoquímicos

consumo mundial de aguas superficiales y freáticas en km³/ año (agua azul)

uso del agua de lluvia almacenada en el suelo (agua verde)

Consumo de agua dulce

superficie no arbolada

Cambio en el uso del suelo

concentración de sustancias tóxicas: plásticos, disruptores endocrinos, elementos traza metálicos y contaminación radiactiva

Contaminación por nuevas sustancias

tasa de extinción de especies vivas

presión sobre la biodiversidad

Erosión de la biodiversidad

— Límite   ● Límite no superado   ● Límite superado   ⋮ Dato no cuantificado

EL «TERRENO DE JUEGO PLANETARIO» es un marco definido por algunos científicos y compuesto por 9 **límites** que la humanidad no debe **superar** a riesgo de poner en peligro sus condiciones de evolución en ecosistemas seguros y funcionales que garantizan sus condiciones de vida. En 2009, un equipo internacional de 26 investigadores elaboró una lista de esos «límites de la Tierra». Para cada uno de ellos se definió un valor umbral. Si se superan estos valores, ya no será posible evitar ni predecir cambios en el entorno cuyas consecuencias catastróficas podrían desestabilizar la biosfera a largo plazo.

En 2022, ya se habían superado 5 de esos 9 límites globales: los que se refieren al **cambio climático**, los **flujos biogeoquímicos** (nitrógeno y fósforo), los **cambios en el uso del suelo**, la **contaminación debida a la introducción de nuevas sustancias** y la **erosión de la biodiversidad**. En concreto, los científicos consideran que si se siguen superando en mayor medida los límites relacionados con el calentamiento global y la erosión de la biodiversidad, nuestro planeta podría cambiar a un «nuevo estado», probablemente mucho menos favorable para la vida. ●

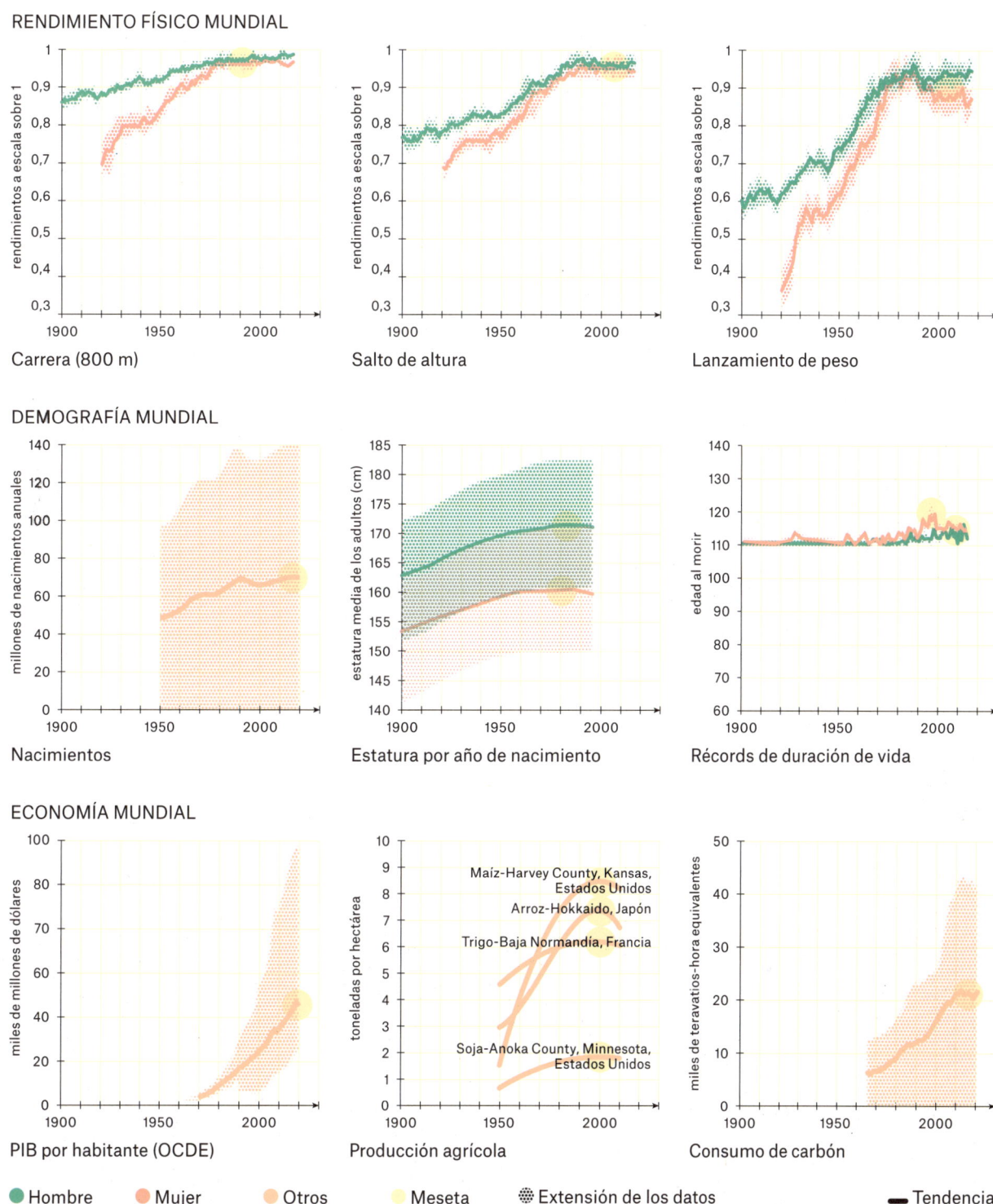

RENDIMIENTO FÍSICO MUNDIAL

Carrera (800 m)

Salto de altura

Lanzamiento de peso

DEMOGRAFÍA MUNDIAL

Nacimientos

Estatura por año de nacimiento

Récords de duración de vida

ECONOMÍA MUNDIAL

PIB por habitante (OCDE)

Producción agrícola

Consumo de carbón

● Hombre   ● Mujer   ● Otros   ● Meseta   ⸬ Extensión de los datos   ▬ Tendencia

«¿PUEDE EL SER HUMANO ADAPTARSE A SÍ MISMO?» es la pregunta que plantea el profesor de fisiología Jean-François Toussaint en una obra colectiva publicada en 2012 a la que da título. Las curvas de crecimiento humano muestran un fuerte repunte en los primeros años de vida, después una **meseta** en la edad adulta y, finalmente, un declive en la vejez. A esta curva la denomina «potencial individual». El «potencial de la especie» es la suma de todos esos potenciales individuales. En campos de estudio como la **demografía** (número de nacimientos, esperanza de vida, etcétera), el **rendimiento físico** individual (en particular, los récords de-

portivos) o la **economía**, ciertos valores muestran **tendencias** comparables: un fuerte crecimiento inicial seguido de una meseta (es decir, un crecimiento exponencial seguido de una fase denominada «asintótica». Proyectar esas tendencias en el futuro plantea interrogantes. ¿Seremos capaces de correr 800 m en menos de 1 minuto 30 segundos? ¿Viviremos 200 años? ¿Alcanzará el PIB medio de los países de la OCDE los 80 000 dólares per cápita? No olvidemos que la actividad humana, que ha alterado de forma permanente la flora y la fauna en todos los ecosistemas, se enfrenta ya a los límites de la Tierra (→ lámina n.º 104). ●

Inmersiones profundas

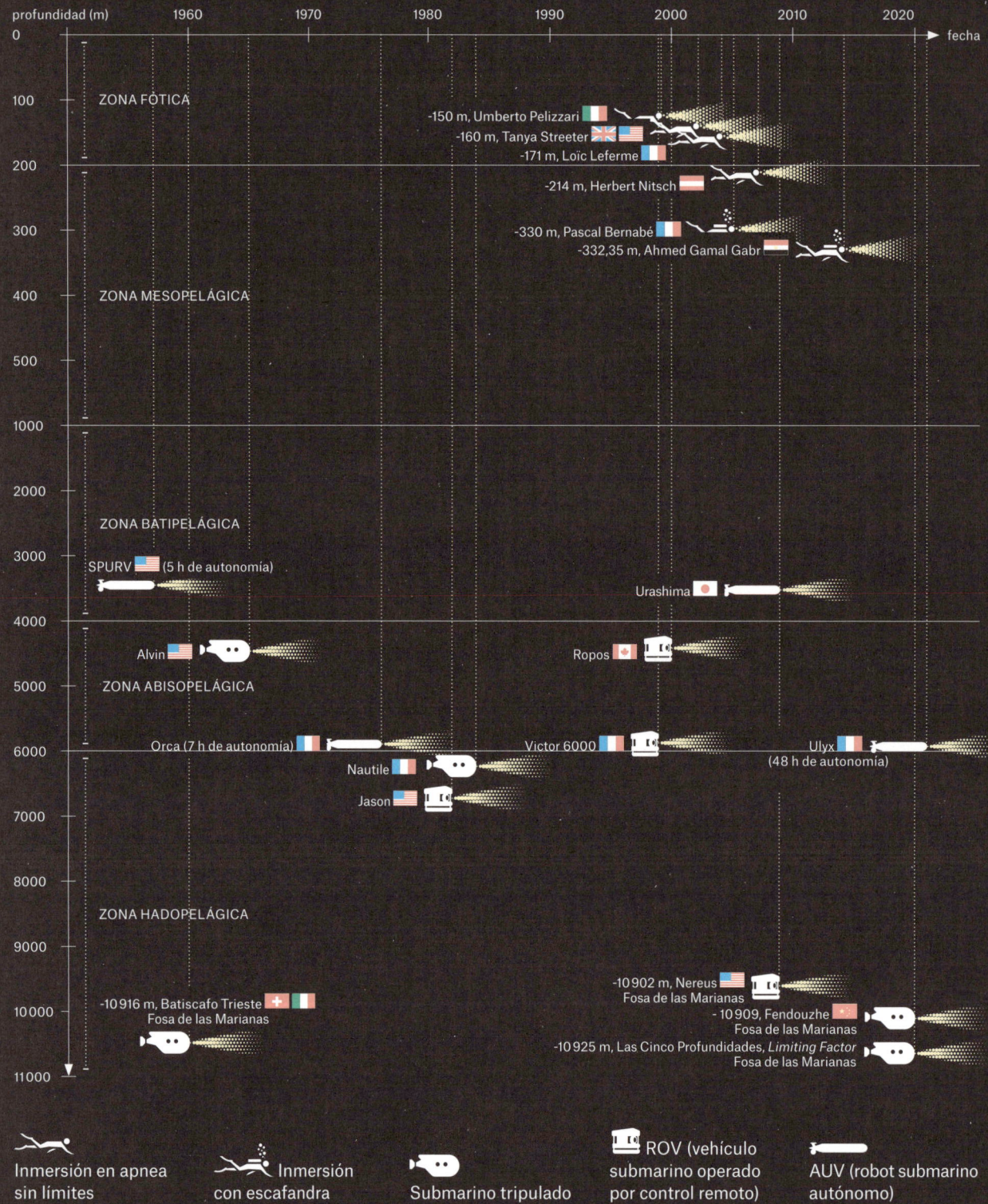

profundidad (m)

ZONA FÓTICA

-150 m, Umberto Pelizzari
-160 m, Tanya Streeter
-171 m, Loïc Leferme
-214 m, Herbert Nitsch
-330 m, Pascal Bernabé
-332,35 m, Ahmed Gamal Gabr

ZONA MESOPELÁGICA

ZONA BATIPELÁGICA

SPURV (5 h de autonomía)
Urashima

Alvin
Ropos

ZONA ABISOPELÁGICA

Orca (7 h de autonomía)
Victor 6000
Ulyx (48 h de autonomía)
Nautile
Jason

ZONA HADOPELÁGICA

-10 902 m, Nereus
Fosa de las Marianas
-10 916 m, Batiscafo Trieste
Fosa de las Marianas
- 10 909, Fendouzhe
Fosa de las Marianas
-10 925 m, Las Cinco Profundidades, *Limiting Factor*
Fosa de las Marianas

Inmersión en apnea sin límites

Inmersión con escafandra

Submarino tripulado

ROV (vehículo submarino operado por control remoto)

AUV (robot submarino autónomo)

LOS ABISMOS SON LOS TERRITORIOS menos explorados de la Tierra, ya que resulta más difícil establecer comunicación con una nave en las profundidades del océano que con un rover en Marte. Sin embargo, los primeros vestigios del buceo se remontan a hace al menos siete mil años. Desde entonces, numerosos avances técnicos han permitido ampliar los límites de las profundidades accesibles: la invención del **submarinismo** en 1839 por James Elliot y Alexander McAvity; los **submarinos tripulados** por la Marina francesa en 1863; la escafandra autónoma de Jacques-Yves Cousteau en 1943, o los **AUV** de Stan Murphy y Bob Francois en 1957 y los **ROV**

de Robert Ballard en 1985. Se distingue entre la exploración «técnica», cuyo objetivo es demostrar el rendimiento material de un equipo, y la exploración de investigación científica, que recopila una gran cantidad de datos para describir el entorno de las profundidades marinas. Esta última avanza a pasos agigantados, gracias sobre todo a los ROV, que permiten la intervención humana a distancia, tomando muestras o mediante observaciones visuales. Independientemente de estos avances técnicos, la inmersión en **apnea** se practica actualmente como deporte extremo, entre otras cosas por la presión que ejerce el agua sobre el cuerpo. •

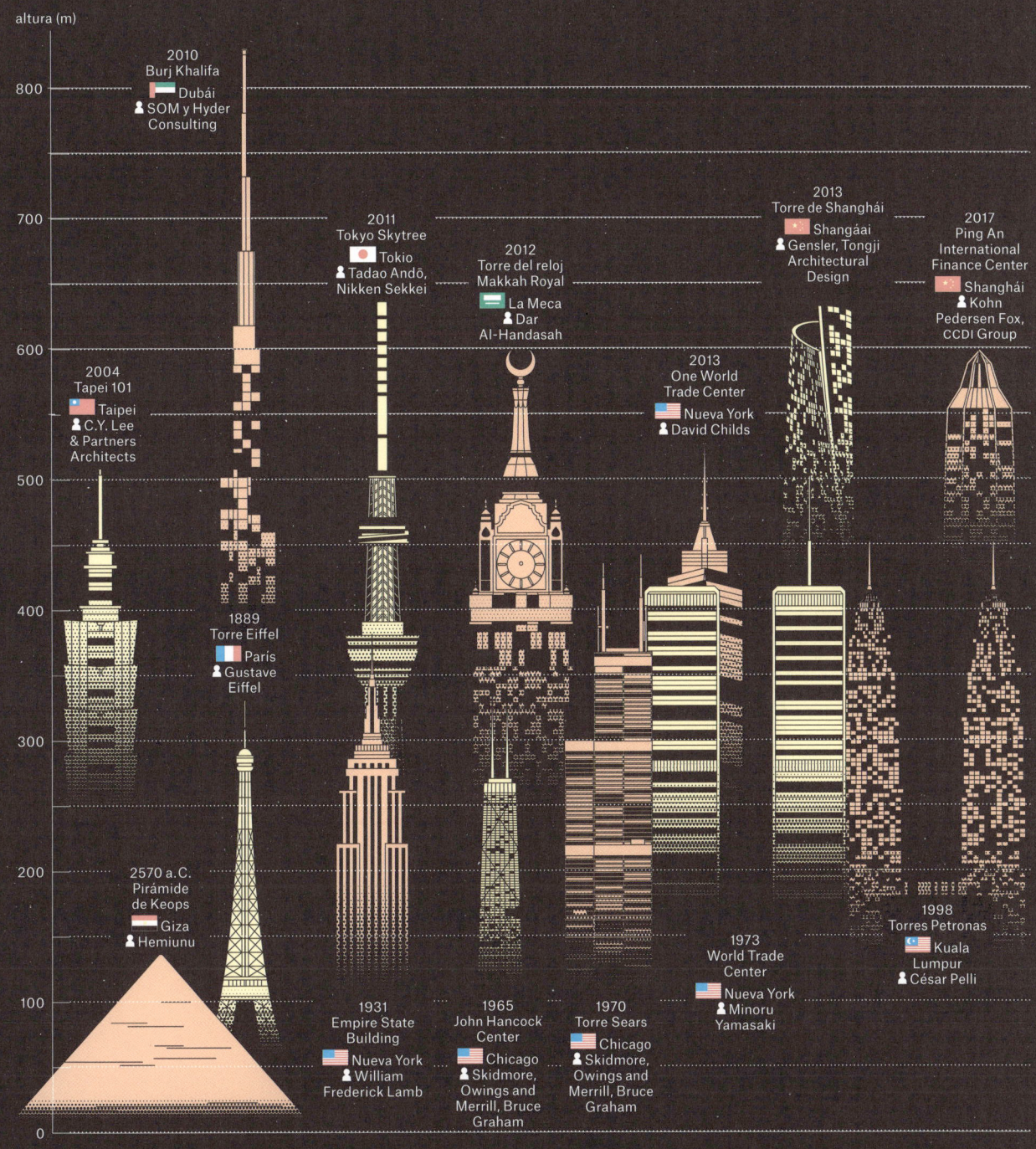

altura (m)

2010
Burj Khalifa
Dubái
SOM y Hyder
Consulting

2011
Tokyo Skytree
Tokio
Tadao Andô,
Nikken Sekkei

2012
Torre del reloj
Makkah Royal
La Meca
Dar
Al-Handasah

2013
Torre de Shanghái
Shangáai
Gensler, Tongji
Architectural
Design

2017
Ping An
International
Finance Center
Shanghái
Kohn
Pedersen Fox,
CCDI Group

2004
Tapei 101
Taipei
C.Y. Lee
& Partners
Architects

2013
One World
Trade Center
Nueva York
David Childs

1889
Torre Eiffel
París
Gustave
Eiffel

2570 a.C.
Pirámide
de Keops
Giza
Hemiunu

1998
Torres Petronas
Kuala
Lumpur
César Pelli

1973
World Trade
Center
Nueva York
Minoru
Yamasaki

1931
Empire State
Building
Nueva York
William
Frederick Lamb

1965
John Hancock
Center
Chicago
Skidmore,
Owings and
Merrill, Bruce
Graham

1970
Torre Sears
Chicago
Skidmore,
Owings and
Merrill, Bruce
Graham

Arquitecto

EN LA MESETA DE GIZA, la **pirámide de Keops** (→ lámina n.º 23) miró al mundo por encima del hombro desde su altura de 137 m (los 146 m originales sufrieron erosión) durante más de 4400 años, antes de que la **torre Eiffel** pusiera fin a esa supremacía en 1887, acercando a la humanidad 163 m al Sol. Surgidas en Estados Unidos, en Chicago, tras el gran incendio de 1871, las primeras torres rondaban los cien metros de altura. Desde entonces, se han sucedido los proyectos, siempre estableciendo nuevos récords, gracias a técnicas y materiales cada vez más eficaces (sobre todo en lo que se refiere a la resistencia al viento).

Existen tres tipos principales de estructura de rascacielos: el **World Trade Center**, por ejemplo, se construyó a partir de un núcleo central sobre el que se montó un armazón metálico exterior; el **John Hancock Center** de Chicago tiene un armazón exterior construido en diagonal, y el ensamblaje de varias torres cónicas sobre una misma base, como la **Torre Sears** (también en Chicago), mejora la estabilidad sobre el terreno. En Arabia Saudí, el proyecto de la Torre Jeddah, de 1000 m de altura y base triangular, está a punto de superar en 172 m el récord anterior, establecido en 2010 por el **Burj Khalifa** de Dubái. •

Macrodatos (*big data*)

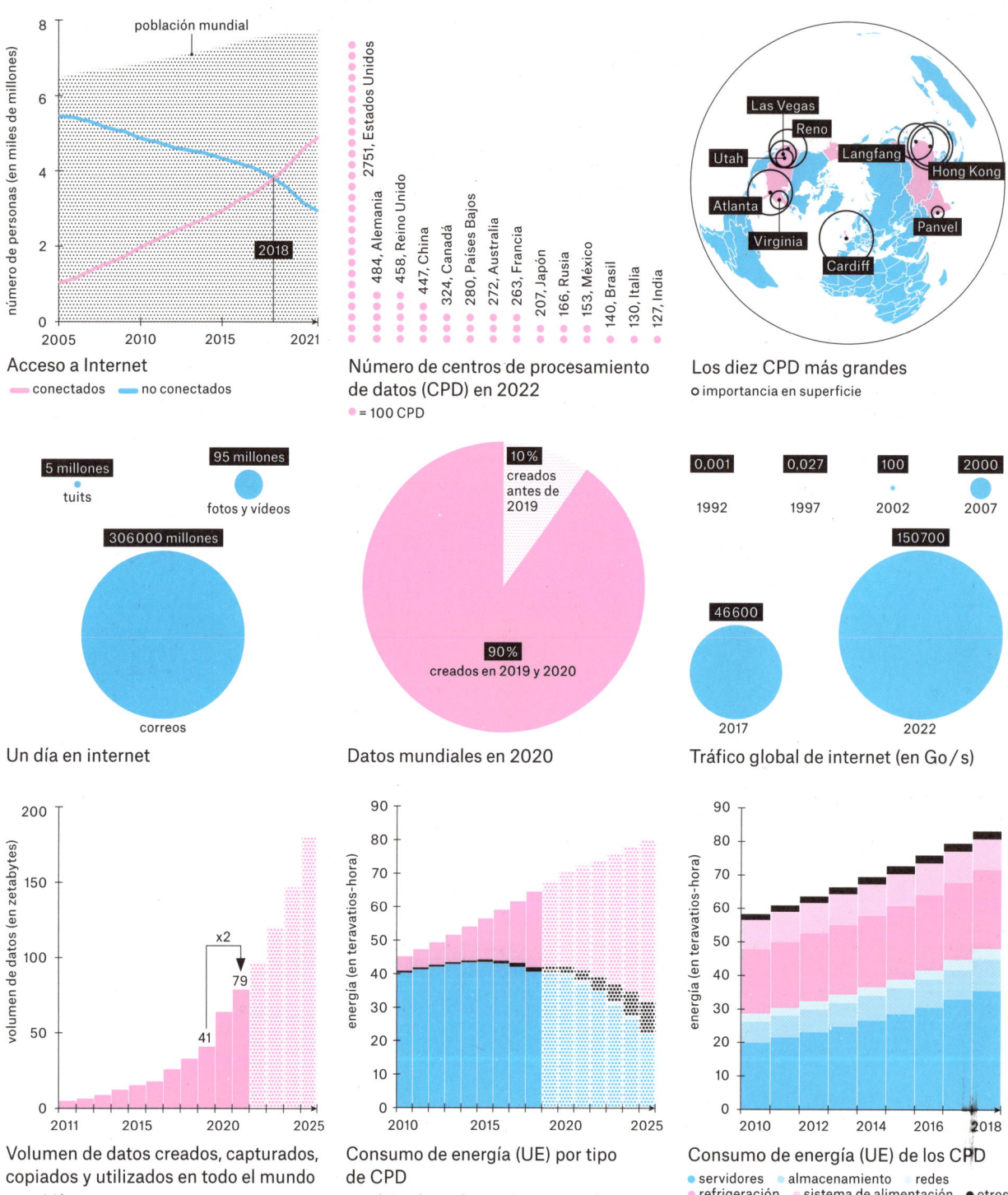

Acceso a Internet
— conectados — no conectados

Número de centros de procesamiento de datos (CPD) en 2022
• = 100 CPD

2751, Estados Unidos
484, Alemania
458, Reino Unido
447, China
324, Canadá
280, Países Bajos
272, Australia
263, Francia
207, Japón
166, Rusia
153, México
140, Brasil
130, Italia
127, India

Los diez CPD más grandes
○ importancia en superficie

Las Vegas · Reno · Utah · Langfang · Hong Kong · Atlanta · Virginia · Panvel · Cardiff

Un día en internet
5 millones — tuits
95 millones — fotos y vídeos
306 000 millones — correos

Datos mundiales en 2020
10 % creados antes de 2019
90 % creados en 2019 y 2020

Tráfico global de internet (en Go / s)
0,001 — 1992
0,027 — 1997
100 — 2002
2000 — 2007
46 600 — 2017
150 700 — 2022

Volumen de datos creados, capturados, copiados y utilizados en todo el mundo
x2 · 41 · 79
⸬ previsión

Consumo de energía (UE) por tipo de CPD
• tradicional • nube • *edge* ⸬ previsión

Consumo de energía (UE) de los CPD
• servidores • almacenamiento • redes
• refrigeración • sistema de alimentación • otros

REDES SOCIALES, medios de comunicación, datos abiertos, la web, bases de datos privadas y públicas, comerciales o científicas generaron nada menos que 79 zetabytes (79 000 billones de gigabytes) de **datos en internet** en 2021 a través de 12 000 millones de objetos conectados en todo el mundo. Es el doble que en 2019, pero la mitad de lo previsto para 2025. Macrodatos (*big data*) es el nombre que se da a la producción de datos de naturaleza variada y compleja, en gran **volumen** y en cantidad creciente, que exigen una capacidad informática cada vez más potente para analizarlos y ordenarlos. Los datos se almacenan en centros de procesamiento de datos

(CPD), inmensas estructuras físicas protegidas cuyas superficies superan las centenas de miles de metros cuadrados. Estas infraestructuras consumen una **energía** considerable (entre el 2 y el 4 por ciento del consumo mundial de electricidad), y serían responsables de una cantidad de emisiones de CO_2 comparable a la del tráfico aéreo.

Considerado como uno de los principales retos de la informática en los próximos años, los macrodatos constituyen una prioridad para la investigación en este ámbito. El creciente desarrollo de la inteligencia artificial ya permite explorar y procesar volúmenes inmensos de datos. ●

ANATOMÍA

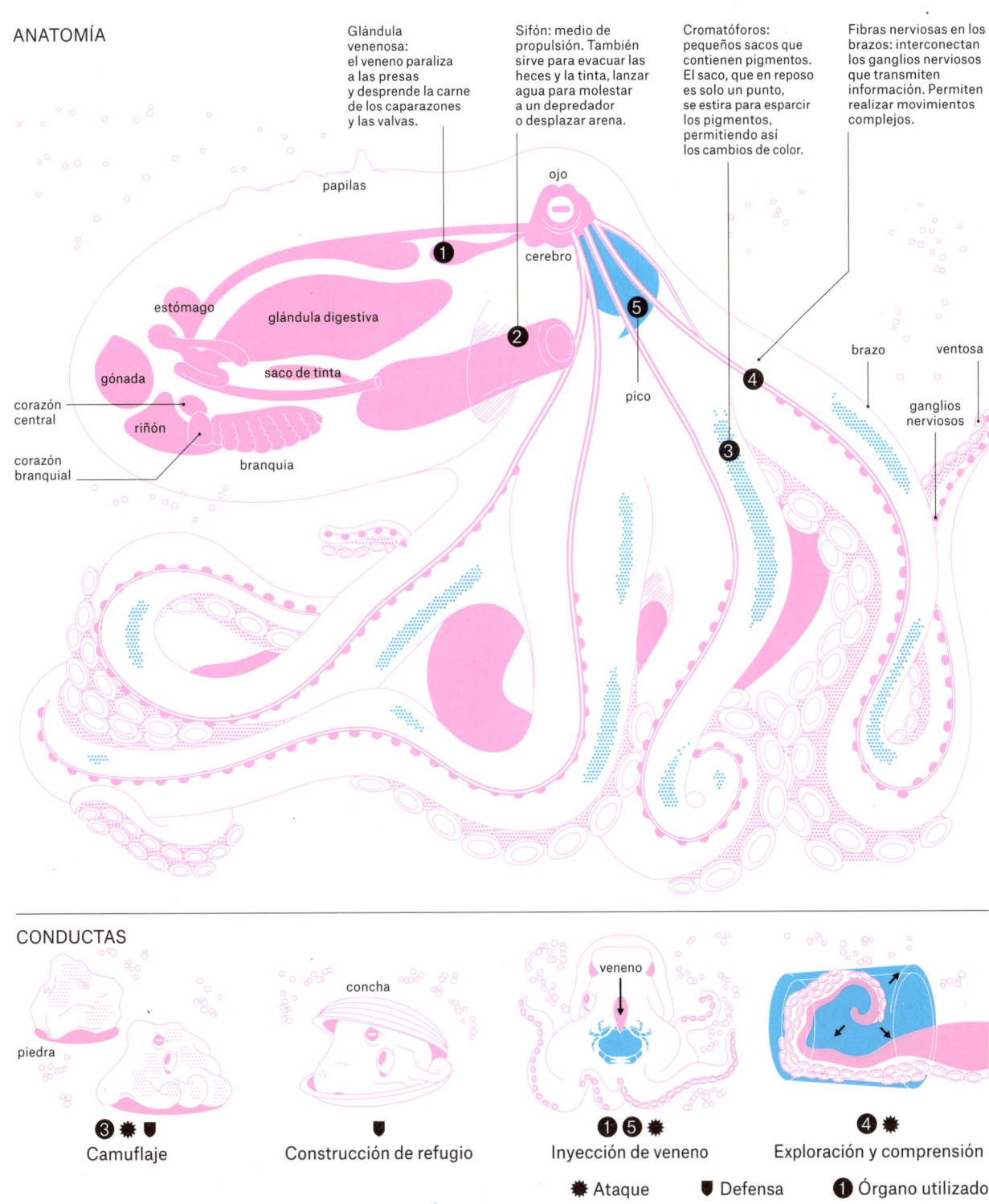

Glándula venenosa: el veneno paraliza a las presas y desprende la carne de los caparazones y las valvas.

Sifón: medio de propulsión. También sirve para evacuar las heces y la tinta, lanzar agua para molestar a un depredador o desplazar arena.

Cromatóforos: pequeños sacos que contienen pigmentos. El saco, que en reposo es solo un punto, se estira para esparcir los pigmentos, permitiendo así los cambios de color.

Fibras nerviosas en los brazos: interconectan los ganglios nerviosos que transmiten información. Permiten realizar movimientos complejos.

papilas

ojo

cerebro

estómago

glándula digestiva

saco de tinta

gónada

pico

brazo

ventosa

corazón central

riñón

ganglios nerviosos

corazón branquial

branquia

CONDUCTAS

piedra

concha

veneno

❸ ✶ ⛊
Camuflaje

⛊
Construcción de refugio

❶❺ ✶
Inyección de veneno

❹ ✶
Exploración y comprensión

✶ Ataque   ⛊ Defensa   ❶ Órgano utilizado

«LOS PULPOS TIENEN TANTO DE FANTASMAS como de monstruos», escribió Víctor Hugo en *Los trabajadores del mar* acerca de estos moluscos que se deslizan por el fondo oceánico con la ayuda de sus ocho **brazos** cubiertos de **ventosas** y su **sifón** propulsor. Conocidos como los «reyes de la evasión» gracias a su capacidad para huir discretamente, los pulpos pueblan nuestra imaginación e intrigan a navegantes y científicos desde hace siglos. Hábiles e inteligentes, se revelan como formidables depredadores que inyectan su **veneno** a través del **pico**. Aparte de sus dos (o tres) **corazones**, la mayor baza de estos cefalópodos es sin duda sus 500 millones de neuronas, ¡repartidas entre su cerebro central y sus brazos! Esta particularidad les permite obtener, aprender, **transmitir** y, sobre todo, memorizar **información**. Según la situación, de **ataque** o **defensa**, los pulpos son capaces de destapar y **explorar** un frasco, **hallar refugio** en una concha o **camuflarse** imitando su entorno y cambiando su pigmentación. Para Peter Godfrey-Smith, filósofo de la ciencia, estas criaturas son «probablemente lo más parecido que tenemos a un encuentro con un extraterrestre inteligente». ●

Rotación de cultivos

1. CULTIVO MEJORADOR

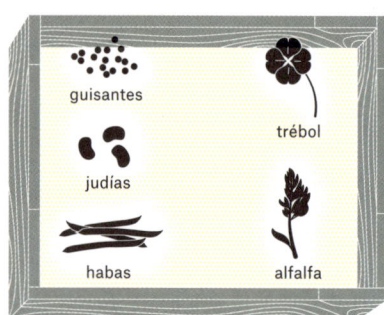

guisantes

trébol

judías

habas

alfalfa

Leguminosas, prado

Fase de construcción de la parcela. Aumenta la fertilidad

2. CULTIVO EXIGENTE

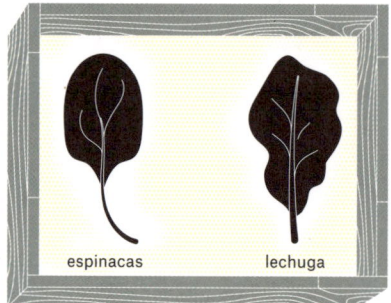

espinacas

lechuga

Hortalizas de hoja

Aporte de nitrógeno y materias orgánicas

6. CULTIVO DE LIMPIEZA

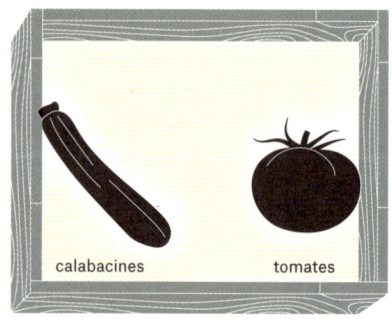

patatas

Plantas escardadas

Limita el desarrollo de plantas competidoras

3. CULTIVO MEDIANAMENTE EXIGENTE

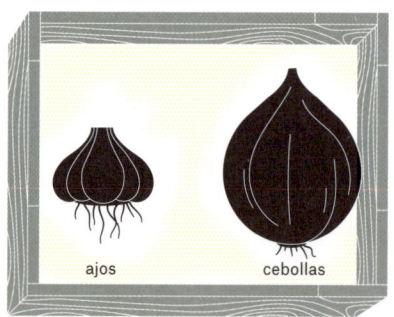

ajos

cebollas

Hortalizas de bulbo

Cambio de sistema radicular y de necesidades en cuanto a nutrientes

5. CULTIVO MUY EXIGENTE

calabacines

tomates

Hortalizas de fruto

Aporte importante de compost

4. CULTIVO POCO EXIGENTE

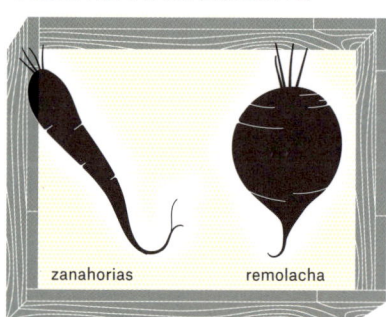

zanahorias

remolacha

Tubérculos

Cambio de sistema radicular y de necesidades en cuanto a nutrientes. Suelo ligero en profundidad

CULTIVAR distintos tipos de plantas de manera escalonada en una misma parcela es el principio de la rotación de cultivos, que se organiza según ciclos regulares. Esta práctica, que existe desde la Edad Media, se abandonó en favor del monocultivo en el siglo XIX, marcado por la mecanización (con la aparición de las cosechadoras) y el uso de productos químicos, como fertilizantes y pesticidas. Sin embargo, dado que mejora la estructura y la actividad biológica del suelo, y permite controlar las malas hierbas, la rotación de cultivos se ha reintroducido en las últimas décadas en el marco de la agricultura sostenible.

Existen diversos sistemas de rotación y diferentes duraciones de ciclo en función de la naturaleza del suelo y sus necesidades. En el huerto se puede optar por un ciclo de 6 años, que empezaría con un cultivo **mejorador** para enriquecer el suelo y lograr que sea más **fértil;** en los dos años siguientes, se continuaría con cultivos **exigentes** en nitrógeno, seguidos de cultivos menos exigentes, como las hortalizas de bulbo. A continuación, se alternan con cultivos que requieren **pocos nutrientes** y otros con más necesidades de compost, y se termina el ciclo con un cultivo de **limpieza** para eliminar las malas hierbas. ●

PIVOTANTE

Comino

FASCICULADO

Puerro

RASTRERO

Cálamo aromático

TUBEROSO PIVOTANTE

Zanahoria

TUBEROSO FASCICULADO

Boniato

ADVENTICIO

raíz gancho

Hiedra trepadora

raíz aérea

Monstera

raíz columnar

Baniano

LAS RAÍCES SON ORGANISMOS ESENCIALES para las plantas, ya que les permiten fijarse al suelo y extraer de él los nutrientes y el agua indispensables para sobrevivir. En muchas especies, las raíces se asocian con hongos mediante un mecanismo mutualista denominado «simbiosis micorrícica» (→ lámina n.º 67), en el que la planta aporta al hongo los azúcares que produce, mientras que el hongo le proporciona agua y minerales. Existe una gran variedad de **sistemas radiculares**, que generalmente dependen de la especie, pero también de la naturaleza del suelo. Así, las raíces pueden ser **pivotantes**, cuando se organizan en torno a una raíz principal plan-

tada verticalmente en el suelo; **fasciculadas**, cuando parten todas del mismo punto, o **rastreras**, cuando crecen horizontalmente. Las raíces **tuberosas**, más gruesas, también pueden ser pivotantes o fasciculadas. Cuando se forman en el tallo, se denominan **adventicias**: en el caso de la hiedra, forman verdaderos **ganchos** que le permiten aferrarse a su soporte. Y también pueden ser **aéreas** (→ lámina n.º 95), cuando crecen por encima del suelo, y contrafuertes o **columnas** cuando contribuyen a consolidar o apuntalar el tronco. ●

Migraciones climáticas

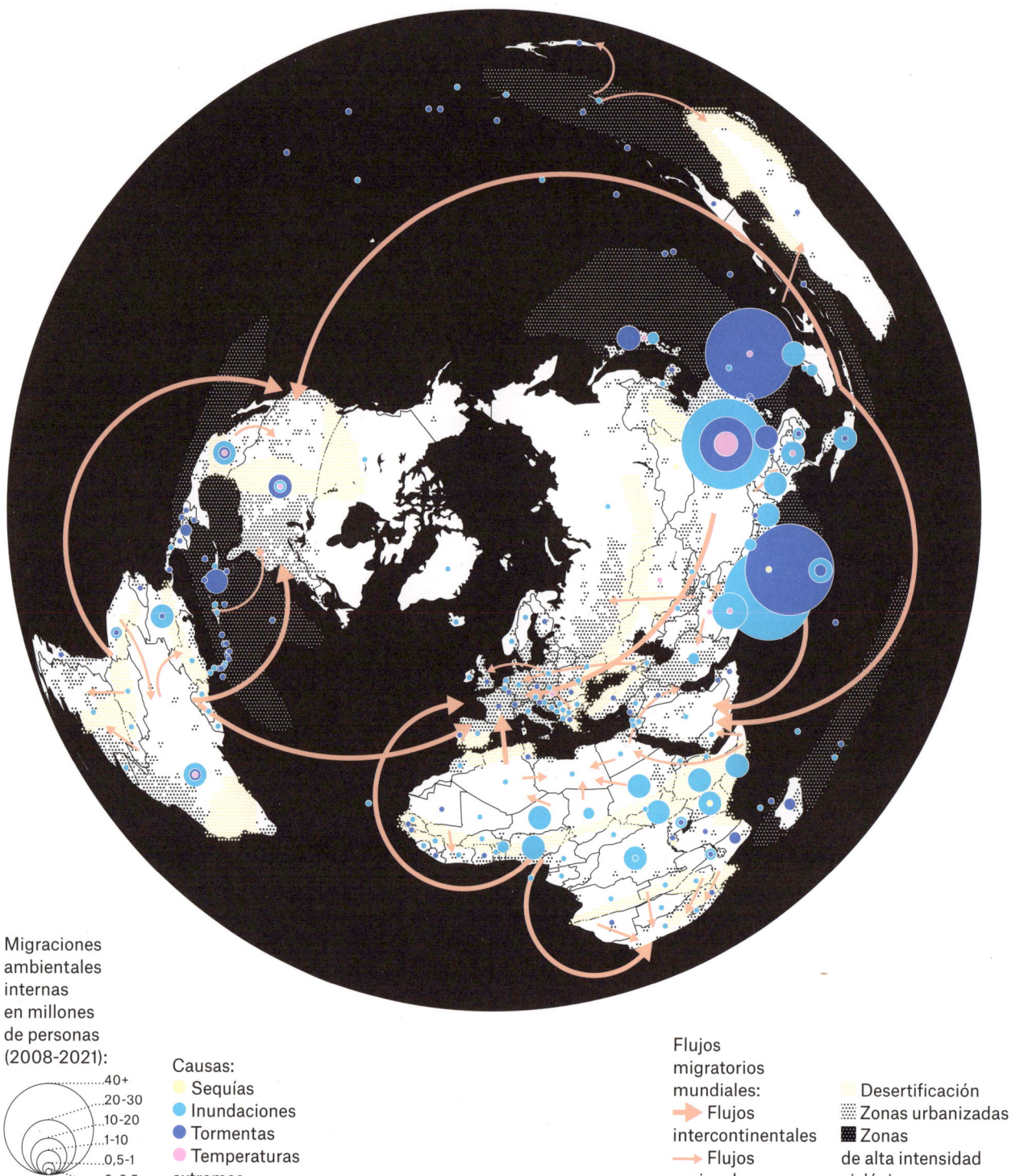

Migraciones
ambientales
internas
en millones
de personas
(2008-2021):

40+
20-30
10-20
1-10
0,5-1
0-0,5

Causas:
○ Sequías
● Inundaciones
● Tormentas
● Temperaturas
extremas

Flujos
migratorios
mundiales:
➡ Flujos
intercontinentales
→ Flujos
regionales

Desertificación
Zonas urbanizadas
Zonas
de alta intensidad
ciclónica

200 MILLONES DE MIGRANTES climáticos en 2050: esta es la estimación realizada en 1995 por Norman Myers, investigador de la Universidad de Oxford. Esta cifra puede compararse con los 305 millones de **migraciones internas** (es decir, dentro de un mismo país) causadas específicamente por fenómenos medioambientales extremos entre 2008 y 2021 (según el Observatorio de Desplazamiento Interno). Estos desastres pueden ser **inundaciones**, **tormentas**, episodios de **temperaturas extremas** o de **sequía**, y en algunos casos están relacionados de manera indirecta con la actividad humana y el calentamiento climático.

Según la geógrafa Bernadette Mérenne-Schoumaker, «las migraciones climáticas son solo una parte de las migraciones ambientales, es decir, de los desplazamientos de poblaciones vinculados a alteraciones ambientales, que también incluyen acontecimientos geofísicos como terremotos, erupciones volcánicas o erosión del suelo». Dado que este tipo de desplazamientos aumentará en las próximas décadas, los organismos internacionales competentes en la materia solicitan que se reconozca el estatuto jurídico de refugiado medioambiental. ●

PSICOLOGÍA - Experimento de atención colectiva (Milgram *et al.*, 1969)

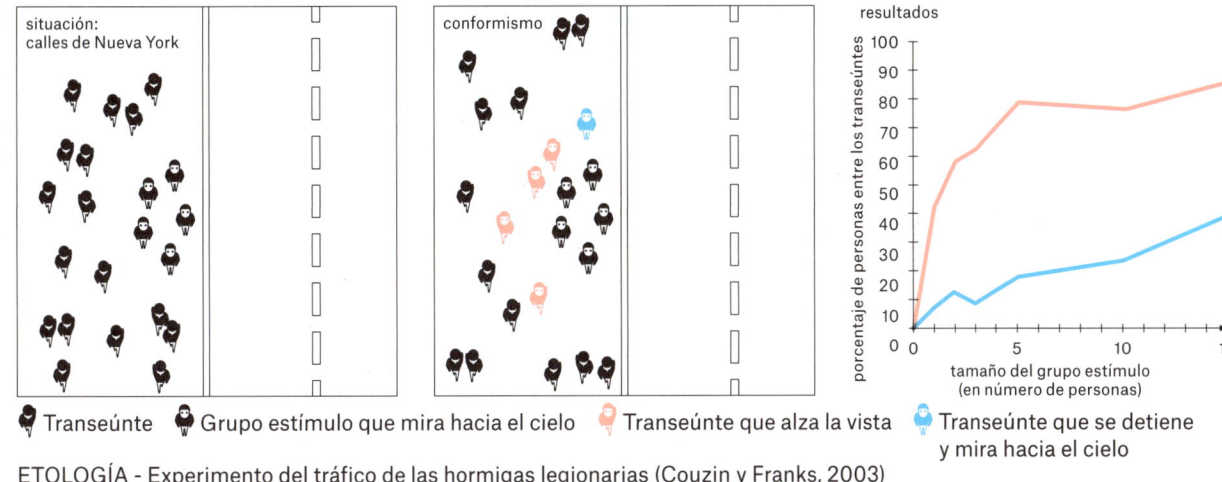

🐑 Transeúnte 🐑 Grupo estímulo que mira hacia el cielo 🐑 Transeúnte que alza la vista 🐑 Transeúnte que se detiene y mira hacia el cielo

ETOLOGÍA - Experimento del tráfico de las hormigas legionarias (Couzin y Franks, 2003)

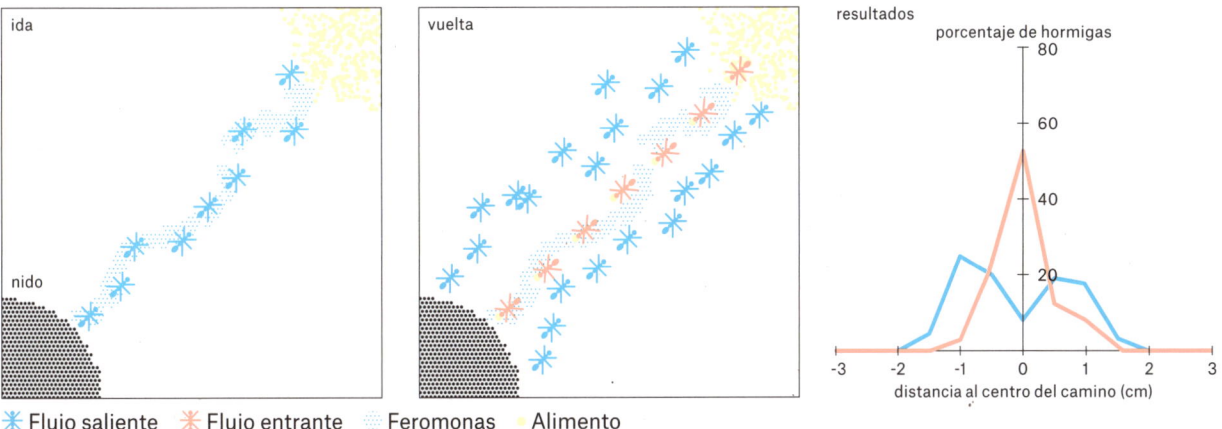

❋ Flujo saliente ❋ Flujo entrante ⣿ Feromonas ▪ Alimento

FÍSICA - Experimento del efecto *Faster-Is-Slower* (Garcimartín *et al.*, 2014, según Helbing *et al.*, 2000)

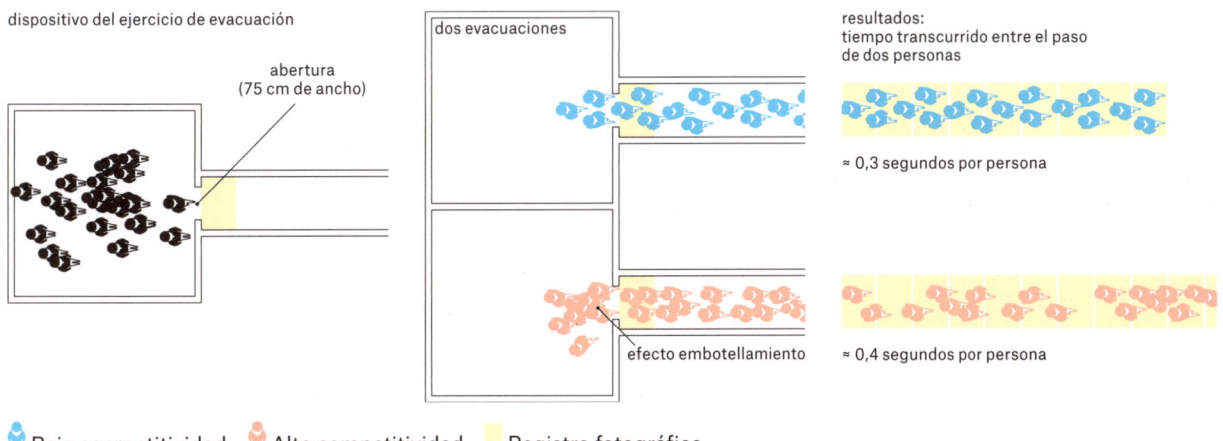

🔵 Baja competitividad 🔴 Alta competitividad ▪ Registro fotográfico

LOS COMPLEJOS SISTEMAS constituidos por las multitudes se basan en un principio de autoorganización. Los bancos de peces o las colonias de hormigas obedecen a principios comparables: un individuo que guía a los demás o que evita un obstáculo modifica la estructura del grupo. Se han llevado a cabo experimentos en diversos campos: en **psicología**, Stanley Milgram demostró que cuando un grupo denominado «estímulo» de cinco personas mira fijamente al cielo, cabe esperar de la multitud que cuatro transeúntes levanten la vista y que una persona se detenga para mirar al cielo. Este efecto de contagio aumenta con el tamaño del grupo estí-

mulo. Al observar el movimiento de las hormigas legionarias (*Eciton burchelli*), los **etólogos** detectan un reparto espacial de los flujos de entrada y salida del nido: las hormigas que regresan, cargadas de comida, toman el camino más corto. En **física**, el efecto *Faster-Is-Slower* («la rapidez ralentiza») permite evaluar el impacto de dos tácticas de evacuación de un grupo a través de una puerta pequeña. La alta competitividad aumenta el tiempo de evacuación. Los **empujones**, resultado del arremolinamiento incontrolado de una multitud, pueden ser letales, como ocurrió durante la peregrinación a La Meca de 2015: murieron 1608 personas. ●

Evolución biogeológica de la Tierra

DESDE LOS ORÍGENES HASTA NUESTROS DÍAS

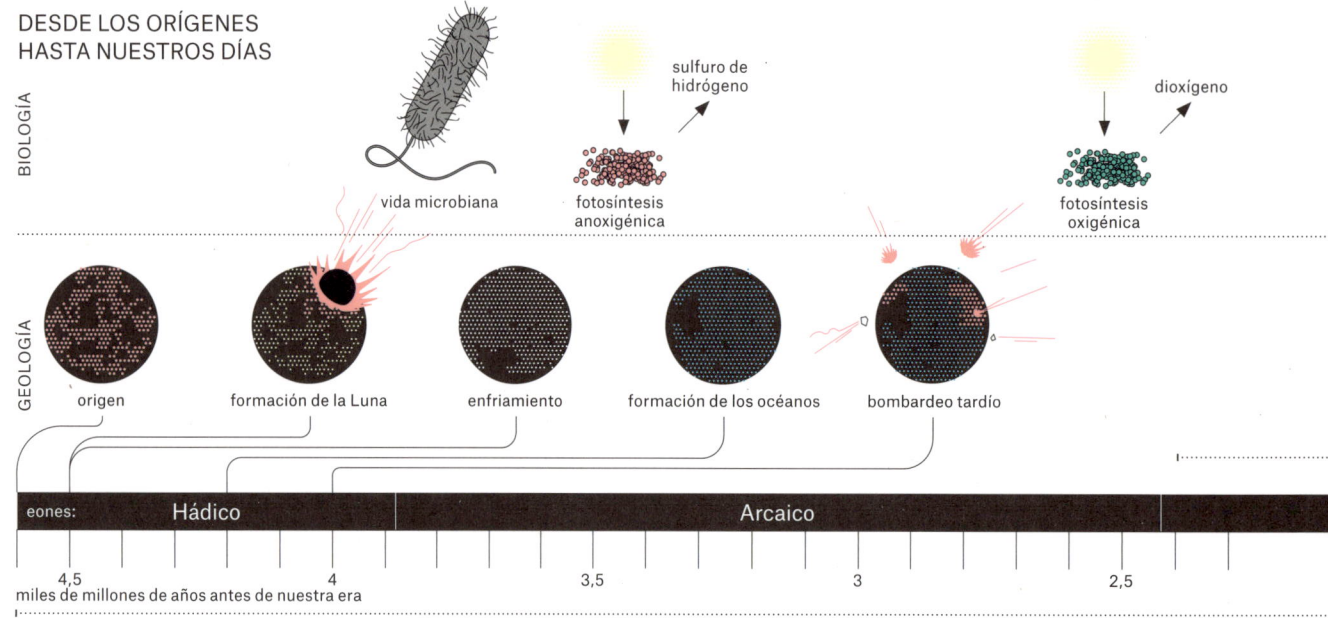

BIOLOGÍA

vida microbiana

sulfuro de hidrógeno

fotosíntesis anoxigénica

dioxígeno

fotosíntesis oxigénica

GEOLOGÍA

origen — formación de la Luna — enfriamiento — formación de los océanos — bombardeo tardío

eones: Hádico | Arcaico

4,5 | 4 | 3,5 | 3 | 2,5

miles de millones de años antes de nuestra era

EXPLOSIÓN DE LA VIDA

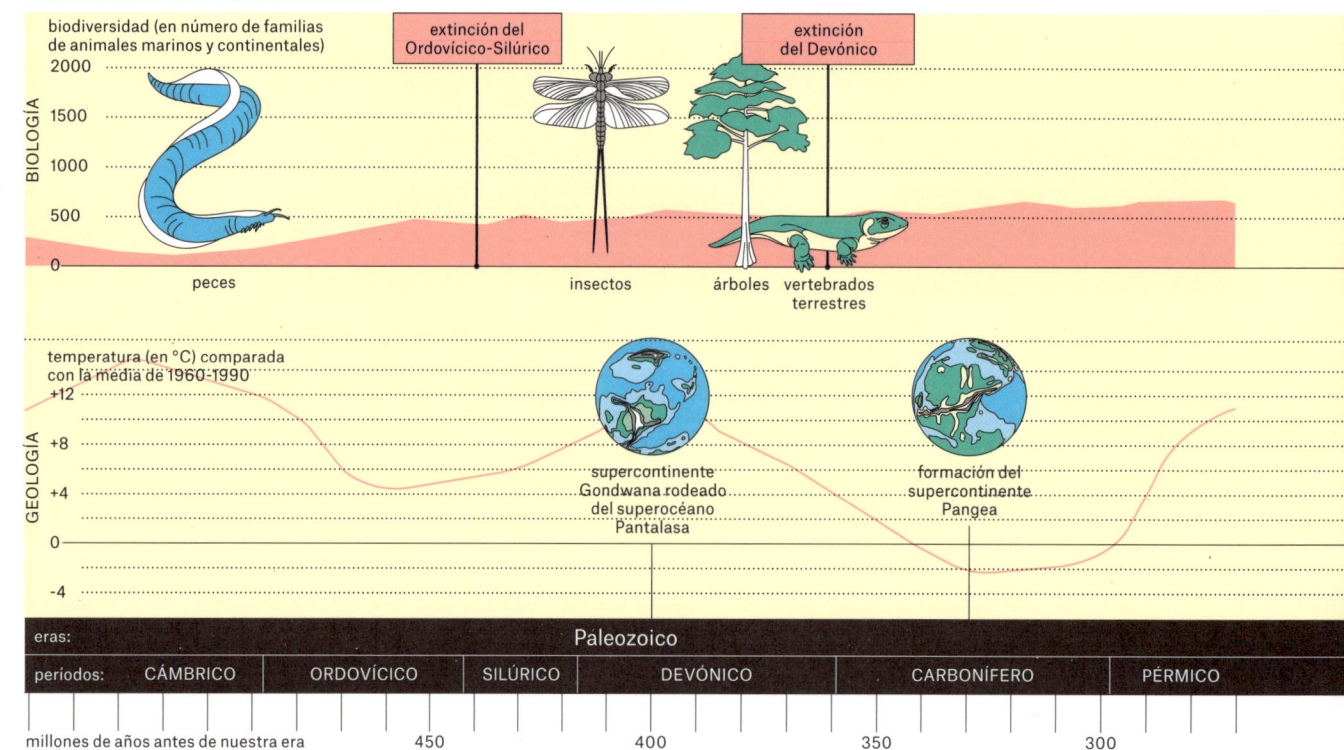

BIOLOGÍA

biodiversidad (en número de familias de animales marinos y continentales)
2000
1500
1000
500
0

extinción del Ordovícico-Silúrico

extinción del Devónico

peces — insectos — árboles — vertebrados terrestres

GEOLOGÍA

temperatura (en °C) comparada con la media de 1960-1990
+12
+8
+4
0
-4

supercontinente Gondwana rodeado del superocéano Pantalasa

formación del supercontinente Pangea

eras: Paleozoico

periodos: CÁMBRICO | ORDOVÍCICO | SILÚRICO | DEVÓNICO | CARBONÍFERO | PÉRMICO

450 | 400 | 350 | 300

millones de años antes de nuestra era

EL PLANETA TIERRA NACIÓ hace 4600 millones de años, cuando el Sol, entonces una estrella joven, solo brillaba al 70 por ciento de su intensidad actual. Sufrió numerosas transformaciones antes de adoptar el aspecto que conocemos hoy: un planeta azul que alberga vida. En la historia de la Tierra se distinguen cuatro grandes períodos (eones). Durante el **Hádico**, se cree que la Tierra fue golpeada por un protoplaneta, lo que provocó la inclinación de su eje y el **nacimiento de la Luna**, el satélite responsable de la estabilidad de nuestro clima y del fenómeno de las mareas. A lo largo del **Arcaico** y el **Proterozoico**, la composición de los gases y la temperatura de la atmósfera, y posteriormente de los océanos, evolucionaron en el transcurso de períodos alternos de **glaciaciones** y calentamientos. Después, la aparición de una tectónica de placas creó un supercontinente llamado **Rodinia**, que se separó en trozos hace unos 750 millones de años. Los tres primeros eones se agrupan bajo el término **Precámbrico**. El eón más reciente, el **Fanerozoico**, se inauguró con la **explosión cámbrica**, en la que apareció una gran variedad de organismos. A partir de entonces, la vida se diversificó rápidamente a pesar de los episodios de **extinciones** masivas para formar tejidos ecológicos cada vez más complejos.

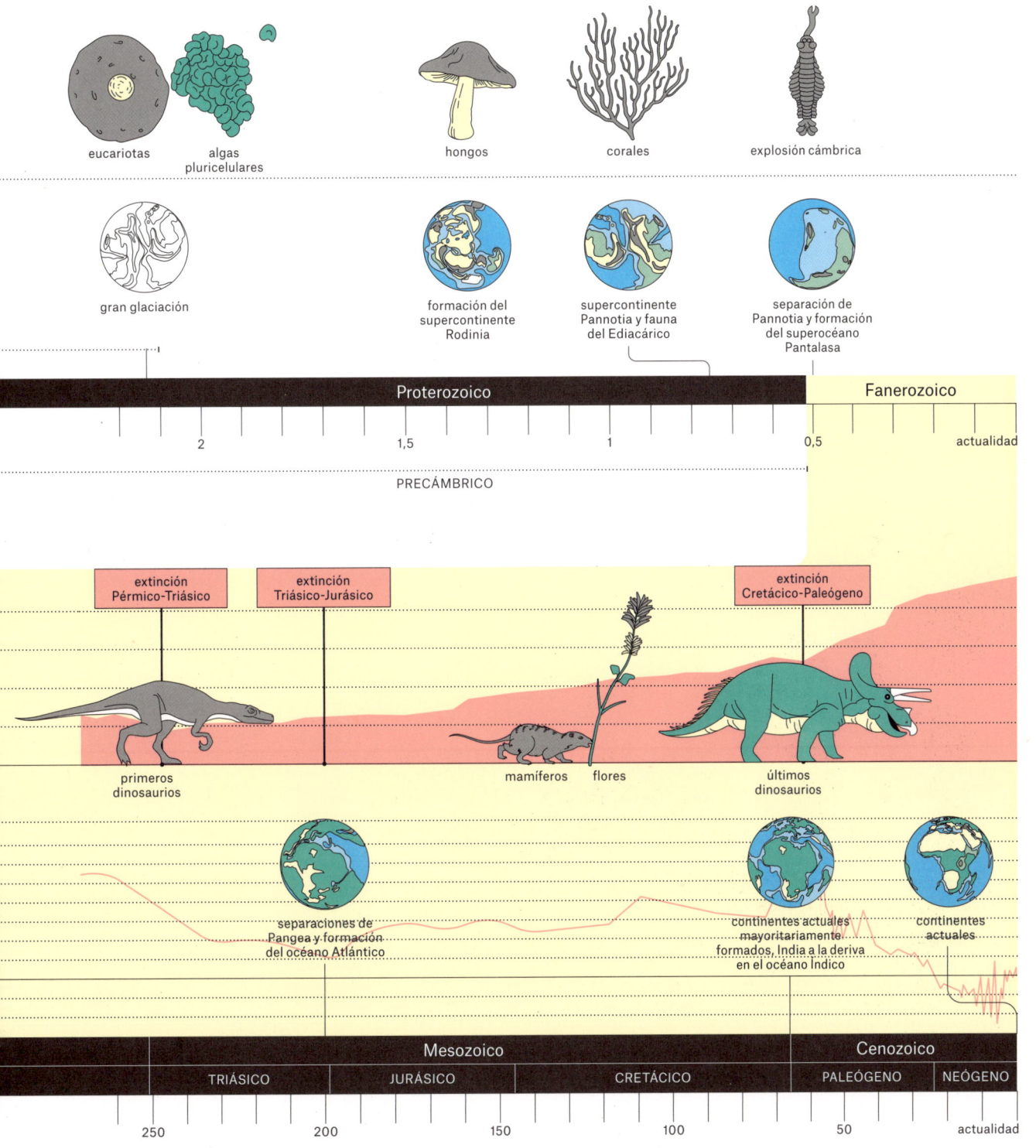

eucariotas

algas pluricelulares

hongos

corales

explosión cámbrica

gran glaciación

formación del supercontinente Rodinia

supercontinente Pannotia y fauna del Ediacárico

separación de Pannotia y formación del superocéano Pantalasa

Proterozoico

Fanerozoico

2

1,5

1

0,5

actualidad

PRECÁMBRICO

extinción Pérmico-Triásico

extinción Triásico-Jurásico

extinción Cretácico-Paleógeno

primeros dinosaurios

mamíferos

flores

últimos dinosaurios

separaciones de Pangea y formación del océano Atlántico

continentes actuales mayoritariamente formados, India a la deriva en el océano Índico

continentes actuales

Mesozoico

Cenozoico

TRIÁSICO

JURÁSICO

CRETÁCICO

PALEÓGENO

NEÓGENO

250

200

150

100

50

actualidad

«Hablo de piedras que [...] han estado desde el comienzo del planeta, en ocasiones venidas de otra estrella. Cargan entonces sobre sí mismas la torsión del espacio como un estigma de su terrible caída. Han estado antes que el hombre; y el hombre, cuando llegó, no las marcó con la huella de su arte o de su industria. [...] No se perpetúan más que en su propia memoria.

Hablo de piedras con más edad que la vida y que permanecen, en los planetas fríos, incluso después de que esta tuviera la fortuna de eclosionar en ellos. Hablo de piedras que ni siquiera tienen que esperar la muerte y que no tienen nada más que hacer que permitir que se deslicen sobre su superficie la arena, el aguacero o la resaca, la tempestad, el tiempo».

Piedras, Roger Caillois, 1966 ●

Dionea atrapamoscas

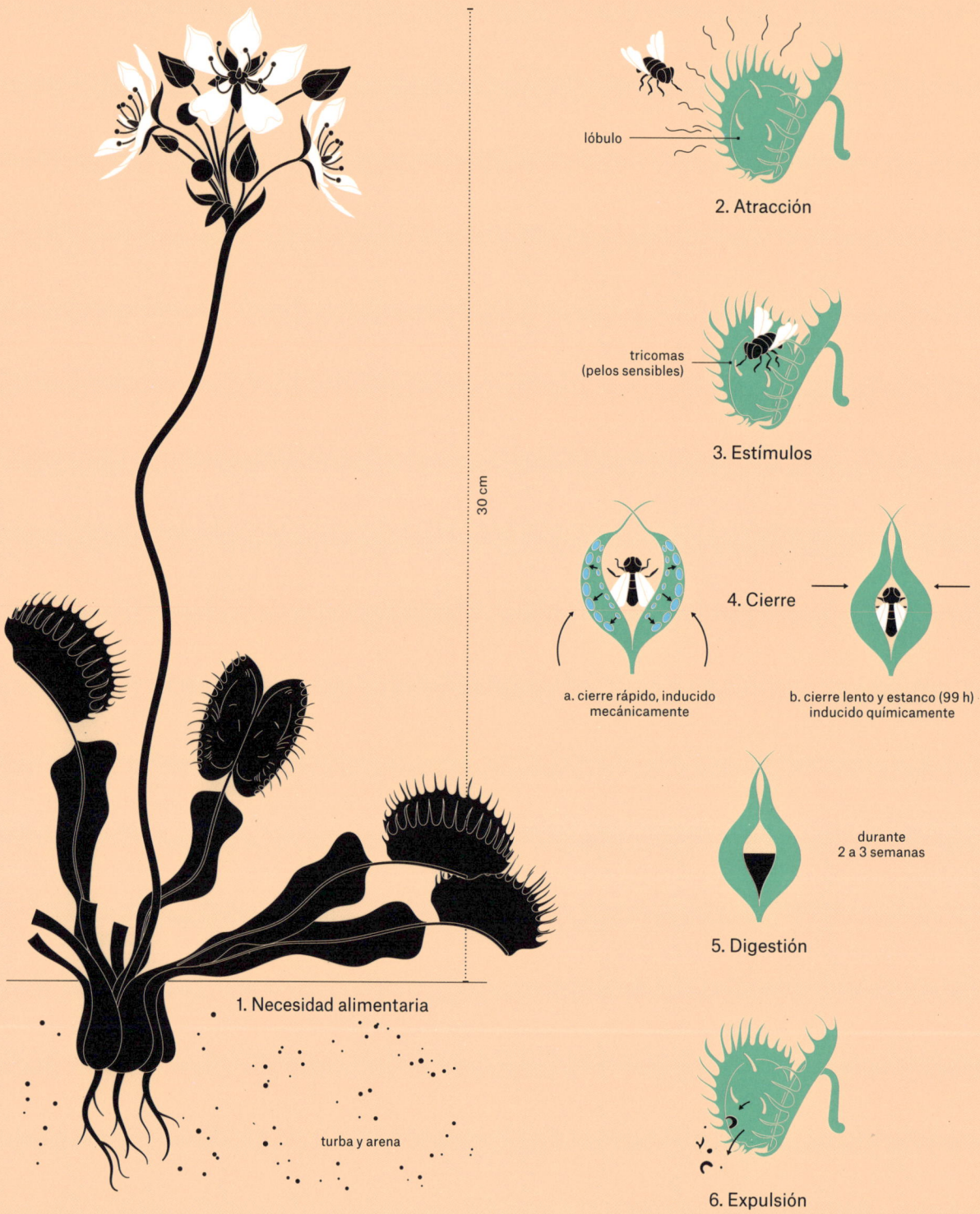

lóbulo

2. Atracción

tricomas
(pelos sensibles)

3. Estímulos

4. Cierre

a. cierre rápido, inducido
mecánicamente

b. cierre lento y estanco (99 h)
inducido químicamente

30 cm

durante
2 a 3 semanas

5. Digestión

1. Necesidad alimentaria

turba y arena

6. Expulsión

A PESAR DE SU TAMAÑO NADA IMPRESIONANTE (25 cm de media), la dionea atrapamoscas fue descrita por Charles Darwin como «una de las plantas más maravillosas del mundo» por sus hojas con forma de mandíbula con dientes afilados y un intrigante mecanismo de cierre. Esa reputación perdura, ya que se trata de la planta carnívora más cultivada del mundo. Amenazada en estado salvaje, crece en los suelos arenosos de Norteamérica con bajo contenido en materia orgánica o en turberas (humedales donde la vegetación cubre la superficie del agua hasta formar una especie de suelo acuático). *Dionaea muscipula* necesita insectos para complementar su ingesta de nutrientes (**1**), y los atrae con el olor de su néctar, rico en carbohidratos, segregado por glándulas situadas en el borde de sus lóbulos (**2**). La trampa solo se cierra sobre la presa cuando se estimulan los **tricomas**, unos pelos muy sensibles situados en el interior de cada lóbulo (**3**). Una vez atrapado, el insecto se moverá y forcejeará, provocando que la dionea intensifique la presión (**4**). La planta ya puede segregar un líquido ácido y absorber los nutrientes que necesita (**5**). Tras la digestión completa, que puede durar entre 14 y 21 días, las hojas vuelven a abrirse para **expulsar** el exoesqueleto del insecto (**6**). •

Momias

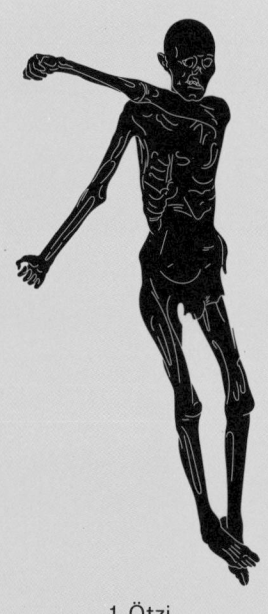

1. Ötzi
🔍 1991 ⚰ 3300 a.C.
📍 Alpes de Ötztal, Austria / Italia

2. Rosalia Lombardo
🔍 1920 ⚰ 1920
📍 Palermo, Italia

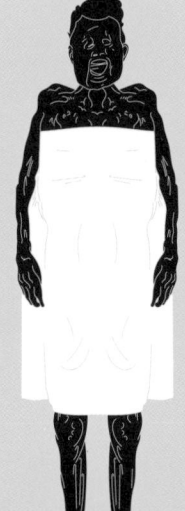

3. Xin Zhui
🔍 1972 ⚰ -2150
📍 Hunán, China

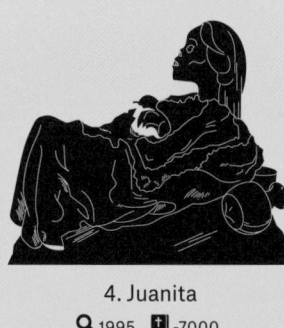

4. Juanita
🔍 1995 ⚰ -7000
📍 Arequipa, Perú

5. Pompeya
🔍 Siglo XVII ⚰ 79 d.C.
📍 Pompeya, Italia

6. Tollund
🔍 1950 ⚰ 375 y 210 a.C.
📍 Dinamarca

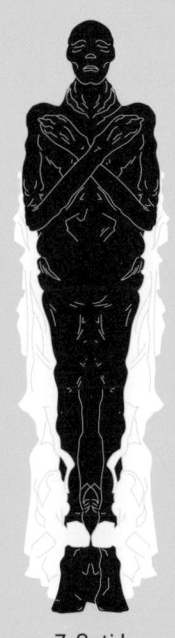

7. Seti I
🔍 1817 ⚰ 1279 a.C.
📍 Valle de los Reyes, Egipto

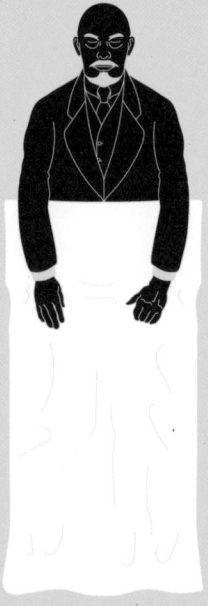

8. Lenin
🔍 1924 ⚰ 1924
📍 Moscú, Rusia

9. Momia de Fallon
🔍 1940 ⚰ -9400
📍 Nevada, Estados Unidos

LAS MOMIAS, CADÁVERES conservados de forma natural o mediante técnicas de embalsamamiento, resultan fascinantes porque ocultan secretos que han viajado con ellas a través de los tiempos. **1. Ötzi** fue asesinado de un flechazo en el pecho hace 5300 años. **2. Rosalia** no había cumplido los dos años cuando murió de neumonía y fue embalsamada por el célebre Alfredo Salafia. **3. Xin Zhui**, o «Madame Dai», esposa de un rico gobernador, murió a los cincuenta años y fue descubierta en una tumba sellada con arcilla. Su estado de conservación era notable. **4.** La adolescente inca **Juanita,** drogada y sacrificada en las cumbres del volcán Ampato, fue hallada en posición fetal gracias al deshielo provocado por la erupción del cercano volcán Sabancaya. **5.** En la antigua ciudad de **Pompeya** se encontraron mil cuerpos petrificados por la ceniza y la lava. **6.** El cuerpo de este ahorcado fue momificado de forma natural en la turbera de **Tollund. 7. Seti I** fue momificado en una época en la que las técnicas de embalsamamiento egipcias estaban en su apogeo. **8.** Desde hace cien años, **Lenin** reposa en un mausoleo húmedo a baja temperatura, a cargo de científicos, responsables, en particular, de renovar su piel. **9.** Envuelta en esteras trenzadas, la **momia de Fallon** es la más antigua descubierta en Norteamérica. ●

Permafrost

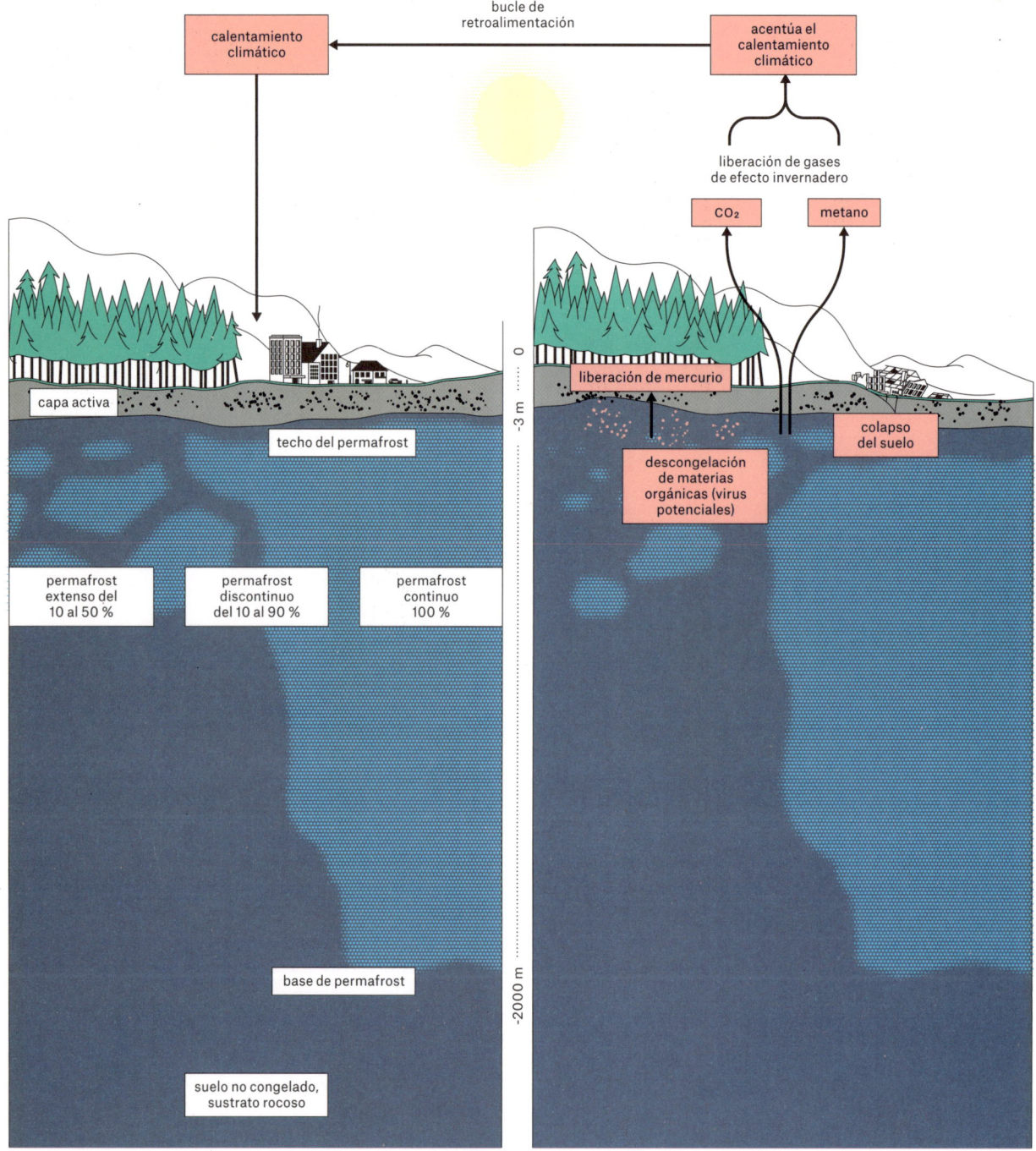

SUELO CON PERMAFROST

DESHIELO DEL PERMAFROST

bucle de retroalimentación

calentamiento climático

acentúa el calentamiento climático

liberación de gases de efecto invernadero

CO₂

metano

capa activa

liberación de mercurio

techo del permafrost

colapso del suelo

descongelación de materias orgánicas (virus potenciales)

permafrost extenso del 10 al 50 %

permafrost discontinuo del 10 al 90 %

permafrost continuo 100 %

0

-3 m

-2000 m

base de permafrost

suelo no congelado, sustrato rocoso

EL PERMAFROST, O SUELO que ha permanecido congelado durante al menos dos años, representa algo menos del 20 por ciento de la superficie terrestre. El permafrost polar se encuentra en las latitudes elevadas: Groenlandia, Alaska, Canadá y principalmente en la parte siberiana de Rusia. El permafrost alpino es el que se halla bajo algunos de los relieves más elevados del mundo. Este tipo de suelo se puede extender hasta una **profundidad de 2000 m**. La capa superficial, denominada «activa», se descongela cada verano hasta alcanzar un espesor de entre 10 cm y 3 m. Por debajo de los 10 m, el permafrost no se descongela, pero sí está sujeto a variaciones de temperatura y estado: **discontinuo, continuo** o **extenso**. El 90 por ciento de estos suelos podría descongelarse de aquí a 2100 a causa del **calentamiento climático**. Este factor ya se ve exacerbado por el deshielo del permafrost, que libera **gases de efecto invernadero**, creando un **bucle de retroalimentación** que amplificará las modificaciones del clima. Los suelos afectados son cada vez más blandos, e incluso se hunden en algunos lugares. Existe la amenaza añadida de la liberación de sustancias tóxicas, como el **mercurio**, o de antiguos virus que se encontraban atrapados en el hielo, lo que hace temer la propagación de epidemias. ●

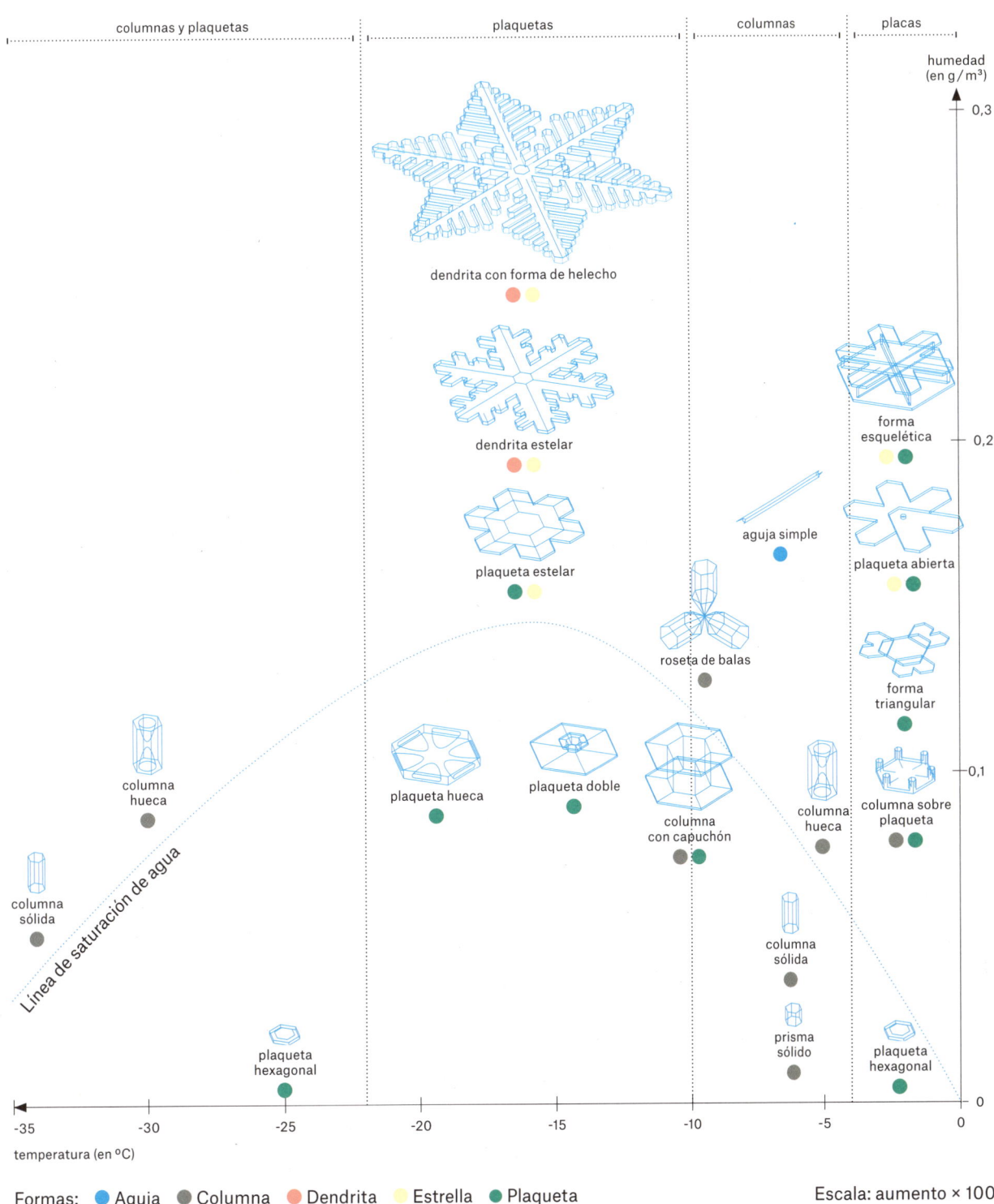

columnas y plaquetas — plaquetas — columnas — placas

humedad (en g/m³)

dendrita con forma de helecho

dendrita estelar

plaqueta estelar

aguja simple

forma esquelética

plaqueta abierta

roseta de balas

forma triangular

columna hueca

plaqueta hueca

plaqueta doble

columna con capuchón

columna hueca

columna sobre plaqueta

Línea de saturación de agua

columna sólida

columna sólida

prisma sólido

plaqueta hexagonal

plaqueta hexagonal

temperatura (en °C)

Formas: ● Aguja ● Columna ● Dendrita ● Estrella ● Plaqueta

Escala: aumento × 100

«FLORES DE NIEVE» fue el término utilizado por el fotógrafo estadounidense Wilson Bentley para describir los copos de nieve que fotografió a lo largo de su vida. Tras su primera fotografía de un cristal de hielo, tomada en 1885 con un microscopio acoplado a una cámara, realizó más de 5000 tomas y demostró que «no existen dos copos de nieve iguales». En la década de 1930, las investigaciones del físico japonés Ukichiro Nakaya sobre la primera nieve artificial permitieron recorrer el camino de formación desde el cristal de hielo hasta el copo de nieve, en condiciones controladas en un laboratorio, y comprender así sus extraordinarias **formas**. Estos cristales cambian constantemente en función de las condiciones meteorológicas. En las nubes a gran altitud, su forma y su tamaño iniciales vienen determinados por la **temperatura**, la **humedad** y la **saturación de agua** del aire: de 0 a -4 °C para las **placas hexagonales** finas; de -4 a -6 °C para las **agujas**; de -6 a -10 °C para las **columnas huecas**; de -10 a 12 °C para los cristales con seis puntas largas, y de -12 a -16 °C para las **dendritas** filiformes. El copo de nieve, un agregado de estos cristales, recibe su forma en función del viento, los cambios de temperatura, la luz solar o la lluvia. ●

Zonas inaccesibles

1. Área 51
Estados Unidos

2. Islas Head y McDonald
Territorio Antártico Australiano

3. Surtsey
Islandia

4. Isla Sentinel del Norte
India

5. Tepuyes del este de Venezuela
Venezuela

6. Poveglia
Italia

7. Isla de Queimada Grande
Brasil

- ● Zona inaccesible (superficie)
- ○ Zona militar
- ⚜ Zona urbana
- ⊖ Acceso prohibido
- ♒ Acceso difícil
- △ Peligro

EXISTEN VARIOS LUGARES del planeta que tienen fama de ser de acceso extremadamente difícil o incluso prohibido. **1.** Situada en el desierto de Nevada, el **Área 51** alberga una misteriosa base militar estadounidense, reconocida por el Ejército en 2013, pero cuyas actividades continúan siendo secretas. **2.** En el siglo XIX, unos cazadores de focas descubrieron este archipiélago volcánico deshabitado, que ahora es de acceso prohibido por razones ecológicas. **3.** La **isla de Surtsey**, surgida tras una erupción volcánica entre 1963 y 1967, es objeto de estudio por científicos cuidadosamente seleccionados. **4.** En 2010, India prohibió el acceso a la isla **Sentinel del Norte**, ho-

gar de una de las últimas tribus aisladas de cazadores-recolectores. **5.** Los **tepuyes**, montañas de cima plana, se encuentran en lugares de tan difícil acceso que nunca han sido pisados por el hombre. **6. Poveglia** soporta el doloroso recuerdo de la epidemia de peste del siglo XVI. Frente a la costa de Venecia, fue en esta isla, ahora vedada a los turistas, donde se puso en cuarentena a los enfermos. Se calcula que 160 000 personas están enterradas en ella. **7.** La población casi exclusiva de serpientes, algunas de las más venenosas del mundo, hace de esta isla brasileña uno de los lugares más peligrosos para el ser humano. El acceso está restringido a los científicos. ●

1. PRINCIPIO DE FUNCIONAMIENTO

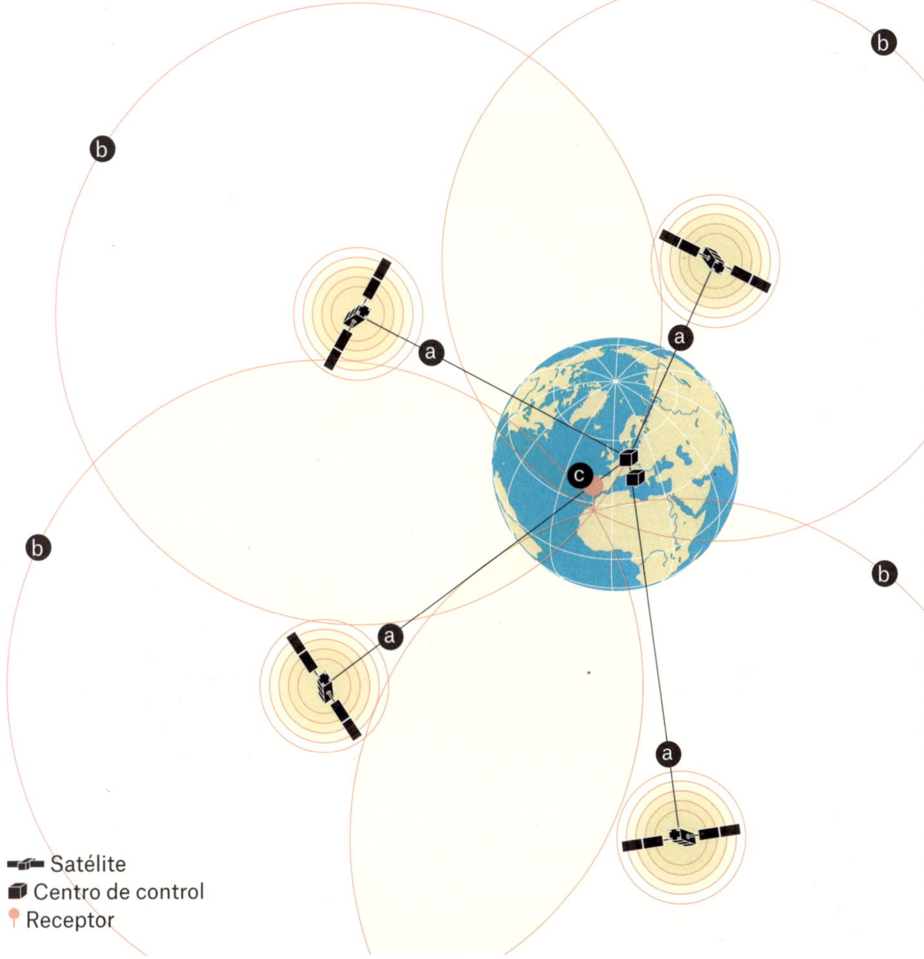

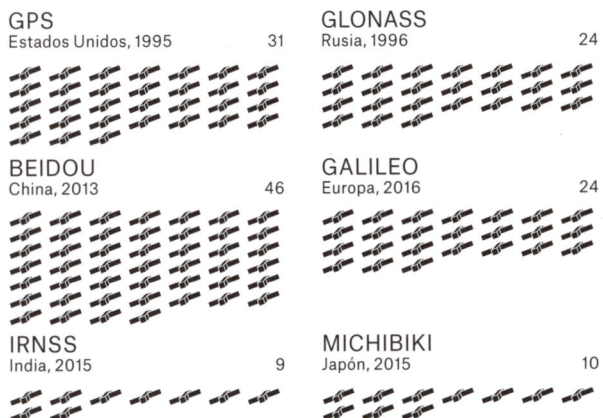

a. Pilotaje terrestre de los satélites: control y cálculo preciso de su posición en el espacio

b. Transmisión permanente de señales que viajan a la velocidad de la luz (299 792 458 m/s) Contenido de las señales: hora de salida de la señal y posición del satélite

c. Recepción de las señales por un chip de navegación (por ejemplo, un teléfono móvil): identificación de los satélites visibles, medición de la distancia entre el receptor y al menos 4 satélites, sincronización del receptor con la constelación y cálculo de la posición del usuario por trilateración

- Satélite
- Centro de control
- Receptor

2. CONSTELACIÓN DE SATÉLITES ACTIVOS (2022)

GPS
Estados Unidos, 1995   31

GLONASS
Rusia, 1996   24

BEIDOU
China, 2013   46

GALILEO
Europa, 2016   24

IRNSS
India, 2015   9

MICHIBIKI
Japón, 2015   10

3. ÓRBITAS DE LA CONSTELACIÓN GALILEO

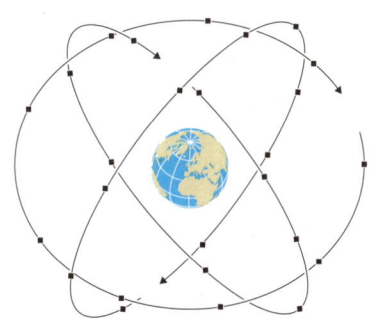

- Satélites (24 + 6 de reserva)

EN UNAS DÉCIMAS DE SEGUNDO es posible conocer su posición exacta gracias a las señales enviadas desde el espacio por **constelaciones de satélites** de navegación. Fue en 1973 cuando el Departamento de Defensa de Estados Unidos desplegó un sistema de 24 satélites denominado Navstar GPS. El Sistema de Posicionamiento Global (**GPS**, por sus siglas en inglés) se basa en el principio de la **trilateración**, un método geométrico para determinar la posición de un punto midiendo su distancia desde otros tres puntos en el espacio (**1**). Se necesitan al menos 4 satélites, cada uno de los cuales dispone de un **reloj** atómico (→ lámina n.º 87), para sincronizar

y determinar la posición exacta del **receptor** en la Tierra (un vehículo o dispositivo equipado con un chip de navegación) con una precisión de 1 a 10 m, según el sistema. Dada la importancia estratégica de un sistema de este tipo, las grandes potencias espaciales han lanzado sus propias **constelaciones** para librarse de los sistemas de satélites vecinos en caso de conflicto (**2**). Así es como la Unión Europea desarrolló el sistema **Galileo** (**3**). ●

Comunicación extraterrestre

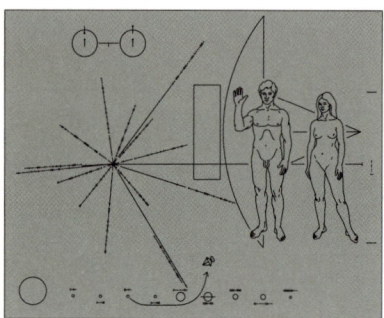

1. Placa de Pioneer

🇺🇸 Eric Burgess, Carl Sagan
y Linda Salzman Sagan
✈ Sondas Pioneer 10 y 11
📍 Medio interestelar
1972 y 1973 → 2057 y 2027

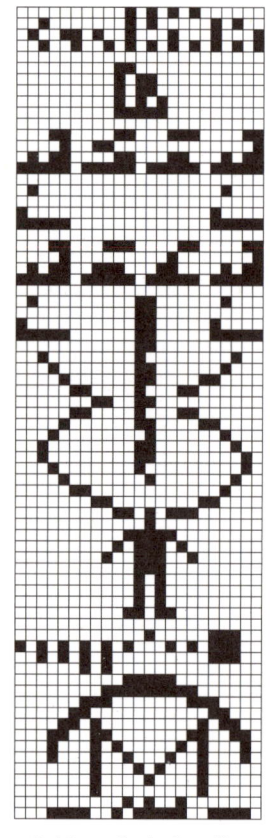

2. Mensaje de Arecibo

🇺🇸 Frank Drake, Carl Sagan (SETI)
✈ Radiotelescopio de Arecibo (Puerto Rico)
📍 Cúmulo globular M13
(cúmulo de Hércules)
1974 → 27074

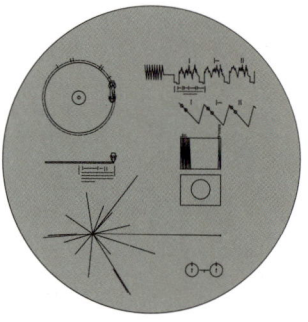

3. Disco dorado de Voyager

🇺🇸 NASA, Jet Propulsion Laboratory
✈ Sondas Voyager 1 y 2
📍 Medio interestelar
1977 →

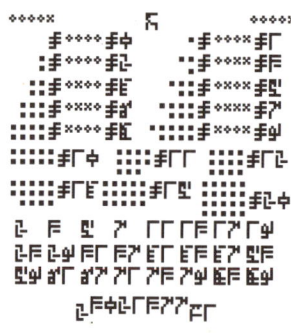

4. Llamada cósmica 1 y 2

🇨🇦 Yvan Dutil y Stéphane Dumas
🇺🇸 Team Encounter
✈ Radiotelescopio de Eupatoria (Ucrania)
📍 Constelaciones Cygnus, Flecha, Cygne,
Casiopea, Orión, Cáncer, Andrómeda
y Osa Mayor
1999 y 2003 → entre 2036 y 2069

5. DVD «Visions of Mars»

🇺🇸 Planetary Society
✈ Sonda Phoenix Lander
📍 Marte
2007 → 2008

```
Hello:
0100110001110000001111100000011111110000000000000111
1111111000000000000000000000011111111111000000000000000
0111111111111111111000000000000000000000111111111111
1111110000000000000000000000000011111111111111111
1100000000000000000000000000000011111111111111
1111111111000000000000000000000000000011111111
11111111111111111100000000000000000011111111111
00000000001111111111111111111111111111111111000
00000000000000000000000111111111111111111111111111
11111111111111111111111110000000000111111111111
11111111111110000011111111111111111111111111111
```
Tutorial:
```
111100000000000011111000000001111000001111001110010
0000000000011000011111111000010000000000011111111
0001000000110000111111110000100000100000111111111100
0010000011000011111111000010001000000111111110000
1000010000111111110010001000011100000001111111100000
0011110000111111110000100100100000000001111110000100010
1001000011111111000010001010000111111110000100010
1100001111111100020100011000001111110001000100001101
00001111111110000100010011000011111110000100011100
0011111111000010000000000111111110000100010000100000
1111111100001001010001111111100001000100100010000011
111100001001001010000011111111100001011010000000110
1111000010010010100000111111110000100101001000000011
1100001001001001000011111111000010010110010000000011
00001001010001111111100001000100101001000011
0010011000001111111100001001110100001111111100000
1001110000011111110001000010011100001111111011000010
```

6. Llamada Sónar GJ273b

🇪🇸 IEEC 🇺🇸 METI
✈ Antena EISCAT (Svalbard)
📍 Estrella de Luyten (GJ 273),
constelación Canis Minor
2017-2018 → 2030

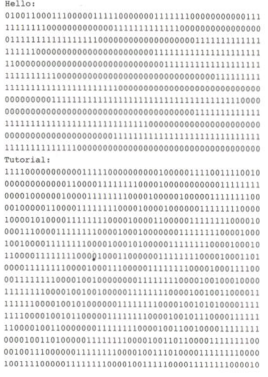

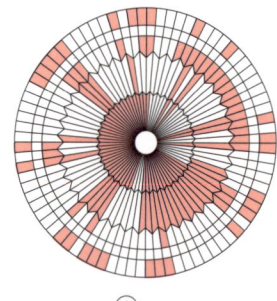

7. Paracaídas y mira de la Mastcam-Z

🇺🇸 NASA
✈ Rover Perseverance
📍 Marte
2020 → 2021

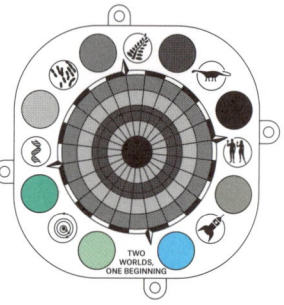

🇺🇸 Remitente
✈ Emisor
📍 Destino
Fecha de envío → Fecha prevista
de llegada a destino

DIVERSAS AGENCIAS DE OBSERVACIÓN y exploración espacial han enviado y envían mensajes a posibles civilizaciones extraterrestres (o a las generaciones futuras). **1.** Esta placa metálica representa a un hombre, una mujer, dos estados del átomo de hidrógeno, la posición de la Tierra en relación con los púlsares y el Sistema Solar. **2.** Este mensaje de radio indica los números del 1 al 10, los átomos que forman la base de la vida, la estructura del ADN y un boceto del ser humano y del Sistema Solar. **3.** Se incluyen grabaciones del viento, truenos, gritos de animales y niños, textos literarios, música y fotografías en un disco de oro, todo acompañado de instrucciones de empleo. **4.** Estos mensajes de radio consisten en gráficos, símbolos y píxeles que expresan fórmulas matemáticas y químicas, así como preguntas. **5.** Este mini-DVD de cristal contiene mensajes que recorren la historia del planeta rojo. **6.** El METI y el festival Sónar emiten un mensaje que contiene saludos, fórmulas matemáticas, 33 piezas musicales y el mensaje **4** simplificado. **7.** Los motivos del paracaídas codifican su orientación. La mira de calibración del rover representa el ADN, microbios, un helecho, un dinosaurio, un hombre y una mujer, un cohete y el Sistema Solar. ●

Paradoja de Fermi

1. LAS CIVILIZACIONES EXTRATERRESTRES NO EXISTEN

Hipótesis a.
Porque el entorno necesario para su desarrollo es escaso

Hipótesis b.
Porque la inteligencia es escasa

2. EXISTEN CIVILIZACIONES EXTRATERRESTRES, PERO TODAVÍA NO NOS HEMOS COMUNICADO CON ELLAS

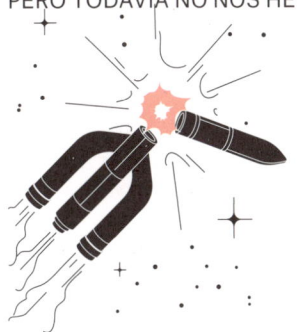

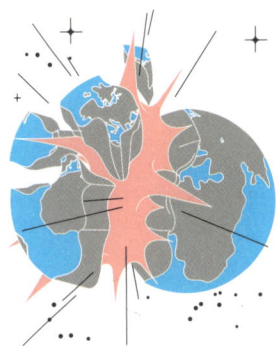

Hipótesis a.
Porque los viajes interestelares
son difíciles

Hipótesis b.
Porque no detectamos
sus señales

Hipótesis c.
Porque se niegan a hacerlo

Hipótesis d.
Porque desaparecieron antes
de alcanzar la madurez

3. LAS CIVILIZACIONES EXTRATERRESTRES EXISTEN Y NOS VISITAN

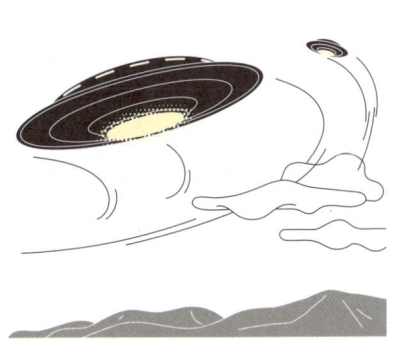
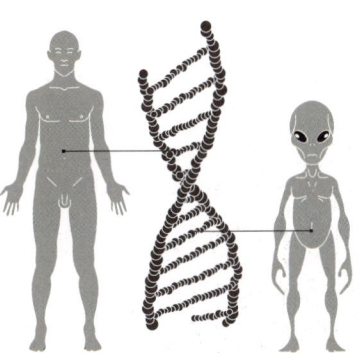

Hipótesis a.
Porque el fenómeno ovni
es la prueba

Hipótesis b.
Porque la vida terrestre es de origen
extraterrestre (teoría de la panspermia)

Hipótesis c.
Porque nos observan desde el espacio
(hipótesis del zoo)

«PERO ¿DÓNDE ESTÁN?», fue la pregunta que planteó en 1950 el físico italiano Enrico Fermi, ganador del premio Nobel, sobre los extraterrestres. Formuló entonces esta paradoja: según el principio de mediocridad (que califica de «banales» las características de nuestro planeta), y dado el número de estrellas de nuestra galaxia y el número de galaxias en el Universo, deberían existir otras civilizaciones, pero no hay pruebas de su existencia. Desde entonces, se han planteado tres escenarios para responder a la pregunta de Fermi: las civilizaciones extraterrestres no existen (**1**); existen, pero no se han comunicado con nosotros (**2**); existen y nos visitan sin ser vistas (**3**), por razones desarrolladas en teorías cercanas a la ciencia ficción (por ejemplo, la hipótesis de la panspermia, según la cual nuestra civilización fue colocada en la Tierra por los propios extraterrestres). La hipótesis de la existencia de una forma de vida, o incluso de civilización, fuera de nuestro planeta existe desde la Antigüedad. En 1877, los *canali* (líneas rectas observadas en la superficie de Marte por el astrónomo Giovanni Schiaparelli) reavivaron el mito popular de la existencia de una civilización en el planeta rojo. Las mejoras en nuestras capacidades de observación demostraron que se trataba de formaciones geológicas. ●

Cortejo nupcial de la luciérnaga

ANATOMÍA (género *Photinus*)

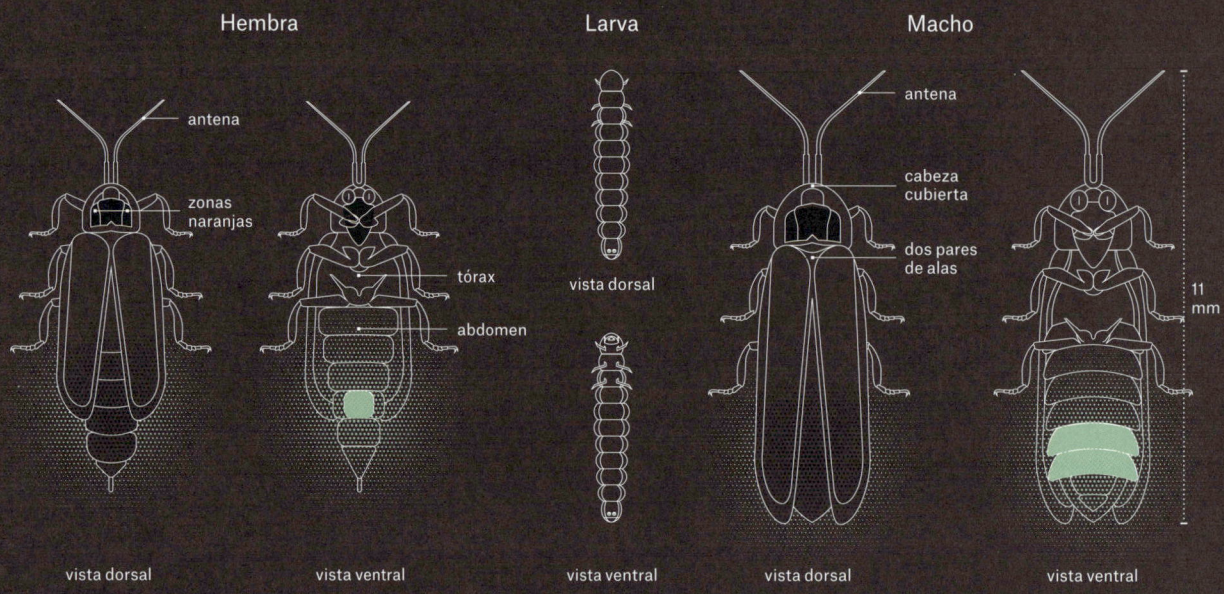

Hembra | Larva | Macho

- antena
- zonas naranjas
- tórax
- abdomen
- vista dorsal
- vista ventral
- vista ventral
- antena
- cabeza cubierta
- dos pares de alas
- vista dorsal
- vista ventral
- 11 mm

● Linterna bioluminiscente

MECANISMO DE SINCRONIZACIÓN (cortejo nupcial)

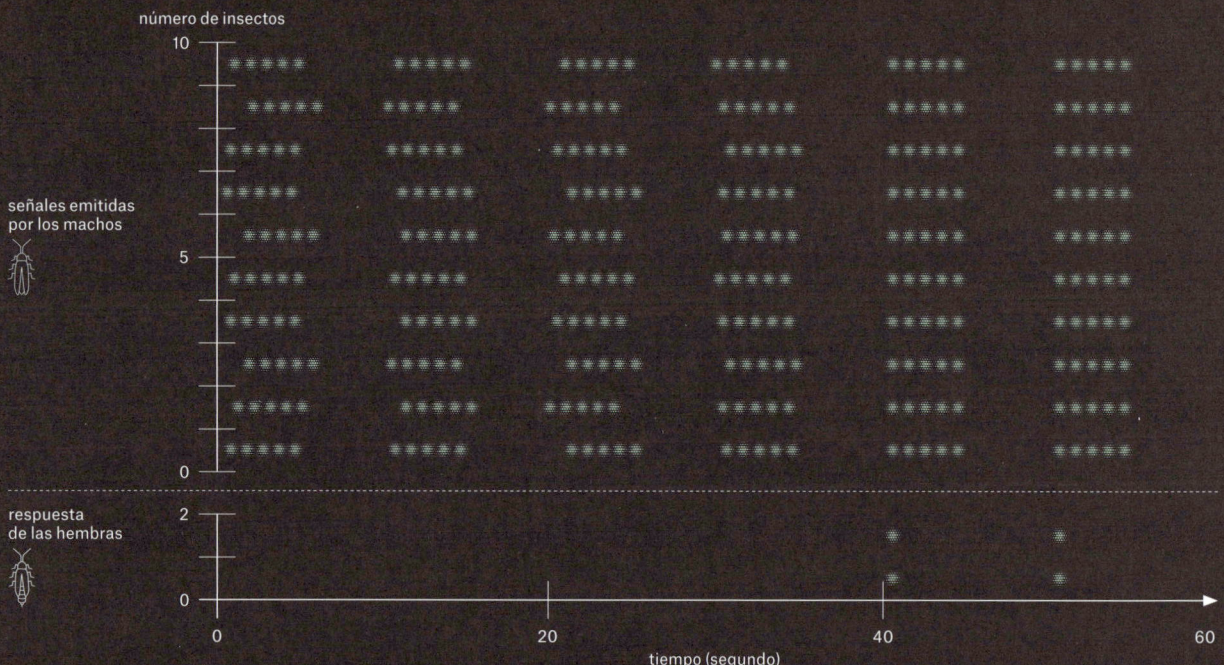

número de insectos

señales emitidas por los machos

respuesta de las hembras

tiempo (segundo)

❊ Destello bioluminiscente

DE NOCHE, las luciérnagas producen luz gracias a un **órgano bioluminiscente** situado en segmentos de su abdomen. Una reacción química provoca la emisión de fotones, que forman una señal luminosa de color amarillo verdoso que permite a machos y hembras encontrarse para reproducirse. Un equipo de investigadores belgas, alemanes y colombianos estudió el **cortejo nupcial** de estos insectos analizando la regularidad de los **destellos** emitidos por los machos y el tipo de respuesta inducida en las hembras. En el laboratorio, un grupo de ocho a diez «machos» (en realidad, diodos emisores de luz) emitió una serie de destellos luminosos poco intensos.

Una o dos hembras vivas recibieron los destellos y respondieron con dos intensos destellos de luz cuando se sincronizaron las señales de los machos autómatas. En la naturaleza, esta respuesta debería permitir a los machos localizar a sus parejas en la oscuridad con la ayuda de sus ojos hipertrofiados. Este experimento demuestra la existencia de un principio de comunicación colectiva denominado «sincronización-respuesta». Comportamientos nupciales autoorganizados similares se encuentran en otras especies, como los grillos (a través del canto) o los cangrejos (mediante la danza). ●

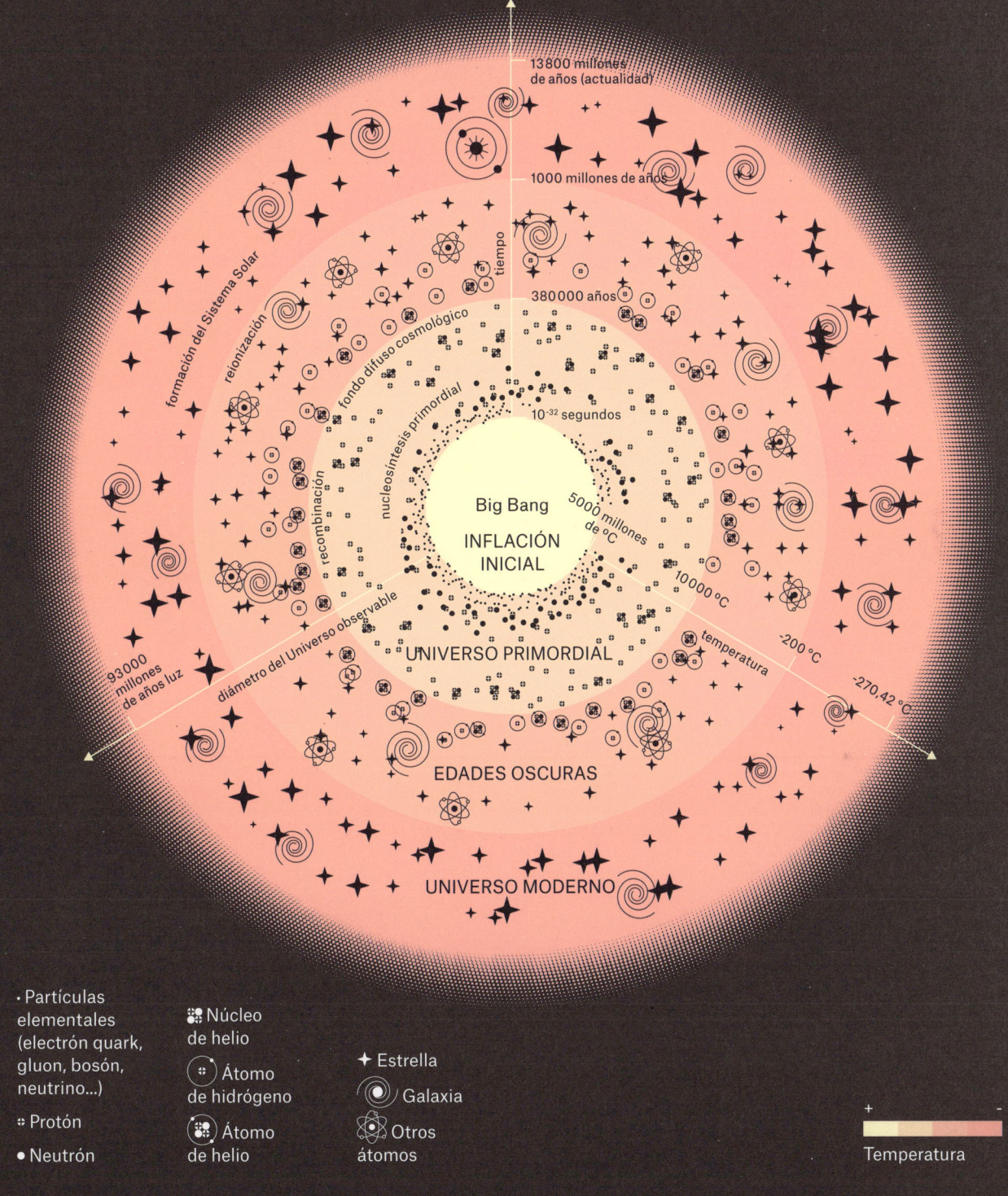

13800 millones de años (actualidad)

1000 millones de años

tiempo

380000 años

formación del Sistema Solar

reionización

fondo difuso cosmológico

nucleosíntesis primordial

10⁻³² segundos

recombinación

Big Bang

INFLACIÓN INICIAL

5000 millones de ºC

10000 ºC

-200 ºC

-270.42 ºC

temperatura

UNIVERSO PRIMORDIAL

93000 millones de años luz

diámetro del Universo observable

EDADES OSCURAS

UNIVERSO MODERNO

- · Partículas elementales (electrón quark, gluon, bosón, neutrino...)
- ⚌ Protón
- · Neutrón
- ⚌ Núcleo de helio
- Átomo de hidrógeno
- Átomo de helio
- ✦ Estrella
- ◎ Galaxia
- Otros átomos

+ —

Temperatura

EN 1964, LOS ASTRÓNOMOS ESTADOUNIDENSES Arno Allan Penzias y Robert Woodrow Wilson se encontraban trabajando en un nuevo tipo de antena-receptor astronómico cuando descubrieron un «ruido de fondo» en las lecturas. Al principio pensaron que se debía a la presencia de excrementos de palomas y murciélagos en la antena, pero más tarde constataron que se trataba en realidad de la captación de la radiación térmica emitida en un momento en el que el Universo era pequeño, caliente (en torno a 2700 ºC) y denso. Esta **radiación cósmica de fondo**, también conocida como «radiación fósil», es la «imagen» electromagnética más antigua del Universo. Apoya la confinación del modelo de un Universo en expansión, comúnmente conocido como **Big Bang**. La imagen de una explosión original es falsa: sabemos que el Universo se creó en realidad por una rápida expansión hace 13 800 millones de años. Durante la fase de **inflación inicial**, la gran cantidad de energía creó partículas que interactuaron chocando entre ellas. Se formaron a continuación los núcleos de helio, hidrógeno y litio durante la **nucleosíntesis primordial**. Con la **recombinación**, el Universo se enfrió lo suficiente para permitir la aparición de átomos, estrellas y galaxias: había nacido el **Universo moderno**. •

Lista de láminas

Índice de disciplinas científicas

Comité científico

Abdelaziz, Youssef
Matemático y epistemólogo
[→ lámina n.º 21]

Appert-Rolland, Cécile
Directora de investigación del
CNRS [→ lámina n.º 113]

Assié, Marlène
Responsable de investigación
en el CNRS [→ lámina n.º 34]

Ayet, Alex
Investigador en oceanografía
y meteorología en el CNRS
[→ lámina n.º 96]

Bardintzeff, Jacques-Marie
Vulcanólogo en la Universidad
de París-Saclay [→ lámina n.º 52]

Belzung, Catherine
Profesora de neurociencia en la
Universidad de Tours [→ lámina n.º 16]

Biémont, Émile
Director honorario de investigación
del FRS-FNRS y miembro de la
Real Academia de Bélgica [→ láminas
n.os 26 y 57]

Birlouez, Éric
Ingeniero agrónomo, especialista
en historia y sociología de la
alimentación [→ lámina n.º 9]

Biver, Nicolas
Responsable de investigación del
CNRS en LESIA (Laboratorio
de Estudios Espaciales y de
Instrumentación en Astrofísica),
Observatorio de París - PSL
[→ lámina n.º 77]

Boisgard, Raphaël
Jefe de Departamento, SGOF
(Service de Gestion Opérationnelle
des Filières) en el CEA de Saclay
[→ lámina n.º 45]

Bonnal, Christophe
Investigador en el CNES [→ lámina
n.º 12]

Boutaud, Aurélien
Consultor e investigador
independiente, doctor en Ciencias
de la Tierra y del Medio Ambiente
[→ lámina n.º 104]

Bouzeghoub, Mokrane
Especialista en gestión de datos,
profesor emérito en la Universidad
de Versalles, exdirector científico del
INS21 en el CNRS [→ lámina n.º 108]

Bovet, Dalila
Etóloga [→ lámina n.º 14]

Buyl, Pierre de
Físico y científico del Real Instituto
Meteorológico de Bélgica [→ lámina
n.º 48]

Cadiou, Hervé
Profesor titular de la Universidad de
Estrasburgo / Facultad Adjunta
de la Universidad Internacional del
Espacio [→ lámina n.º 83]

Causse-Védrines, Romain
Divulgador científico, ingeniero
adjunto en el CNRS como biólogo
molecular [→ lámina n.º 10]

Chambon, Olivier
Médico, psiquiatra y psicoterapeuta
[→ lámina n.º 71]

Chopin, Olivier
Profesor en Sciences Po e
investigador asociado en el EHESS
[→ lámina n.º 84]

Combes, Françoise
Profesora en el Collège de France,
astrofísica en el Observatorio de
París [→ láminas n.os 29, 46 y 99]

Couzi, Laurent
Responsable del Departamento
de Conocimientos en la división de
protección de la naturaleza de la
LPO (Ligue pour la Protection des
Oiseaux / Liga por la protección
de las aves) [→ láminas n.os 1 y 27]

Curt, Thomas
Director de investigación en el Inrae,
Aix-en-Provence, equipo RECOVER
[→ lámina n.º 4]

Darrouzet, Éric
Profesor e investigador de la
Universidad de Tours [→ lámina n.º 22]

Debarre, Thomas
Siete veces campeón de Francia
de go y defensor del título (2022)
[→ lámina n.º 20]

Descamps, Pascal
Astrónomo en el Departamento de
Cálculos Astronómicos e Información
del Instituto de mecánica celeste
y cálculo de las efemérides del
Observatorio de París [→ lámina
n.º 82]

Djian, Cassandre
Médico otorrinolaringólogo
[→ lámina n.º 50]

Domine, Florent
Director de investigación en el
CNRS, laboratorio internacional
de Takuvik, Universidad de Laval,
Quebec [→ lámina n.º 117]

Durand, Bernard
Exdirector del Departamento de
Geología-Geoquímica del IFPEN
(Institut Français du Pétrole et
des Énergies Nouvelles / Instituto
Francés del Petróleo y las Nuevas
Energías) [→ lámina n.º 11]

Ferrari, Chiara
Astrónoma del Observatorio
de la Côte d'Azur y directora de
SKA-France [→ lámina n.º 43]

Fournier, Meriem
Inrae [→ lámina n.º 67]

Gaie-Levrel, François
Doctor [→ lámina n.º 44]

Gallet, Yves
Director de investigación del
CNRS en el Instituto de Física
del Globo de París [→ lámina
n.º 97]

Gillet-Chaulet, Fabien
Investigador en el Instituto de
Geociencias del Medio Ambiente
[→ lámina n.º 90]

Gronfier, Claude
Doctor HDR, investigador
neurobiólogo del Inserm en el
CRNL (Centro de Investigación
en Neurociencias de Lyon)
[→ lámina n.º 72]

Hibert, Marcel
Profesor emérito de la Facultad
de Farmacia de Estrasburgo
[→ lámina n.º 94]

Jacquemin, Bénédicte
Responsable de investigación
del Inserm en el Irset (Instituto de
Investigación en Salud, Medio
Ambiente y Trabajo) [→ lámina
n.º 44]

Jacquet, Emmanuel
Profesor titular del Museo
Nacional de Historia Natural
de París [→ lámina n.º 3]

Jaubert, Jean-Noël
Exprofesor-investigador
[→ lámina n.º 25]

Jeanneau, Louise
Consultora científica del CNRS
[→ lámina n.º 42]

Jeanson, Matthieu
Profesor titular de geografía en el
Centro universitario de Mayotte
[→ lámina n.º 93]

Jost, Jean-Pierre
Biólogo [→ lámina n.º 61]

Kriaa, Quentin
Doctorando 2020-2023 en el
laboratorio IRPHE, Universidad
de Aix-Marsella [→ lámina
n.º 39]

Landragin, Frédéric
Director de investigación en
el CNRS, laboratorio Lattice
[→ lámina n.º 121]

Le Gall, Line
Profesora del Museo Nacional
de Historia Natural de París
[→ lámina n.º 92]

Lourau, Julie
Doctora en antropología social
y etnología en la EHESS [→ lámina
n.º 33]

Ludes, Bertrand
Director del Instituto Médico-legal
de París [→ lámina n.º 2]

Mabillot, Vincent
Profesor titular de la Universidad
de Lyon 2 y miembro del laboratorio
MARGE (EA 3712) [→ lámina n.º 15]

Malherbe, Jean-Marie
Doctor, astrónomo en el Observatorio
de París, sección de Meudon
[→ lámina n.º 51]

Maréchal, Jean
Responsable del programa de
Navegación y Localización en
el CNES [→ lámina n.º 120]

Mérenne-Schoumaker, Bernadette
Doctora en Ciencias Geográficas,
profesora emérita de la Universidad
de Lieja [→ lámina n.º 112]

Merlin, Francesca
IHPST, CNRS y Universidad
de París 1-Panthéon-Sorbonne
[→ lámina n.º 47]

Meyer, Julien
Responsable de investigación
en el CNRS, Gipsa-lab [→lámina
n.º 17]

Michelot-Antalik, Alice
Profesora titular de la Universidad
de Lorena, laboratorio de agronomía
y medio ambiente de Nancy-Colmar
[→ lámina n.º 78]

Milinkovitch, Michel C.
Profesor, Laboratorio de evolución
natural y artificial, Departamento
de Genética y Evolución de la
Universidad de Ginebra [→ lámina
n.º 65]

Monnier, Franck
Ingeniero, investigador asociado en
el CNRS, UMR7041 [→ lámina n.º 23]

Morel, Camille
Doctora, investigadora asociada
en el IESD (Instituto de Estudios
de Estrategia y Defensa) de la
Universidad Jean-Moulin-Lyon III
[→ lámina n.º 68]

Nectoux, Didier
Conservador del Museo de
Mineralogía Minas París – PSL
[→ lámina n.º 59]

Oberlin, Christine
Ingeniera de Investigación (IR) en el
CNRS, responsable de la plataforma
«Datation» de la UMR 5138 ArAr
(Arqueología y arqueometría)
[→ lámina n.º 101]

Opderbecke, Jan
Responsable de la Unidad de
Sistemas Submarinos, Dirección
de la Flota Oceanográfica Francesa,
Ifremer [→ lámina n.º 106]

Pagani, Laurent
Director de Investigación en
el CNRS [→ lámina n.º 76]

Peduzzi, Pascal
Director UNEP / GRID-Ginebra en
el Programa de las Naciones Unidas
para el Medio Ambiente y profesor
en la Facultad de Ciencias de la
Universidad de Ginebra, Suiza
[→ lámina n.º 64]

Perga, Marie-Élodie
Doctora en Ecología y profesora
de Limnología en la Universidad de
Lausana, y profesora asociada
del Instituto de Dinámicas de la
Superficie Terrestre [lámina n.º 19]

Petit, Régis
Especialista en modelización
sistémica y antiguo ingeniero
informático en EDF [→ lámina
n.º 32]

Piccoli, Raymond
Director del Laboratorio de
Investigación sobre el Rayo
[→ lámina n.º 69]

Poncet, Lisa
Doctora, investigadora en etología
de los cefalópodos, laboratorio
EthoS de la Universidad de
Caen-Normandie [→ lámina n.º 109]

Quiamzade, Alain
Profesor titular e investigador
en la Facultad de Psicología
y Ciencias de la Educación de la
Universidad de Ginebra [→ lámina
n.º 38]

Rosset, Émilie
Veterinaria especializada en
reproducción animal, profesora
en la Escuela de Veterinaria de
Lyon (VetAgro Sup Lyon) [→lámina
n.º 28].

Rouhan, Germinal
Profesor titular en el ISYEB
(Instituto de Sistemática, Evolución,
Biodiversidad) y responsable
científico del herbario del Museo
Nacional de Historia Natural de
París [→ lámina n.º 7]

Selosse, Marc-André
Profesor del Museo Nacional de
Historia Natural de París [→ lámina
n.º 35]

Sénépart, Ingrid
Doctora en Prehistoria en la Unidad
de Arqueología del Museo de
Historia de Marsella, UMR 5608
del CNRS [→ lámina n.º 6]

Toussaint, Jean-François
Profesor de Fisiología de la
Universidad Paris-Cité y director
del IRMES (Instituto de Investigación
Médica y Epidemiológica del
Deporte) [→ lámina n.º 105]

Tréguer, Paul
Oceanógrafo en la UBO (Universidad
de Bretaña Occidental), Brest
[→ lámina n.º 91]

Vaillant, Pascal
Profesor e investigador en
Informática y Ciencias del Lenguaje
en la Universidad de París-Norte
[→ lámina n.º 56]

Vial, Hélène
Profesora de Latín en la Universidad
de Clermont-Auvergne y especialista
en Ovidio [→ lámina n.º 37]

Voix, Raphaël
Antropólogo, responsable de
investigación del CNRS, Centro
de Estudios del Sur de Asia y el
Himalaya [→ lámina n.º 8]

Wackenheim, Quentin
Malacólogo en el Laboratorio de
Geografía Física, CNRS / P1 / UPEC
[→ lámina n.º 5]

Bibliografía seleccionada

Publicaciones

Biro, Dora, y col.
«Chimpanzee mothers at Bossou, Guinea carry the mummified remains of their dead infants», *Current Biology*, 2010.

Blaser, Nicole, y col.
«Gravity anomalies without geomagnetic disturbances interfere with pigeon homing – a GPS tracking study», *J Exp Biol*, 2014.

Bulinge, Franck, y col.
«Le renseignement comme objet de recherche en SHS: le rôle central des SIC», *Communication et organisation*, 2018.

Charbonnel, A.
Compas magnétique, presentación PDF, ENSM (École Nationale Supérieure Maritime), El Havre, 2016.

Couzin, Iain D., y col.
«Self-organized lane formation and optimized traffic flow in army ants», *Proceedings of the Royal Society B: Biological Sciences,* 2003.

Dagois-Bohy, Simon
«Le chant des dunes, mouvements collectifs dans un écoulement granulaire», Acústica, Tesis, Universidad París-Diderot (París-VII).

Environment Agency Austria & Borderstep Institute
Energy-efficient Cloud Computing Technologies and Policies for an Eco-friendly Cloud Market, Directorate-General for Communications Networks, Content and Technology, European Commission, 2020.

Falchi, Fabio, y col.
«The new world atlas of artificial night sky brightness», *Science Advances*, 2016.

Faust, Lynn
«Life History and Updated Range Extension of *Photinus scintillans* (Coleoptera: Lampyridae) with New Ohio Records and Regional Observations for Several Firefly Species», *Ohio Biological Survey*, 2019.

Faust, Lynn
«Natural History and Flash Repertoire of the Synchronous Firefly *Photinus carolinus* (Coleoptera: Lampyridae) in the Great Smoky Mountains National Park», *Florida Entomologist,* 2010.

Fournier, Meriem, y col.
«Sensibilité et communication des arbres: entre faits scientifiques et gentil conte de fée», *Forêt nature, Forêt wallonne*, 2018.

Garcimartín, Ángel, y col.
«Experimental evidence of the "Faster Is Slower" effect», *Transportation Research Procedia,* 2014.

Goldenberg, Shifra, y col.
«Elephant behavior toward the dead: A review and insights from field observations», *Primates*, Smithsonian Conservation Biology Institute, San Diego Zoo Institute for Conservation Research, 2019.

Gounelle, Matthieu
Une belle histoire des météorites, Flammarion, 2017.

Hehner, Barbara
Blissymbols for Use, Blissymbols Communication Institute, 1980.

Helbing, Dirk, y col.
«Simulating Dynamic Features of Escape Panic», *Nature*, 2000.

Kelman, Herbert C.
«Compliance, identification, and internalization three processes of attitude change», *Journal of Conflict Resolution*, Harvard University, vol. II, n.º 1, 1958.

Kikuchi, Katsuhiro, y col.
«A global classification of snow crystals, ice crystals, and solid precipitation based on observations from middle latitudes to polar regions», *Atmospheric Research*, 2013.

Landragin, Frédéric
«Comment écrire à un alien? Quand science-fiction et sciences se rejoignent», conferencia en el marco de la jornada de estudio «Prospectives graphiques» en colaboración con Le Signe, Centre National du Graphisme, Chaumont, 2020.

Libbrecht, Kenneth
Field Guide to Snowflakes, Voyageur Press, 2016.

Lichtenegger, Erwin, y Kutschera, Lore *Wurzelatlas mitteleuropäischer Waldbäume und Sträucher,* Leopold Stocker Verlag*, 2002.*

Mangin, Alain
«Représentation du système karstique», dibujo, 1975.

Marck, Adrien, y col.
«Are We Reaching the Limits of *Homo sapiens?*», *Frontiers in Physiology*, 2017.

Martin, Alexis
Petit Guide illustré des crottes de mammifères, Club CPN des Sittelles, 1999.

Marzluff, John
«Awareness of Death and Personal Mortality: Responses to Death in Corvid Birds», conferencia de la serie CARTA, University of California Television, 2017.

Meyer, Julien
«Description typologique et intelligibilité des langues sifflées, approche linguistique et bio-acoustique», Laboratorio de Dinámica del Lenguaje, Institut des sciences de l'Homme, 2005.

Milgram, Stanley
Conformity and Independence, Alexandria (VA), Alexander Street, vídeo, 1975.

Milgram, Stanley, y col.
«Note on the Drawing Power of Crowds of Different Size», *Journal of Personality and Social Psychology*, 1969.

Monnier, Franck
L'Univers fascinant des pyramides d'Égypte, Éditions Faton, 2021.

Mori, Masahiro
«The Uncanny Valley Phenomenon», *Energy*, 1970.

Moussaïd, Mehdi
«Étude expérimentale et modélisation des déplacements collectifs de piétons», Tesis, Universidad de Toulouse-3, 2010.

Nakagaki, Toshiyuki, y col.
«Maze-solving by an amoeboid organism», *Nature*, n.º 407, 2000.

Ogg, James
«Geomagnetic Polarity Time Scale», *Geologic Time Scale 2020*, Elsevier BV., 2020.

Ramírez-Ávila, Gonzalo Marcelo y col.
«Firefly courtship as the basis of the synchronization-response principle», *Europhysics Letters Association*, 2011.

Riley, Wiliam B., y col.
«A comprehensive review and call for studies on firefly larvae», *PeerJ.*, 2021.

Saigusa, Tetsu, y col.
«Amoebae anticipate periodic events», *Phys. Rev. Lett.*, 2008.

Scotese, Christopher R.
«PALEOMAP PaleoAtlas for GPlates and the PaleoDataPlotter Program», *Abstracts with Programs*, vol. 48, n.º 5, Geological Society of America, 2016.

Scotese, Christopher R., y col.
«Phanerozoic paleotemperatures: The earth's changing climate during the last 540 million years», *Earth-Science Reviews*, 2021.

T. Hall, Edward
La dimensión oculta, Siglo XXI Editores, 2005.

Toussaint, Jean-François
L'homme peut-il s'adapter à lui-même?, Éditions Quæ, 2012.

Urrea, Luisfer
Faster is slower in pedestrian evacuation, Laboratorio de medios granulares, Universidad de Navarra, vídeo, 2015.

Vogel, David, y col.
«Direct transfer of learned behaviour via cell fusion in non-neural organisms», *Proceedings of the Royal Society London*, 2016.

Walcott, Charles
«Magnetic orientation in homing pigeons», *IEEE Transactions on Magnetics*, 1980.

Zannoni, Nora, y col.
«Identifying volatile organic compounds used for olfactory navigation by homing pigeons», *Scientific Reports*, n.º 10, 2020.

Zoo Parc de Beauval
Le Figuier étrangleur, episodio de «La série des plantes tropicales», vídeo 2021.

Páginas de internet

acces.ens-lyon.fr/acces/thematiques/limites/data/lunap1.pdf
aggbusiness.com
agroecologiavenezuela.blogspot.com
andra.fr
bcs.fltr.ucl.ac.be
besancon-ville-du-temps.fr
clis-bure.fr
cnes.fr
criminocorpus.org
data.apps.fao.org
esa.int
fr.wikipedia.org/wiki/Essai_nucléaire
globalfiredata.org
grottesdefrance.org
inserm.fr
iom.int
lloydslistintelligence.com
ma-chasse.com
mico.eco
nasa.gov
naturalearthdata.com
ncei.noaa.gov
odv.awi.de
openstreetmap.org
ornithopter.de
ourworldindata.org
police-scientifique.com
pontdugard.fr/fr/EPCC
regispetit.com
siaap.fr
skao.int
telegeography.com
theconversation.com/la-chimie-de-lamour-111649
unodc.org
vims.edu
whc.unesco.org
worldwildlife.org